栄養科学シリーズ NEXT
Nutrition, Exercise, Rest

食べ物と健康,給食の運営

調理学実習

大谷貴美子・饗庭照美・松井元子・村元由佳利／編

第2版

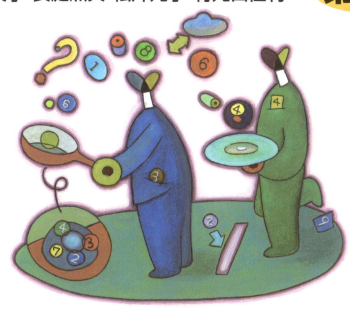

講談社

シリーズ総編集

木戸　康博　　京都府立大学　名誉教授
宮本　賢一　　龍谷大学農学部食品栄養学科　教授

実験・実習編担当委員

岡崎　　眞　　畿央大学健康科学研究所　客員研究員，畿央大学　名誉教授
片井加奈子　　同志社女子大学生活科学部　准教授
加藤　秀夫　　県立広島大学　名誉教授
桑波田雅士　　京都府立大学大学院　教授

編者・執筆者一覧

饗庭　照美*　　元京都華頂大学現代家政学部食物栄養学科　教授
安藤　貢美　　摂南大学農学部食品栄養学科　教授
大谷貴美子*　　京都府立大学　名誉教授
清水　彩子　　金城学院大学生活環境学部食環境栄養学科　准教授
高塚　千広　　東海大学人文学部人文学科　講師
冨田　圭子　　近畿大学農学部食品栄養学科　准教授
濱田　明美　　京都光華女子大学短期大学部ライフデザイン学科　教授
林　利恵子　　元神戸女子大学家政学部管理栄養士養成課程　准教授
阪野　朋子　　名古屋女子大学短期大学部生活学科　准教授
松井　元子*　　京都府立大学　名誉教授
光森　洋美　　京都府立大学生命環境学部食保健学科　非常勤講師
村元由佳利*　　京都府立大学生命環境学部食保健学科　助手
湯川　夏子　　京都教育大学家政科　教授

（五十音順，＊印は編者）

第2版 まえがき

　2002年に管理栄養士養成校における新カリキュラムが実施され，大学での調理実習の時間数が減少しました．また，家庭で調理にかかわる機会が減少したことから，学生の調理能力の低下が懸念されていました．このような状況のもと，学生が健康や栄養の知識を習得するとともに，喫食者の栄養を考えた献立を作成し，その献立を衛生的においしくつくることができるという基本的な調理技術の習得が重要な課題となってきました．そこで，2003年に基本的な調理の知識，多様な献立と調理のサイエンスや食文化などを楽しく学べるように工夫した初版の『調理学実習』を刊行しました．

　その後，十数年ほどの間に，「日本人の食事摂取基準」や「食事バランスガイド」など，新しい健康・栄養に関する基準やツールがつくられ，食塩相当量の摂取量を減らすことや，主食・主菜・副菜などを組み合わせて食事をバランスよく摂取することなどが推奨されました．また，私たちが日常利用する食品や料理も多様化してきました．

　本書は，このような時代の流れを受け，改訂したものです．日本料理・西洋料理・中国料理の献立例は，献立作成の参考になるように1食分の栄養価と料理ごとの栄養価を示し，料理集には多くの料理を掲載することで，学生が自ら献立を考えられるように工夫しました．また，行事食のページでは，学生がより深く食について学ぶために，献立例だけではなく食文化などのコラムも充実させました．

　調理は，指導者により材料や作り方，調味，調理器具などが異なることが考えられるため，本書ではできるだけその料理の一般的な材料，作り方を記しました．

　出版にあたり，ご尽力いただいた執筆者の先生方，ご配慮いただいたシリーズ総編集・シリーズ編集委員の先生方，ならびに講談社サイエンティフィク堀恭子氏をはじめ，関係諸氏に厚く御礼申し上げます．

2019年3月

編者　大谷貴美子
　　　饗庭　照美
　　　松井　元子
　　　村元由佳利

◆ 献立の各値は，3刷重版時に日本食品標準成分表2020年版（八訂）に準拠し，修正しています．

栄養科学シリーズNEXT 新期刊行にあたって

「栄養科学シリーズNEXT」は，"栄養Nutrition・運動Exercise・休養Rest"を柱に，1998年から刊行を開始したテキストシリーズです．2002年の管理栄養士・栄養士の新カリキュラムに対応し，新しい科目にも対応すべく，書目の充実を図ってきました．新カリキュラムの教育目標を達成するための内容を盛り込み，他の専門家と協同してあらゆる場面で健康を担う食生活・栄養の専門職の養成を目指す内容となっています．一方，2009年，特定非営利活動法人日本栄養改善学会により，管理栄養士が備えるべき能力に関して「管理栄養士養成課程におけるモデルコアカリキュラム」が策定されました．本シリーズではこれにも準拠するべく改訂を重ねています．

この度，NEXT草創期のシリーズ総編集である中坊幸弘先生，山本茂先生，およびシリーズ編集委員である海老原清先生，加藤秀夫先生，小松龍史先生，武田英二先生，辻英明先生の意思を引き継いだ新体制により，時代のニーズと栄養学の本質を礎にして，改めて，次のような編集方針でシリーズを刊行していくこととしました．

・各巻ごとの内容は，シリーズ全体を通してバランスを取るように心がける
・記述は単なる事実の羅列にとどまることなく，ストーリー性をもたせ，学問分野の流れを重視して，理解しやすくする
・レベルを落とすことなく，できるだけ平易にわかりやすく記述する
・図表はできるだけオリジナルなものを用い，視覚からの内容把握を重視する
・4色フルカラー化で，より学生にわかりやすい紙面を提供する
・管理栄養士国家試験出題基準（ガイドライン）にも考慮した内容とする
・管理栄養士，栄養士のそれぞれの在り方を考え，各書目の充実を図る

栄養学の進歩は著しく，管理栄養士，栄養士の活躍の場所も益々グローバル化すると予想されます．最新の栄養学の専門知識に加え，管理栄養士資格の国際基準化，他職種の理解と連携など，新しい側面で栄養学を理解することが必要です．本書で学ばれた学生達が，新しい時代を担う管理栄養士，栄養士として活躍されることを願っています．

シリーズ総編集　　木戸　康博
　　　　　　　　　宮本　賢一

調理学実習 第 2 版 —— 目次

1. **調理とは** 1
2. **心を紡ぐ食事とは** 2
3. **調理の前に** 4
   - 3.1 衛生的なとり扱いのために 4
     - A. 調理の担当者 4
     - B. 調理台, 調理器具 4
     - C. 食材・調味料 5
   - 3.2 献立の立て方 6
     - A. どのように食べるとよいか 6
     - B. 献立のパターン 6
     - C. 献立作成の手順 6
   - 3.3 調理の基本操作 7
     - A. はかる 7
     - B. 浸漬 9
     - C. 切る 11
     - D. だしをとる 15
     - E. 味をつける 17
     - F. 炊飯 18
     - G. 魚の扱い方 19
     - H. 香辛料 20

4. **季節を味わう日本料理** 23
   - 4.1 日本料理の特徴 23
   - 4.2 日本料理の形式 24
     - A. 本膳料理 24
     - B. 懐石料理(茶懐石) 24
     - C. 会席料理 25
     - D. 精進料理, 普茶料理 25
     - E. 和菓子 26
     - F. 現代の家庭料理 26

  4.3 日本料理の食事作法 ………………………………………… 27
    A. 席の座り方 ……………………………………………… 27
    B. 食事に関する作法 ……………………………………… 27

5. パーティー上手な西洋料理 …………………………………… 29

  5.1 西洋料理 ……………………………………………………… 29
  5.2 西洋料理の形式 ……………………………………………… 29
    A. 献立の構成 ……………………………………………… 29
    B. 食卓の整え方(テーブルセッティング) ……………… 31
  5.3 西洋料理の食事作法(テーブルマナー) …………………… 32
    A. ディナー形式の作法 …………………………………… 32
    B. ビュッフェ形式の作法 ………………………………… 33
  5.4 ソース・ドレッシング ……………………………………… 34
    A. 温製ソース ……………………………………………… 34
    B. 冷製ソース，ドレッシング …………………………… 34

6. 集う中国料理 …………………………………………………… 35

  6.1 中国料理の特徴 ……………………………………………… 35
    A. 北京料理(北方系) ……………………………………… 36
    B. 四川料理(西方系) ……………………………………… 36
    C. 広東料理(南方系) ……………………………………… 36
    D. 上海料理(東方系) ……………………………………… 36
  6.2 中国料理の形式 ……………………………………………… 37
  6.3 中国料理の食事作法 ………………………………………… 38
    A. 食卓の整え方 …………………………………………… 38
  6.4 調理操作別の料理の分類 …………………………………… 39
  6.5 特殊な材料とその使い方 …………………………………… 40

メニュー編

7. つくってみよう ………………………………………………… 44

  日本料理 ……………………………………………………………… 44
    1 健康は朝ご飯から ………………………………………… 44
    2 旬の楽しむ春の献立 ……………………………………… 46
    3 夏は酢の物でさっぱりと ………………………………… 48
    4 秋の味覚を味わおう ……………………………………… 50
    5 寒い日は食卓であたたまろう …………………………… 52

西洋料理 ･･ 54
    1 にんじんがおいしいポタージュに ･･････････････ 54
    2 インドな気分で ････････････････････････････････ 56
    3 アフタヌーンティーで優雅に ･････････････････ 58
    4 熱々グラタンでほっこり ･････････････････････ 60
    5 ハンバーグがおしゃれに ･････････････････････ 62

中国料理 ･･ 64
    1 はじめての中国料理 ･･････････････････････････ 64
    2 彩り豊かな中国料理 ･･････････････････････････ 66
    3 忙しいときにおすすめ中華 ･･････････････････ 68
    4 ちょっと大人の中国料理 ････････････････････ 70
    5 飲茶を楽しむ ････････････････････････････････ 72

行事食 ･･ 76
    1 新年を寿ぐお祝い膳 ･･････････････････････････ 76
    2 雛の膳 ･･･ 82
    3 長寿を慶ぶお祝い膳 ･･････････････････････････ 84
    4 Happy Christmas！ ･････････････････････････ 88

8. 料理集 ･･ 93

  8.1 主食 ･･･ 93
  8.2 汁物 ･･･ 106
  8.3 主菜 ･･･ 114
  8.4 副菜 ･･･ 139
  8.5 菓子類 ･･ 155
  8.6 飲み物 ･･ 172

索　引　　　　175
料理名索引　　180

1. 調理とは

　食事は心身の健康づくりになくてはならないものである．食べる人の置かれている生理的環境，社会的環境，自然環境などを配慮する必要がある．そして，栄養があり，安全（衛生的）で，嗜好性を高め（おいしい），経済性を考えた料理が，心身ともに癒される食空間のなかで提供されなければならない．

　調理の目的は，食材の特性を活かしながら，食べる人にもっともふさわしい，味，におい，テクスチャー，色や形などの見た目などを変化させ，嗜好性を向上させることにあるが，そこには食べる人へのもてなしのための心づかいまでが含まれる．

　次に調理の目的を簡単に示す．

①汚れや不可食部をとり除き，食品を安全なものにする．
②不味成分をとり除く（アク抜きなど）．
③調理方法を工夫して，食材の無駄を少なくする．
④切断により表面積を大きくし，火のとおりや味の浸透をよくする．
⑤切断や加熱により，咀嚼や嚥下を助け，さらに消化吸収を助ける．
⑥加熱により生体に有害な成分を不活性化する．
⑦調味することで，食材のおいしさを引き立たせる．
⑧切り方や盛りつけにより出来上がりの見栄えをよくし，おいしさを演出する．
⑨使用する食材，調理方法，盛りつけなどを通して，季節感やハレの日（特別な日）などを演出する．
⑩食空間を演出し，心身の癒しのひとときを提供する．

　ヒトの歴史も他の動物と同様，飢えとの闘いであったが，ヒトは動物と異なり，火を扱い，さまざまな道具を創出して食の範囲を拡大してきた．また，その土地で採れる食材をどのように利用・保存するかに知恵をしぼり，その土地特有の食文化を育んできた．つまり食文化とは，先人の調理の工夫の積み重ねなのである．

2. 心を紡ぐ食事とは

　最近は，家庭外で生活する時間が増え，家族の生活時間の個別化が進んでいる．そして，食の外部化や簡便化が進むなか，食卓を囲んでの団らんが家庭から姿を消そうとしている．現代の子どもが置かれている家庭環境をみたとき，物質的には豊かになったが，癒しの空間としての家庭の機能は失われつつある．

　近年の子どもの問題行動の特徴として，動機から行動までが一足飛びで，自分自身との葛藤を悩みとして抱くことができないということが臨床心理学研究において指摘されている．子どもが悩みを抱くためには，不安や不愉快を感じ，真に落ち込む経験が不可欠であるが，そのときには子どもを支えるべき援助者としての信頼関係が成立している親との会話，静かで落ち着いた場所が必要である．親も子どもも忙しい現代社会のなかで，食事時間は，親と子どもが落ち着いて会話をするよい機会である．

　発達心理学者のエリクソンは，乳幼児期から老年期に至るまでのアイデンティティの発達段階と各段階で克服すべき発達課題を示し，乳児期の発達段階として，「基本的な信頼感の獲得」を挙げている．そして，基本的な信頼感の獲得のためには，自分がまわりの世界から信頼され，受け入れられているという実感と，自分自身に関しても信頼に値すると感じる感覚が重要であるとしている．親の子どもに対する愛情の質やかかわり方の質が大きく影響すると述べていることからも，家族そろっての楽しい食事は重要である．

　著者らは，高齢者の場合も，ADL（activities of daily living：日常生活動作）が低い場合，その人のQOL（quality of life：生活の質）において食事の内容が重要になることを明らかにした．身体的に不自由を感じることが多い高齢者にとっておいしい食事は日常生活の楽しみと癒しであり，QOLを高める大切な要素である．

　家庭における食事時間の意義としては，①毎日，くり返し機会がある，②常に集まる人が限られている，③一定時間，同じ場所に固定される，④食べ物は会話を弾ませてくれる，⑤家庭の料理は愛情や絆を感じる媒体となる，⑥食卓の大きさは話をするのにほどよい距離を保つ，⑦生活時間が個別化している家族に団ら

んの機会を提供してくれる，などが挙げられる．

　食事時間は，楽しい時間を共有しながら親は自分の考えや伝えたいことを語り，子どもの話が聞ける非常に重要な機会であり，食卓風景は家族関係を凝集している．また，家庭が癒しの場としての機能を保つためには，食事時間の重要性を再認識する必要がある．日常の食事，節句や地域の祭にまつわる食事，誕生日や人生の節目の食事を大切にして，心が豊かになる楽しい食卓を囲み，人と人との心の糸を紡いでもらいたいものである．

　スローフードは，ファストフードにみられるような定型化され大量生産される食に対してイタリアで提唱された言葉である．1986年にイタリア北部ピエモンテ州ブラではじまったスローフード運動は，その土地の伝統的な食文化や食材を見直す市民運動であり，これによりスローフードの考え方が世界的に広がった．日本でも2005年に施行された食育基本法において食育にその考え方がとり入れられ，学校や地方自治体では，食を通じて地域を理解することや，伝統的な食文化の学びが推進されている．図2.1は，筆者の考える「心を紡ぐ食としてのスローフード」を図式化したものである．

図 2.1　心を紡ぐ食としてのスローフード

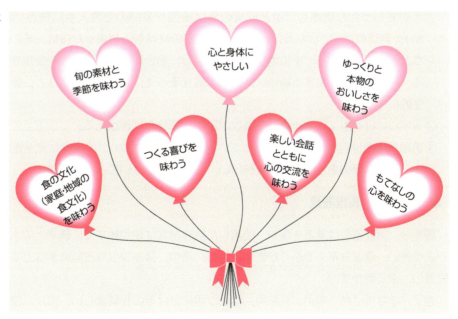

3. 調理の前に

3.1 衛生的なとり扱いのために

A. 調理の担当者

　安全に注意し，衛生的に調理をすることはもっとも重要な基本事項である．そのためには，調理担当者の健康管理はもちろん身支度や手洗いが重要である．
　①調理作業時には，清潔な調理作業衣に着替え，頭髪が出ないように帽子などでおおう．爪は短く切り，マニキュアはつけない．時計や指輪も外す．
　②手指をしっかり洗浄し，爪と皮膚の間は細菌が多いので念入りに洗う(図3.1)．調理前だけではなく，肉，魚，卵などの材料をとり扱った後は，そのつど必ず手洗いする．手に傷がないか確認し，場合によっては手袋を使用する．爪ブラシを使用する場合は，十分な数をそろえ，適宜消毒するなど，衛生的にとり扱う．
　③トイレに行く際には必ず調理作業衣を脱ぎ，履物をはきかえる．
　④調理担当者は自分の体調(下痢はしていないか，熱はないかなど)には常に気を配る．大量調理の場合は検便検査を行い，保菌者ではないことを確認する．

B. 調理台，調理器具

　調理台，調理器具は清潔を保つ．使用した調理器具は使用後すぐに洗剤と流水でよく洗い，清潔な布巾でふくか乾燥させる．布巾，スポンジなどは煮沸などで殺菌し，よく乾かす．
　包丁，まな板は魚・肉用，野菜用，仕上げ用に分けるのが望ましい．また，使用後は，洗って，水気をふくなど完全に乾燥させてから収納する．

図 3.1 手の正しい洗い方

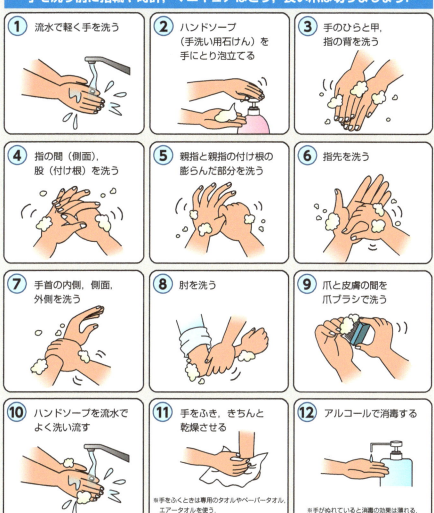

C. 食材・調味料

　食材や調味料は，消費期限や賞味期限などの品質保持期限を考え，計画的に購入し，適切に保管し使用する．

　肉・魚・野菜などの生鮮食品は新鮮なものを購入し，特に魚は下処理（内臓をとり，水洗い）後，適切な温度や状態で保管する．冷蔵庫・冷凍庫の温度管理も重要である．

3.2 献立の立て方

A. どのように食べるとよいか

1日の食事摂取基準の量を朝・昼・夕食の3回の食事に配分し，食品や料理の種類，組み合わせを考える．乳幼児や高齢者は，3回の食事で足りないときには間食で補う．

一汁三菜を基本に考え，主食，主菜，副菜(2品)，汁物をそろえる．汁物からの食塩摂取量が多くならないように，具や汁の量，だしのとり方，吸い口(p.106参照)などを工夫する．主食からは主に炭水化物，主菜からはタンパク質，副菜や汁物からはビタミンやミネラルが摂取できるようにする．場合によってはデザートを加えるとよい．

B. 献立のパターン

基本型の一汁三菜をもとにして，主食と主菜(丼類など)，主菜と副菜(筑前煮，酢豚，シチューなど)，副菜と汁物(けんちん汁，ミネストローネなど)，主食と主菜と副菜(ビビンパ，中華丼など)を組み合わせてひとつの料理として献立を組み立てる場合もある．

C. 献立作成の手順

①主菜の食材(肉や魚の種類)を決め，調理方法を決める．一般に肉や魚の1回の使用目安量は1人あたり可食部70～100g程度である．

図 3.2 献立配膳例
(和食の一汁三菜例)

②副菜 2 品を決める．主菜の種類や調理法を考えて，野菜類やいも類，きのこ類，海藻類など食材の組み合わせを考える．副菜は豊富な彩りとテクスチャー，味によって主菜の味を引き立て，また主菜にない栄養素を補う．

③主菜，副菜に足りない栄養素など（ビタミン，ミネラル，食物繊維など）を汁物で補い，場合によってはデザートを加える．

④主菜や副菜などに合う主食を決める．

⑤献立の食材，調理方法（五法：生，煮る，焼く，揚げる，蒸す），味つけ（五味：甘味，塩味，酸味，苦味，うま味）が重複しないように，また彩り（五色：赤，黄，緑，白，黒）のバランスも考慮する．

※献立は必ずしも主菜から立てる必要はない．

3.3 調理の基本操作

A. はかる

おいしい料理をつくるためには，食品や調味料の重量や容量を正しく計量することが重要である．また水や油の温度計測に加え，食品の調理温度，オーブンの温度管理，さらに調理時間の管理も必要となる．

食品重量は，上皿はかりやデジタル式のクッキングスケールを水平な台に置いてはかる．はかりの精度や測定範囲に注意する．身近な食品については，おおよその目安量を知っておくと便利である（表 3.1）．

食材の購入量は，必要量（可食部重量）に，野菜の皮や魚の骨などの廃棄する部分の重量を加える．100 を可食部率（100 − 廃棄率）で除したものを発注換算係数といい（表 3.2），これを使って求めることもある．

$$購入量 = 必要量（1 人分）\times 発注換算係数 \times 人数$$

調理でよく用いられる計量器具には，はかりのほかに計量カップと計量スプーンがある．計量カップは 200 ml(cc) のものが一般的で，1 カップは 1C と書く．計量スプーンは大さじ（15 ml(cc)），小さじ（5 ml(cc)）がよく使用され，大さじ 1 杯は大 1 または T1，小さじ 1 杯は小 1 または t1 と書く．

計量の仕方は砂糖やみそなどはスプーンにすくいとり，へらなどで平らになるようにすり切る．1/2 や 1/4 は直角にとる．しょうゆなどの液体の 1 杯は盛り上がるまで満たす（図 3.3）．計量カップ・スプーンによる食品の目安量を表 3.3 に示した．粉などの場合，そのままの状態と粉ふるいでふるった後では，同じ容

	食品	目安量	重量(g)		食品	目安量	重量(g)
穀類	白飯	小茶碗1杯	100～120	野菜類	たまねぎ	中1個	200
	おにぎり	1個(コンビニ)	100		にんじん	1本	100～150
	バターロール	1個	30～40		なす	1本	50～100
	食パン	1斤	350～450		トマト	1個	150～200
いも類	じゃがいも	中1個	100～150		ミニトマト	1個	10～15
	さつまいも	中1個	200～250		ピーマン	1個	30～40
	さといも	中1個	50		きゅうり	1本	100
肉・魚類	鶏ささ身	1本	40～50		ほうれんそう	1株	30
	ハム	1枚	10～20		セロリ	1本	100～150
	ベーコン	1枚	15～20		にんにく	1個	50～70
	あじ	1尾	100～150		パセリ	1本	5～10
	魚の切り身	1切れ	80～100	果実類	みかん	1個	70～100
	えび(無頭)	1尾	20		りんご	1個	200～250
	あさりむき身	1個	3		バナナ	1本	120～160
乳・卵類	鶏卵	1個	50～60		レモン	1個	100～120
	卵黄	1個分	17～20		いちご	1個	15～20
	卵白	1個分	30～33	きのこ類	しいたけ	1枚	10～30
	うずら卵	1個	10～12		干ししいたけ	1枚	2～5
	スライスチーズ	1枚	18～20		マッシュルーム	1個	10

表 3.1 身近な食品の目安量

廃棄率(%)	5	10	15	20	25	30
発注換算係数	1.05	1.11	1.18	1.25	1.33	1.43

表 3.2 発注換算係数

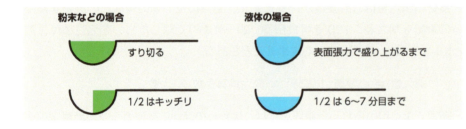

図 3.3 計量スプーンの使い方

量でも重さが異なるので注意が必要である.

　料理のレシピには，塩少々，塩ひとつまみなどで塩の量が示されていることがある．塩少々は親指と人差し指の2本の指先でつまんだ量(約0.3～0.6g程度)，塩ひとつまみは，親指，人差し指，中指の3本の指先でつまんだ量(約0.6～0.9g程度)といわれている．しかし，粒子の大きさや個人によって異なるので注意が必要である．

食品	小さじ1 (5 ml) g	大さじ1 (15 ml) g	カップ1 (200 ml) g	食品	小さじ1 (5 ml) g	大さじ1 (15 ml) g	カップ1 (200 ml) g
水・酒・酢	5	15	200	精白米	–	–	170
食塩	6	18	240	小麦粉	3	9	110
しょうゆ・みりん	6	18	230	乾燥パン粉	2	6	80
みそ	6	18	230	生パン粉	1	3	40
砂糖（上白糖）	3	9	130	かたくり粉	3	9	130
グラニュー糖	4	12	180	コーンスターチ	2	6	100
粉砂糖	2	6	70	上新粉	3	9	130
水あめ・はちみつ	7	21	280	白玉粉	2	6	100
ジャム	7	21	250	きな粉	2	6	80
マーマレード	7	21	280	ベーキングパウダー	4	12	150
				粉ゼラチン	3	9	130
油	4	12	180	牛乳	5	15	210
バター	4	12	180	生クリーム	5	15	200
マーガリン	4	12	180	スキムミルク	2	6	90
ラード	4	12	180	粉チーズ	2	6	90
マヨネーズ	4	12	190				
トマトケチャップ	5	15	230	ごま	3	9	120
トマトピューレー	5	15	210	カレー粉	2	6	80
ドレッシング	5	15	200	からし粉	2	6	90
ウスターソース	6	18	240	わさび粉	2	6	70

表 3.3　計量カップ・スプーンによる食品の目安量

　温度を測定する温度計には，従来からある赤い液柱の位置で温度を表示するガラス製の棒状温度計（アルコール温度計）がある．この温度計は，水分が多くても温度が測定でき，温度表示の誤差は約±1℃で，洗浄できて便利であるが，割れるので注意が必要である．揚げ物の鍋にとりつける温度計，直接食品に突き刺して内部温度をはかる熱電対温度計もある．さらに，赤外線温度計や放射温度計といった，食材などに触れずに温度を測定する非接触タイプもある．

　また，調理には時間管理も重要で，時計やタイマーが使われる．

B.　浸漬

　調理素材には，保存性の向上や特有の食味を付与するために乾燥・塩蔵した食品がある．浸漬とは，これらの食品を利用するための下処理としての乾物の戻しのほか，うま味成分の抽出，調味液の浸透，貯蔵性の向上と調味液の浸透，物性の向上，変色の防止，不味成分の除去などを目的に，水や調味液に食品をつけることである．浸漬の目的と食品・料理例を表 3.4 に示す．

　乾物には種類により適切な戻し方があり，それぞれの重量増加比が異なるので使用量について注意が必要である（表 3.5）．乾物の浸漬には，膨潤を考慮した十分な水量が必要である．

表 3.4 浸漬の目的

浸漬の目的	調理用語	食品・料理例
乾物の吸水, 膨潤, 軟化	戻す	干ししいたけ, 乾燥わかめ, ひじき, 切干しだいこんなど
	吸水	米
うま味成分の抽出	水だし	こんぶ, 煮干し
調味液の浸透	つける	煮びたし
貯蔵性の向上と調味液の浸透	漬ける	漬物, ピクルス
物性の向上	放つ	生野菜(レタスやキャベツなど)を水に放つ
変色の防止	つける	りんご, れんこん, なす, じゃがいもなど
不味成分の除去	アク抜き	ごぼう, うど, たけのこ, わらびなど
	塩出し, 塩抜き	数の子, 塩蔵わかめなど
	砂出し	あさり, はまぐりなど
	血抜き	レバー

表 3.5 主な乾物の一般的な戻し方と重量増加比

乾物名		重量増加比	戻し方などの処理方法
乾しいたけ	干ししいたけ	約4~5倍	軽く水洗いして汚れを落とし, 水に5~6時間程度浸漬し, 膨潤したら軽く押さえて絞り, 軸をとる. 戻し汁は煮物などの料理に使うとよい.
乾きくらげ	きくらげ	約3~6倍	水またはぬるま湯に15分程度浸漬, 膨潤後, 水洗いする.
	白きくらげ	約12倍	水に5分程度浸漬, 膨潤後, 水洗いする.
乾燥わかめ	素干しわかめ	約6~14倍	水洗いして砂やごみを落とし, 水に5~10分程度浸漬する. 戻しすぎるとぬめりが出るので注意する. 膨潤したら絞る.
干しひじき	ひじき	約7~8倍	水に20分程度浸漬, 膨潤後, 水洗いする.
	長ひじき	約4~5倍	水に20~30分程度浸漬, 膨潤後, 水洗いする.
切干しだいこん		約4倍	水洗い後, 水に10~20分程度浸漬(2~3回水を替えるとよい), 膨潤後, 絞る.
かんぴょう		約5~7倍	水洗い後, 塩もみをして, 塩を洗い流し軽く絞り, 5~10分程度ゆでる. 水洗い後, 絞る.
高野豆腐		約5~6倍	水またはぬるま湯に浸漬する(落し蓋などを使用). 膨潤後, 押し洗いし, 両手で挟んで絞る.

注: ここには標準的な戻し方を示したが, 製造方法・製品, 乾物の大きさなどにより異なる.

乾物：かんぴょう

かんぴょうは, ウリ科のユウガオの果実をひも状にむき, 干して乾燥させたもので, 漂白したものと無漂白のものがある. 漂白かんぴょうは, 漂白, 防虫, 防カビなどのために保存料として使用されている二酸化硫黄を除くため, 塩もみと水洗いが必要である. 無漂白かんぴょうは, 塩もみは不要だが, 苦みをとるためにもみ洗いは必要である. 無漂白かんぴょうのもどし煮汁にはうま味成分が出ているので料理に使用できる.

C. 切る

　食品を食べやすい大きさや適当な形にすることで，加熱や調味料の浸透を容易にし，また，料理の見た目を美しくし，季節感や風情を添える役割もある．包丁には用途によりさまざまな種類があり，鱧の骨切りや豆腐などの食材ごとに適切な包丁もつくられている．調理には素材のかたさや切断の目的に合った包丁を使用する．材質は鉄，チタン，ステンレス，セラミックなどがある．

　包丁の種類には片刃と両刃があり，和包丁（薄刃包丁，出刃包丁など）では片刃が多く，洋包丁（牛刀，ペティナイフなど）には両刃が多い．

　和包丁の薄刃包丁は野菜用である．出刃包丁は魚を効率よくさばくもので，鋭い切っ先は魚の身に切り込みやすく，刃の反りは魚の身を切り離すための形状である．刺身包丁は魚介類を切って刺し身にするための包丁で，細長く食材を薄く切る用途に特化した包丁である．刺身包丁は関東と関西で形が異なり，関東の刺身包丁は全体が四角形の形をしているので「たこ引き包丁」といわれ，先端がとがっていない点が特徴である．一方，関西の刺身包丁は日本刀のように先端が鋭くとがっているので「柳刃包丁」と呼ばれている（図3.4）．

　洋包丁の牛刀（シェフナイフ）は一般的な包丁で，牛肉以外でもさまざまな調理に使用することができる．ペティナイフは，牛刀を小さくした形で果物の皮むきなどのほか，細かな作業に使用できる．

　一般に家庭でよく使用されている文化包丁（三徳包丁）*は，日本の食の欧米化に伴ってできた比較的新しい包丁である．野菜だけではなく肉や魚にも対応するために野菜用の菜切り包丁，魚用の出刃包丁，肉用の牛刀の機能を合わせもち，和包丁の薄刃と洋包丁の両刃を合体させた包丁である．肉や魚をさばきやすいように鋭く反った切っ先をもち，野菜も切れるように緩やかな反りで，牛刀より刃は短くて幅が広く，刃渡りは 15～20 cm 程度のものが大半である．図3.5に包丁の各部の名称と主な用途を，図3.6には包丁の持ち方を，図3.7には指先の置き方を示した．

　図3.8には，さまざまな食品の切り方とその名称を示した．また，図3.9には魚のおろし方を示した．

*文化包丁と三徳包丁は，古くは包丁の切っ先と背の部分の形状が若干異なっていたが，現在では三徳包丁も文化包丁も同じ包丁をさす言葉として使われている．

図 3.4　刺身包丁

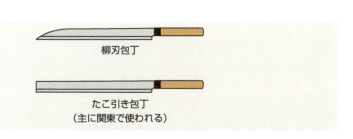

3.3　調理の基本操作

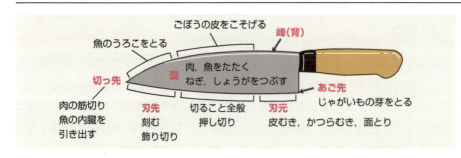

図 3.5　包丁各部の名称と主な用途

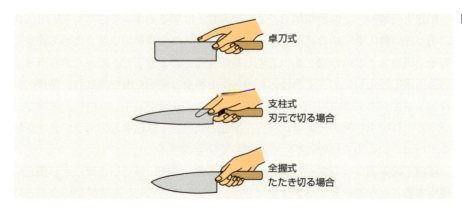

図 3.6　包丁の持ち方

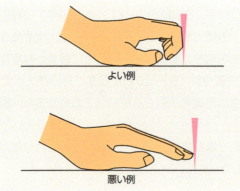

図 3.7　指先の置き方

〔基　本〕

1. 輪切り
slice
rondelle（ロンデル）
輪子片（ルンヅピエン）

2. 小口切り
chops
émincé rond
（エマンセ ロン）
段（トワン）

3. 半月切り
slice and cut slices in half
demi-lune（ドゥミ リュヌ）
半月片（パンユエピエン）

4. いちょう切り
a quarter of a slice
tranche-éventail
（トランシュ エヴァンタイユ）
扇子（シャンヅ）

5. そぎ切り（薄切り）
thinly sliced
émincé（エマンセ）
片（ピエン）

6. 色紙切り
cut into squares
paysanne（ペイザンヌ）
方（ファン）

7. 短冊切り
rectangular pieces
collerette（コルレット）
平片（ピンピエン）

8. 拍子木切り
cubic rectangular pieces
pont-neuf（ポン ヌフ）
条（ティヤオ）

9. せん切り
shredded
julienne（ジュリエンヌ）
絲（スー）

10. さいの目切り
diced
macédoine（マセドワーヌ）
丁（ティン）

11. あられ切り
medium cubes
brunoise（ブリュノワーズ）
小丁（シヤオティン）

12. みじん切り
minced
haché（アシェ）
末（モー），米（ミー）

13. くし形切り
wedged cuts
quartier（キャルティエ）
流子片（リュウヅピエン）

14. 乱切り
rolling wedged
tourner（トゥルネ）
馬耳（マーアル），兎耳（トゥアル）

15. かつらむき
peeling into thin sheet
ruban（リュバン）
渡筒切（トゥトンチエ）

16. ささがき
shavings
élancée（エランセ）
批片（ピーピエン）

図 3.8　食品の切り方の例
1〜16の絵の下の名称は，上段は英語，中段はフランス語，下段は中国語を示す．

〔応用〕

17. 面とり　だいこん
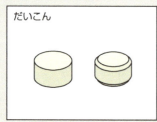

18. よりうど　うど
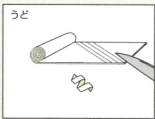

19. 蛇腹切り　きゅうり
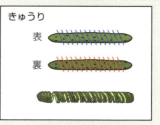

20. ちがい切り　きゅうり

21. 茶せん切り　なす

22. 菊花切り　かぶ
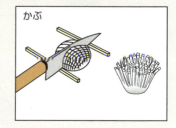

23. 花形切り　にんじん
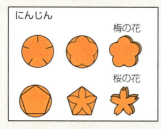

24. ねじり梅　にんじん
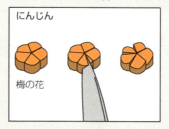

25. 末広切り　きゅうり
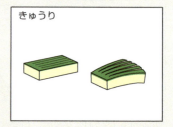

26. 松葉切り　ゆずの皮
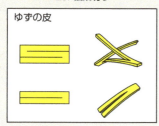

27. たづな切り　こんにゃく
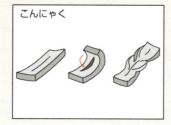

28. いかの飾り切り
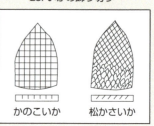

図 3.8　食品の切り方の例
つづき

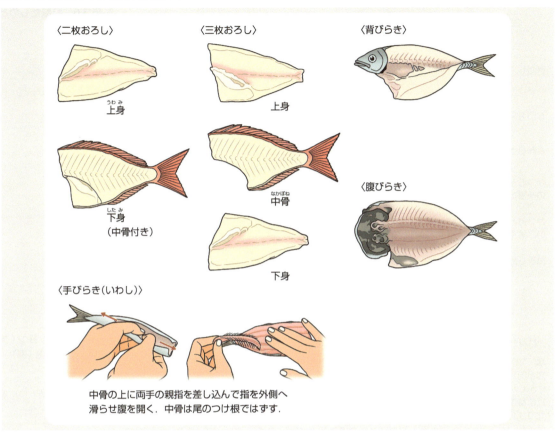

図 3.9 魚のおろし方

D. だしをとる

a. 日本料理

　日本料理は水の料理と呼ばれるように，おいしい軟水に恵まれたことから世界に類のないうま味という味と文化を創り出した．うま味は，こんぶ（グルタミン酸），かつお節（イノシン酸），干ししいたけ（グアニル酸），貝類（コハク酸）などから抽出され，汁物，煮物，あえ物などに利用される．和風だしのとり方の例を表 3.6 に示した．だしをとる際の水は出来上がり重量の 30％増の量が必要である．動物性の材料を使用しない精進料理に使われる精進だしには，こんぶだし以外に，こんぶやわかめ，干ししいたけ，かんぴょう，煎り大豆など数種類の植物性食品を水につけてとっただしもあり，さっぱりとした薄味で野菜の甘さを感じる味である．

b. 西洋料理

　西洋料理のだしのとり方が日本料理と異なる点は，水が硬水であることに起因する．肉・骨・魚類などと香辛料・香味野菜などを長時間煮込んでとる．フラン

表3.6 和風だしのとり方（例）

名称	材料と使用割合（出来上がり水量に対して）	とり方
水だし	こんぶ　　　　1.5% かつお節　　　1.5% （煮干し　　　1.5%）	保存容器に水とすべての材料を入れて，蓋をして冷蔵庫で一晩おいてこす． （煮干しを入れる場合は，煮干しの頭とわたをとり，半分にさいておくとよい）
かつお一番だし	かつお節　　　2〜4%	水が沸騰したら火を止めてかつお節を入れ，再度火にかけ，ひと煮立ちしたら火を止め，かつお節が沈んだらこす．
こんぶ一番だし	こんぶ　　　　2〜5%	こんぶは乾いた布巾で軽くふき，水に30〜60分つけておく．弱火にかけ，沸騰前にこんぶをとり出す．
かつおとこんぶの一番だし	こんぶ　　　　1〜2% かつお節　　　1〜2%	こんぶは乾いた布巾で軽くふき，水に30〜60分つけておく．弱火にかけ，沸騰前にこんぶをとり出す．かつお節を入れ，ひと煮立ちしたら火を止め，かつお節が沈んだらこす．
かつおとこんぶの二番だし	一番だしのだしがら （こんぶ，かつお節）	一番だしをとった後のこんぶとかつお節に一番だしのときの半分の量の水を加え，弱火で3〜4分煮出してこす．
煮干しだし	煮干し　　　　3〜5%	煮干しの頭とわたをとり，大きければ半分にさいて水に30分程度つけて火にかけ，沸騰したら2〜3分間煮出してこす．

表3.7 ブイヨン（チキン）のとり方（例）
＊鶏がらを使うときは丁寧に水洗いし，血や汚れ，内臓の残りをきれいに落としてから用いる．

材料（仕上がり2,000 ml）	とり方
水　　　　　　　　　4,000 ml 鶏手羽元＊　　　　　　700 g にんじん　　　　　　　80 g たまねぎ　　　　　　　80 g セロリ（葉を含む）　　30 g タイム　　　　　　　　1本 ローリエ　　　　　　　1枚 粒こしょう　　　　　　3粒 塩　　　　　　　　　4〜6 g （仕上がりの0.2〜0.3%）	①鶏手羽元を水で洗う．にんじん，たまねぎは適当な大きさに切る． ②スープ鍋に水と鶏手羽元，塩を入れて強火にかける．沸騰後火を弱め（90〜95℃），アクをとりながら弱火で約1時間煮出す（蓋はしない）． ③にんじん，たまねぎ，セロリ，タイム，ローリエ，粒こしょうを入れ，アクをとりながら半分程度になるまで1時間程度煮る． ④温かいうちに静かにこす． ⑤表面に浮いた油はすくいとるか，和紙などに吸わせて除く．

ス語ではフォン（fond）とブイヨン（bouillon）である．フォンは主にソースや煮込み料理をつくるときに用い，材料やとり方によって異なった風味や味があり，白色（fond blanc）と褐色（fond brun）に分けられる．また，鶏，子牛，魚など使用する材料によっても分類される．

ブイヨンは日本のだしにあたるもので，英語のスープストック（soup stock）と同じである．和風だしよりもうま味成分の種類が多く複雑で，牛，鶏，魚，野菜などの材料を数種類混ぜてとることが多い．ブイヨンのとり方の例を表3.7に示した．

c. 中国料理

中国料理のだしのことを湯（タン）という．鶏（丸鶏，皮，骨），あひる，豚，中華ハム，貝柱，干しえび，干しあわびなどの動物性食品でとっただしを葷湯（フンタン），しいたけや野菜からとっただしを素湯（スゥタン）という．

表 3.8 鶏湯(ディタン)のとり方(例)

材料 (仕上がり 1,000 ml)	とり方
水　　　　1,500 ml 鶏がら　　2 羽分 青ねぎ　　10 g しょうが　10 g	①鶏がらは丁寧に水洗いし,血や汚れ,内臓の残りをきれいに落とし,熱湯でさっとゆでる. ②しょうがをつぶし,青ねぎを適当な大きさに切る. ③鍋に水と①の鶏がら,しょうが,青ねぎを入れて火にかける(蓋はしない). ④沸騰前に弱火～中火にし,アクをとりながら半分程度になるまで 2 ～ 3 時間煮る. ⑤温かいうちに静かにこす.

また,葷湯は澄んだスープの清湯(チンタン)と濁ったスープの白湯(バイタン)に分けられる.清湯のうち一番だしを上湯(シャンタン),上湯をとった材料にもう一度水を加えてとった二番だしを二湯(アルタン),上湯に金華ハムなどを加えてとっただしを頂湯(ティンタン)または高湯(ガオタン)という.鶏がらを使った鶏湯のとり方の例を表 3.8 に示した.

E. 味をつける

調味料や調味液で味をつける方法は,①振りかける,まぶす,②液に浸す,漬ける,③液のなかで加熱,④あえる(和える)がある.

a. 濃度と割合

濃度を示すには百分率(%)を用いる.煮汁の量は材料の重量に対する割合(%)で表す.調理では,「1%の塩」は,水(だし)または食材 100 g に対して 1 g の塩を加えることを示し,このような方法を外割(そとわり)という.調味パーセントとは,材料重量に対する塩分,糖分の割合(%)を表したものである.

$$調味パーセント(\%) = 調味料の塩分(糖分)重量(g) / 材料の重量(g) \times 100$$
$$調味料の塩分(糖分)重量(g) = 調味パーセント(\%) \times 材料の重量(g) / 100$$

料理に塩味をつけるのに食塩のほかしょうゆやみそなどの塩分を含む調味料を用いることが多い.調味料の可食部 100 g 当たりに含まれる食塩相当量(g)を表 3.9 に示す.しょうゆやみそばかりではなく顆粒の和風だしや中華だし,固形ブイヨンやソース類に含まれている食塩相当量にも注意が必要である.

糖分の調味パーセントは砂糖の量で示してあるので,塩分と同様に換算が必要である.本みりんは糖分が 43%程度であるが,みりんに含まれる糖は砂糖(スクロース)より甘みが弱いグルコースなので,砂糖をみりんに置き換える場合は 3 倍量,逆は 1/3 量にする.

表 3.9 調味料の食塩相当量 (g)
（可食部 100 g 当たり）

食品名	食塩相当量(g)
こいくちしょうゆ	14.5
うすくちしょうゆ	16.0
米みそ(淡色・辛みそ)	12.4
米みそ(赤色・辛みそ)	13.0
豆みそ	10.9
顆粒和風だし	40.6
顆粒中華だし	47.5
固形ブイヨン	43.2
料理酒	2.2
ウスターソース	8.5
オイスターソース	11.4
トマトケチャップ	3.1
マヨネーズ(全卵型)	1.9
マヨネーズ(卵黄型)	2.0

〔日本食品標準成分表 2020 年版（八訂）〕

b. 調味料の添加

一般に煮物は，食材がやわらかくなってから調味料を加える．煮物において調味料を加える順番は，さ(砂糖)，し(塩)，す(酢)，せ(しょうゆ)，そ(みそ)といわれている．酢，しょうゆ，みそは揮発性の成分を含むので，不快な臭いを消すなどの別の目的がある場合以外は後から入れる．また，調味料は一度に全量入れず，味を確かめながら加える．特に煮豆，あん，ジャムなど多量の砂糖を使用するときは数回に分けて入れる．野菜の炒め物なども脱水すると食感が悪くなるので，調味料は最後に加える．中国料理の調味料は数種類をあらかじめ合わせて(合わせ調味料)加えることが多い．

F. 炊飯

炊飯は，洗米，浸漬，加熱，蒸らしからなる．
洗米：ぬかやゴミを除くことが目的だが，最近は無洗米もある．
浸漬：十分吸水(飽和状態で 25～30％)させるには室温で 30 分ほど必要である．
加熱：温度上昇期(約 8 分) ⇒ 沸騰期：火を弱め沸騰を維持(約 5 分)
　　　⇒ 蒸し煮期：遊離の水分を蒸発させる(約 15 分)
蒸らし：蒸らし期(約 10～15 分) ⇒ ほぐす

炊飯に必要な水の量は，米重量の 1.5 倍(容量の場合は 1.2 倍)である．洗米操作で米重量の 10％程度吸水する．水の量は米の種類や乾燥状態，炊飯量や炊飯器の種類によっても異なる．

G. 魚の扱い方

　魚を直火焼きする場合，見栄えよく形を整えるなどの目的で図 3.10 のように串打ちで魚の形を整え，鉄弓(串をかけるための鉄の枠)などを利用して魚を宙に浮かせた状態で強火の遠火で加熱する．直接金網にのせて焼くと，たれやみそがついていると身崩れを起こして見栄えが悪くなることがあるので，鉄弓と串を使用する．

　魚の盛りつけは図 3.11 に示したように，尾頭付きの姿焼きの場合，頭は左になるように，切り身の場合は皮が向こう側，腹が手前になるようにする．また，料理の下に敷くものを"かいしき"といい，笹などを少し斜めに置くと彩りよく形も美しくなる．焼き物のあしらいや付け合わせには，だいこんおろし，すだちやレモンなどのかんきつ類，酢取りしょうが(はじかみ)，酢取りみょうが，菊花かぶ，酢れんこん(花れんこん)などがあり，魚の右手前に添える(前盛り)．

図 3.10　焼き串の打ち方

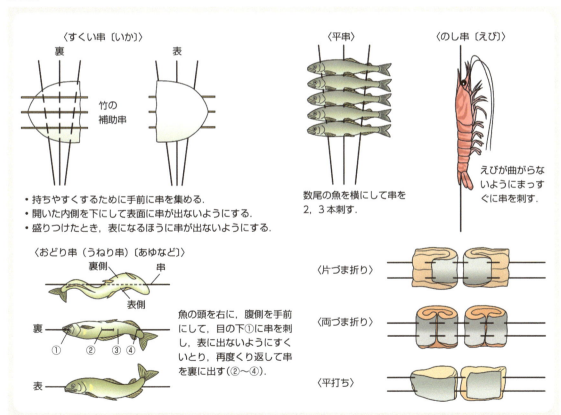

図 3.11　魚の盛りつけ

H. 香辛料

　香辛料には，ハーブ・スパイス(生は狭義で香草)，シード・スパイス(植物の種子)，スパイシー・スパイス(香草や種子以外の皮，茎，花，つぼみなど)などと呼ばれるものがあり，特有の辛味と香りを利用し食欲を増進させ，料理の嗜好性を高めることを目的に使用され，さらには減塩にも役立つ．また，臭み抜きや腐敗防止，着色などにも使われる．

　日本料理では，わさび，からし，さんしょう，しょうがなどが古くから使用されてきた．季節感の演出にも重要である．表 3.10 に日本料理に使われる香辛料の種類と用途を示した．西洋料理や中国料理で用いられる香辛料については表 3.11，表 3.12 に示した．

名称		出回り時期	用途
さんしょう	木の芽	4〜5月（栽培ものは年中）	吸い口
	花ざんしょう	4〜5月	吸い口，煮物
	実ざんしょう	5〜6月	吸い口，薬味，佃煮
しょうが	根しょうが	新ものは7〜8月，ひねものは年中	薬味，吸い口，酢漬け
	葉しょうが	夏	酢どりしょうがとして焼き魚の添え物
からし	和からし		薬味，からし酢，からし酢みそ
わさび	根茎わさび		すりおろし，または細切りにして薬味
	花わさび，葉わさび	春	おひたし，あえ物
とうがらし			酢の物，漬物
ごま	黒ごま，白ごま	年中	あえ衣，胡麻豆腐，菓子材料
かんきつ類	すだち	8月 9〜11月	皮をすりおろして，そうめん・そばの薬味 搾り汁を酢の物，鍋物
	ゆず	秋・冬	吸い口，酢の物
しそ	青じそ（大葉）	年中	刺身のつま，天ぷら，薬味
	赤じそ	6〜7月	梅干し，紅しょうがの着色，漬物
	花穂じそ	6〜7月	刺身のつま，吸い口
	芽じそ	年中	刺身のつま，吸い口
みょうが	花みょうが	夏物（6〜7月），秋物（8〜11月）	刺身のつま，吸い口，薬味，酢の物，漬物
	みょうがたけ	6月，9〜11月	酢の物，天ぷら
たで	紅たで	年中	刺身のつま，あえ物
	青たで	夏・秋	たで酢
せり		春先	おひたし，汁物，あえ物，鍋物
ふきのとう		春先	天ぷら，煮物，佃煮
食用菊		6〜12月	蒸し物，あえ物，ご飯物

表 3.10 日本料理でよく用いられる香辛料

表 3.11 西洋料理でよく用いられる香辛料

名称	特徴・用途
ペッパー	白こしょうは，完熟した実の皮をとり除いて乾燥．辛さもマイルドで上品．黒こしょうは，完熟直前の実を乾燥．辛さは強烈．
パプリカ	辛味成分をもたないレッドペッパーで，鮮やかな赤色．色調を楽しむ．
ナツメグ	甘い刺激性の香りがある．ケーキやひき肉料理に使う．
シナモン	クスノキ科の常緑樹の樹皮をはぎとり乾燥させたもの．スティックは飲み物，ピクルスなどに，パウダーはケーキやドーナツなどに使う．
クローブ	乾燥したつぼみを使う．香気が強く，刺激臭がある．肉の臭みをとる効果がある．
マスタード	芳香成分は辛味成分でもあり，揮発性の辛味成分によって脱臭効果がある．
サフラン	サフランの雌しべを乾燥したもので，最も高価なスパイス．水に浸すと黄金色となり，パエリアやブイヤベースなど魚介料理に使う．
ターメリック	ショウガ科の多年草で，根茎部を乾燥させたもの．黄色の着色性がある．カレー粉やピクルス，マスタードに使う．
ローリエ	すがすがしい芳香と若干の苦味がある．肉や魚の臭みをとる効果があり，煮込むときに加える．
タイム	シソ科の多年草で，すがすがしい芳香とほろ苦さがある．肉や魚の生臭みを消す．
ミント	シソ科の多年草．キャンディー，ゼリー，ハーブティーなどに使う．
バジル	さわやかな香味に特徴がある．パスタやピッツァのソースによく使う．
カルダモン	すがすがしい香りをもつショウガ科のスパイスで，種子の部分に香りがある．インドの茶「チャイ」にも使う．
クミン	独特の強い芳香と若干の辛味，苦味をもつ種子で，ガラムマサラやカレー粉の主原料である．インドのカレーやタンドリーチキンによく使う．
セージ	独特の強い香りをもつ葉で，魚や肉の臭み消しによく使う．乳製品とも相性がよく，クリームソースなどに豊かな風味をつける．一説では，ソーセージの語源になったともいわれている．
エストラゴン	アニス様の甘くやわらかな香りとセロリに似た芳香が特徴で，ほのかな辛味がある．肉や魚の臭みを和らげ，ピクルスやマリネにも使い，エスカルゴ料理には欠かせない．

表 3.12 中国料理でよく用いられる香辛料

名称	特徴・用途
花椒（ホワヂャオ）	さんしょうの実．中国産は日本産よりもしびれる辛さをもつ．粉にして塩と混ぜた花椒塩（ホワヂャオイエン）は揚げ物とともに供する．
八角（バーヂャオ）	大ういきょうともいう．豚肉や川魚の臭み消しに用いる．
丁香（ティンシヤン）	丁子，クローブ．肉の臭み消しや五香粉に用いる．
桂皮（クェイピー）	シナモン，カシアの樹皮．
陳皮（チェンピー）	かんきつ類の皮を干したもの．
五香粉（ウーシヤンフェン）	混合スパイス．桂皮，丁香，花椒，陳皮，八角などを含む．
辣椒（ラーヂャオ）	赤とうがらし．よく炒め，辛味だけではなく，香りも活かすように使う．
香菜（シヤンツァイ）	コリアンダー，パクチー．粥やスープの香りづけ，魚料理の臭み消しに使う．

4. 季節を味わう日本料理

4.1 日本料理の特徴

　日本料理は，日本の気候，生活習慣などから今日まで築き上げられてきたが，長い歴史の間に諸外国の影響を受け，食材や調味料についても変化してきた．一般的に「日本料理」といわれているものには，次のような特徴がある．

　①米を主食とし，魚介類や野菜類の汁物，主菜，副菜などの組み合わせがある．また，西洋料理に比べて，ひとつの献立でつくられる料理の種類や食品数が多いが，それぞれの料理の量は少ない．

　②四季があるため季節の農産物や魚介類に恵まれていることから，「旬」の素材を使い，季節感を出す．しかし今日では，これらの農産物や魚介類の多くを輸入に依存しているのが現状である．

　③高温多湿の気候のため，しょうゆ，みそ，酢，みりんなどの発酵調味料がつくられ，地域独特の発酵調味料や漬物などもある．

　④汁物や煮物などは，かつお節，こんぶ，干ししいたけなどのだしを用い，素材のもち味を活かした淡白な味つけである．木の芽やゆずの皮などの風味のある季節の素材を料理に添えることが多い．

　⑤食品の色や形，その組み合わせの美を活かした盛りつけや，料理に美しい彩りを添える飾り切りなど日本独特の包丁技法もある．器は陶磁器だけではなく漆器，木器，竹器など多様であり，器の形や料理の色彩調和の面でも美しく，「目で楽しむ料理」ともいわれる．

　⑥地域の食材を用いた郷土料理，地域の祭事や人生儀礼などにつくられるハレの日にまつわる料理など，地域独特の料理がある．

4.2 日本料理の形式

　日本料理には，冠婚葬祭や年中行事などの饗応食として発達した形式や，茶の湯や仏教思想を基盤にした形式がある．現代の家庭や日本料理専門店の献立は，時代とともに変化しているが，伝統的な日本料理の形式の基本が献立構成にみられる．

A. 本膳料理

　室町時代に武家の礼法とともに貴族や上級武士の正式な饗応料理として本膳料理は発展した．一汁三菜，二汁五菜，三汁七菜などの汁と菜を組み合わせた献立を足付き角膳に並べ，本膳，二の膳，三の膳，与の膳，五の膳など，正式なほど膳の数が多くなる複雑な形式である．現在も冠婚葬祭などの儀礼的な客膳料理の配膳形式に残っている．図 4.1 に本膳料理の配膳例を示した．

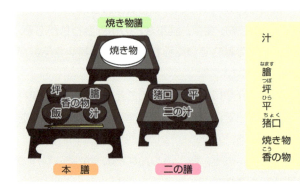

図 4.1　本膳料理（二汁五菜）の配膳例

汁	本膳：みそ仕立て
	二の膳：すまし仕立て
膾（なます）	酢じめの魚または刺身
坪（つぼ）	汁気の少ない煮物
平（ひら）	煮物の盛り合わせ
猪口（ちょく）	あえ物，浸し物
焼き物	魚の姿焼き
香の物（こう）	漬物（一菜と数えない）

B. 懐石料理（茶懐石）

　懐石料理は，茶の湯の発達とともに安土・桃山時代に千利休によって形式化された．おいしく茶をいただくための軽い食事である．「懐石」とは禅宗で修行僧が温石（おんじゃく）（温めた石）を懐に入れて空腹をしのいだことに由来する．千利休は「一汁三菜」までの簡素なものであることを旨としたが，現在の懐石料理では箸洗い，八寸（はっすん），強肴（しいざかな）などが加えられている場合が多い．飯，汁，向付（むこうづけ）を配膳した足のない折敷（おしき）が最初に出される．次に銚子が運ばれ，盃に酒が注がれる．順次，客の様子を見ながら適したときに次の料理が出される．季節の食材を使うこと，食べやすく盛りつけること，料理の温度に気を配ること，料理全体の味の調和を考えるこ

図 4.2 懐石料理の形式例

汁	みそ仕立て
飯	流派により一文字または中央に山高に盛る.
向付(むこうづけ)	折敷の中央真向うに置くことから向付という. 刺身, 酢じめの魚を盛る.
椀盛り(煮物椀)	主菜となる汁の多い温かい煮物.
焼き物	大皿に盛って客がとり分ける. 蒸し物, 揚げ物の場合もある.
強肴(しいざかな)(預け鉢)	亭主の心入れの料理. 箸洗いの前または八寸の後に出される.
箸洗い	淡白なすまし汁. 口を整え, 箸を洗うという意味.
八寸(はっすん)	酒の肴として八寸四方の杉の折敷に海のものと山のものを盛る.
湯桶(ゆとう)	釜底の焦げたご飯または煎り米に熱湯を入れる.
香の物(こう)	香の物のたくあん漬けは食べやすいように細かく切り目を入れる.

となど茶会でのもてなしの心が込められている料理である. また, 長い歴史の間に完成された茶の湯の食事作法は美しく合理的である. 茶の湯の流派により盛りつけ方や食事作法には多少違いがある. 図 4.2 に懐石料理の形式例を示した.

C. 会席料理

会席料理は, 本膳料理や懐石料理の形式をとり入れながら江戸時代の料理屋の料理として普及した酒宴向きの形式である. 会席料理は日本料理の客膳料理として現在も用いられる. 一般的に, はじめに酒の肴として前菜(先付, お通し, つき出しとも呼ばれる)が出される. 懐石料理の形式のように順次料理が出された後, 最後に飯, 汁(止め椀), 香の物と続く. また, 現代は「会席」の表記だけではなく「懐石」と表記されている場合もあり, 呼び方は混在している. 茶の湯の懐石料理と異なり, 献立構成や食事作法は比較的自由である.

D. 精進料理, 普茶料理

精進料理は, 平安時代および鎌倉時代に仏教の僧によって広められた. 仏教の戒律のひとつである「殺生戒(せっしょうかい)」に基づいて肉や魚を避け, 野菜, 豆類, 海藻などの植物性食品を材料にした料理である. 野菜のうま味を活かし, 豆腐や湯葉などの豆類の加工食品を利用し, 植物油を用いて揚げ物にするなど, 限られた材料のなかで料理を工夫している.

普茶料理は, 黄檗宗(おうばくしゅう)万福寺を創建した隠元禅師により広められた精進料理である. 大皿に盛られた料理をとり分ける中国風の精進料理である.

E. 和菓子

「菓子」は，木の実や果物を意味する言葉で，餅や団子とともに儀式や神への供物であった．古代には遣唐使によって唐菓子（小麦粉をこねて油で揚げた菓子）が，中世には中国で学んだ禅僧によって点心類（饅頭や羊羹など）が，安土・桃山時代には西洋から南蛮菓子（カステイラ，ボーロ，金平糖など）が日本に伝えられた．今日のような和菓子は江戸時代に砂糖が国内生産されるようになって発展し，大名や公家，裕福な町民層によって，儀式，饗応，贈答などに利用された．なかでも茶の湯の席に供された練り切りやきんとんなどの上生菓子は，季節や和歌を題材にしてつくられ，洗練された意匠と銘に表現された．

現代の和菓子は，明治以前に日本に定着した菓子をさし，季節の行事や人生儀礼には決まった和菓子を食べる習慣がある．

F. 現代の家庭料理

現代の日常の家庭料理は米飯を主食とし，汁物，主菜，副菜から成り立つ一汁三菜を基本としていることが多い．また，明治・大正時代に西洋料理が普及し，外国から伝わった料理がオムライス，コロッケ，カレーライスなど日本独特の料理に変化し，家庭料理や外食産業に浸透している．最近は，マスメディア，ソーシャルネットワークサービスからの情報に影響され，さまざまな国の料理が融合したフュージョン(fusion)料理も家庭の食卓にみられるようになった．外国から輸入される食材や調味料の種類も増え，家庭料理は多様化している．

また，加工食品の普及は著しく，半調理済みのレトルトパウチ食品や冷凍食品などを利用して簡便に料理をつくることや，調理済みの料理を家庭に持ち帰り食べる中食の利用も増加してきた．

地域独特の郷土料理や行事食は現代も家庭でつくられている．しかし，地域の産物の変化に伴い，従来とは異なった郷土料理や新しい郷土料理が提案され，地域に広がっていることもある．行事食も社会環境や食生活の変化に伴い，消滅した料理や簡略化された料理もある．最近，正月には，好みの味のおせち料理を買う家庭も増え，手作りする家庭は減っている傾向がある．

2013年に「和食：日本人の伝統的な食文化」がユネスコ無形文化遺産に登録された．日本の食文化を見直し，季節の食材を使い，各家庭や地域で伝えられた日本の伝統料理を大切にし，次の世代に伝えたいものである．

4.3 日本料理の食事作法

A. 席の座り方

　もてなしの食事の場合，入口や廊下，床の間，庭の景色の見え方などの部屋の状態に応じて，客が会話を楽しめるように席次(座席の順番)を決める(図 4.3)．

図 4.3　和室での席の座り方

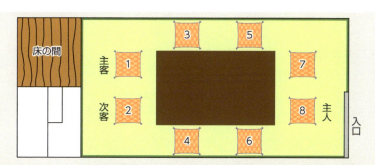

基本的に床の間のある和室では床の間の前が，床の間がない部屋では入り口から最も遠い席が主客の席となる．もてなす側(主人)は入り口近くの末席に座る．

B. 食事に関する作法

a. 箸の扱い方

　日本料理の食事作法では箸の扱い方は最も大切である．図 4.4 に箸の扱い方を示した．また，嫌い箸(してはいけない箸使い)を表 4.1 に示した．

b. 食事の作法

　食前に「いただきます」，食後に「ごちそうさま」のあいさつをし，食事中は食卓に肘をつかないようにする．食器は大切に扱い，右側にある器の蓋は右側に，左側にある器の蓋は左側に上を向けて膳に置き，食べ終えたらもとに戻しておく．飯と汁物，小鉢などは器を手に持って食べ，焼き魚や大きい皿のものは食卓に置いたまま食べる．煮物など一口で食べられないものは箸で切り，骨付きの魚は上身を食べて中骨をはずして器の向こう側に移して下身を食べ，裏返さない．また，汁物などは食べる音をたてないように注意する(めん類を除く)．日本料理にかかわらず，周囲の人が不快にならないように食べる．

図 4.4　箸の扱い方

① 右手で上から箸を持ち上げる．

② 左手で箸を下から支えるようにそえる．

③ 右手を右端まですべらせ，下側に回して持ち直す．

④ 添えていた左手をはずす．

⑤ 箸を使うときは，上の箸を人指し指と2本の箸の間に挟んだ中指で動かす．
下の箸は親指とくすり指で固定して動かさないようにする．

表 4.1　嫌い箸

名称	動作
迷い箸	どの料理を食べようかと迷い，あちこち箸を動かす．
ねぶり箸	箸をなめる．
探り箸	汁物などをかき混ぜて中身を探る．
刺し箸	箸で食べ物を突き刺す．
寄せ箸	箸で器を引き寄せる．
箸渡し	箸と箸で食べ物のやりとりをする．
涙箸	箸の先から汁などをぽたぽたと落とす．

5. パーティー上手な西洋料理

5.1 西洋料理

　西洋料理とは，欧米各国の料理全般をさす言葉であり，日本料理に対応した呼び方で，一般的に，ヨーロッパやアメリカ，ロシアなどの国々の料理をさすことが多い．西洋料理は国や地域，時代によって多種多様であることから，厳密に定義することは難しいが，現在の日本の食生活に多くとり入れられている．

5.2 西洋料理の形式

A. 献立の構成

a. フランス料理のフルコース構成例

①前菜：アミューズ（仏：amuse bouche アミューズ　ブーシュ）・オードブル（仏：hors-d'œuvre オル・ドゥーヴル）

　amuse bouche の amuse は楽しませる，bouche は口という意味をもつことから，日本料理でいう先付のような存在である．一方，hors-d'œuvre の hors は外，œuvre は作品という意味をもつことから，hors-d'œuvre は食事開始前の料理という位置づけとなり，いわゆる前菜を示す．いずれか一方を提供する場合もあれば，アミューズ，オードブルの順に2品の前菜が提供されることもある．

②パン：（仏：pain パン）

　バゲットのように，料理とともに食べるパンが提供される．

③スープ：（仏：potage ポタージュ）

料理に合わせて，さまざまな食材を用いたスープが提供される．

④魚料理：（仏：poisson ポワソン）

魚だけではなく，魚介類全般を用いた料理が提供される．

⑤肉料理：（仏：viande ヴィアンド）

伝統的な提供方法に，2品の肉料理を提供するスタイルがあり，先に提供する肉料理をアントレ（仏：entrée），後に提供するメインの肉料理（ローストした肉料理）をローティ（仏：rôti）という．ただし，アントレは前のという意味をもつことから，前菜を意味する場合もある．また，肉料理を2品ではなく1品にすることも多い．

＊魚料理と肉料理のうち，どちらか1品を選択する場合もある．

＊肉料理のアントレとローティの間（肉料理が1品であれば，魚料理と肉料理の間）に，シャーベット（仏：granité グラニテ）が提供されることがある．甘さ控えめのシャーベットで口直しをすることにより，次の料理をより一層おいしく味わうことができる．

⑥デザート：（仏：dessert デセール，petit four プチフール）

フルコース料理の最後は，フルーツや甘いデザートが提供される．その後，飲み物（コーヒーや紅茶）が提供される．また，小さなデザートとしてプチフールが添えられることもある．肉料理とデザートの間にチーズ（仏：fromage フロマージュ）やナッツ，ドライフルーツなどがワゴンサービスで提供されることもある．

料理とともに酒を楽しむ場合は，リストのなかから好みの酒を選ぶとよい．食前・食中・食後と異なる種類の酒を飲み進める場合もあるが，提供される魚料理や肉料理に合うワインを注文することが多い．その際，ワインにもさまざまな味や香りのものがあるが，一般的に魚料理には白ワインを，肉料理には赤ワインを合わせることが多い．食後酒には，コニャックなどの蒸留酒，貴腐ワインなどの糖度の高い甘口のワイン，アルコール度数の高いポートワインなどがある．

b. イタリア料理のフルコース構成例

①前菜：(伊：stuzzichino ストゥッツィキーノ，antipasto アンティパスト)

ストゥッツィキーノはおつまみのようなもので，グリッシーニ(伊：grissino)などが提供される．アンティパストは前菜である．ともに食事の最初に提供される．

②第1の皿：(伊：primo piatto プリモ・ピアット)

第1の皿は，パスタ(伊：pastasciutta パスタシュッタ)やリゾットのような米料理(伊：riso リーゾ)，スープ(伊：minestora ミネストラ)などのことをさす．これらは1品から数品，第1の皿として前菜の後に提供される．

③第2の皿：(伊：secondo piatto セコンド・ピアット)

第2の皿は，魚料理(伊：pesce ペッシェ)や肉料理(伊：calne カルネ)などのメインディッシュをさす．どちらか一方を選択する場合もある．

④デザート：(伊：dolce ドルチェ)

甘いお菓子やフルーツ，飲み物などが提供される．

B. 食卓の整え方(テーブルセッティング)

テーブルセッティングは，食事内容により異なる．図5.1に一般的なフルコースのテーブルセッティングの例を示した．

図 5.1 西洋料理のフルコースのテーブルセッティング(例)

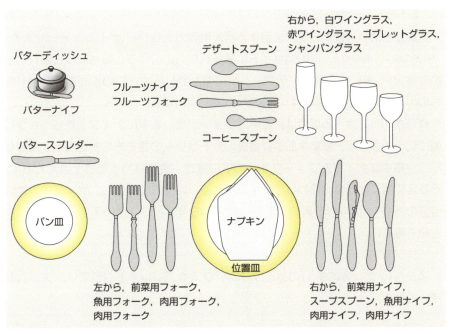

5.3 西洋料理の食事作法(テーブルマナー)

　食事作法は，ディナー形式(コースの料理が一品ずつ席までサービスされる形式)やビュッフェ形式(自らが料理をとって食べる形式)による．さらに，立ったまま食べる場合(スタンディングビュッフェ)と着席して食べる場合(シッティングビュッフェ)によっても異なる．

A. ディナー形式の作法

a. 座り方

　いすに座る際は，いすの左から座る．座り方は，テーブルと身体の間に握りこぶしひとつ分くらいの空間をあけて座ると美しい姿勢で食べることができ，食べやすい．

　乾杯などで食事中に立つ必要がある場合には，いすの左側に立つのがマナーとされている．

b. ナプキンの扱い方

　ナプキンは，料理がサービスされる前に二つ折りにして折り目が手前にくるように膝の上に置く．

　食事中に中座する場合，ナプキンはいすの座席の上，もしくは背もたれにかける．食べ終わって退席する際はテーブルの上に置く．

c. カトラリーの扱い方

　前菜から肉料理までの間に使用する個人用のカトラリー(ナイフ，フォーク，スプーンなどの食具の総称)は，皿の両サイドに置かれたもののうち，最も皿から離れたもの(外側)から順に使用する．デザート用のカトラリーは，皿の正面奥に置かれたもののうち，最も奥に置かれたものから順に使用する．

　料理を切って食べる場合は，左手にフォークを，右手にナイフを持ち，左から順に切って食べる．食事中および食後のカトラリーの置き方の例を図 5.2 に示した．食事中はナイフとフォークを八の字に置き，食べ終わったらそろえて置く．そろえて置くと，食べ終わったサインになる．いずれの場合も，ナイフの刃側は自分の方(手前)に向けて置く．また，肉や魚の骨などは，皿の手前にきれいにまとめて置く．

d. グラスの扱い方

　ステム(グラスの脚の部分)のあるワイングラスやゴブレットグラスは，ステムを持って飲む．

図5.2 食事中および食後のカトラリーの置き方（例）

e. パンの食べ方

　パンにバターをつけて食べる場合は，バターディッシュからバターナイフを使って自分のパン皿にとり分け，バタースプレダーで塗って食べる．

　食事中，肉や魚に添えられたソースをパンにつけて食べてもよい．パン皿が提供されない場合は，パン皿の位置に直にパンを置くとよい．パンはデザート提供前までに食べる．

f. スープの食べ方

　スープは，スープ皿で提供される場合と，持ち手の付いたスープカップで提供される場合がある．スープ皿の場合はスプーンを用いて食べる．カップの場合は，持ち手を持って口をつけて飲んでもよい．

B. ビュッフェ形式の作法

a. 料理のとり方

　まず自分が使用する皿やカトラリー，ナプキンをとる．次に，料理の前に置かれている各サービス用カトラリーを用いて，自分の皿に料理をとる．料理をとる順番は，フルコースの順と同様が望ましく，皿に食べられる量だけとるのがマナーとされている．料理をとり終えたら，速やかに料理テーブルから離れ，他者の動線がスムーズに流れるようにする．

b. 食べ方

　スタンディングビュッフェの場合は，スタンディング用のテーブルの上に皿やグラスを置いて食べてもよい．シッティングビュッフェの場合は，料理をとりに行った後，席に座って食べる．

　ビュッフェ形式は，さまざまな参加者とコミュニケーションがとりやすいことが利点とされている．料理を味わうとともに積極的に交流を深める．

5.4 ソース・ドレッシング

　フランス料理の特徴のひとつは，ソースやドレッシングの種類の豊富さである．ここでは，温製と冷製に分け，よく用いられる伝統的なソース，ドレッシングをいくつか紹介する．

A. 温製ソース

a. ホワイトソース：（仏：sauce béchamel ソース・ベシャメル）
　バターを溶かして薄力粉を入れ，よく炒めて白色のルゥをつくり，牛乳を加えて混ぜる．

b. マディラソース：（仏：sauce madère ソース・マデール）
　ドゥミ・グラスソースを鍋に入れ，ゆっくり煮詰め，マディラ酒を加える．グリル，ローストした肉に使用する．

c. トマトソース：（仏：sauce tomate ソース・トマト）
　たまねぎをバターでよく炒め，湯むきしたトマトとスープストックを加えて煮込む．

B. 冷製ソース，ドレッシング

a. マヨネーズソース：（仏：sauce mayonnaise ソース・マヨネーズ）
　卵黄，塩，こしょう，マスタードを混ぜ，油を少しずつ加え，酢を加えて濃度を調節する．応用として，生クリーム，トマトピューレー，にんにく，ほうれんそう，ハーブ，ゆで卵，ピクルス，ケッパーなどを加えてもよい．

b. フレンチドレッシング：（仏：sauce vinaigrette ソース・ビネグレット）
　塩，こしょう，酢を混ぜ，油を少しずつ加えて泡だて器で混ぜて乳化させる．応用として，マスタード，ハーブ，生クリーム，ゆで卵，ピクルス，ケッパーなどを加えてもよい．

6. 集う中国料理

6.1 中国料理の特徴

　中国は広大な国土を有し、地域によって、気候、風土などの自然環境が異なり、特産物も異なる．また、それぞれに住む民族も多様であることから、異なる食文化を形成している．その特徴によって大きく東西南北の4つの地方に分けられる（図6.1），その味つけの特徴は「東酸（トンスワン），西辣（シィラー），南淡（ナンタン），北鹹（ペイシェン）」といわれるように，

図 6.1　中国料理の四大系統図

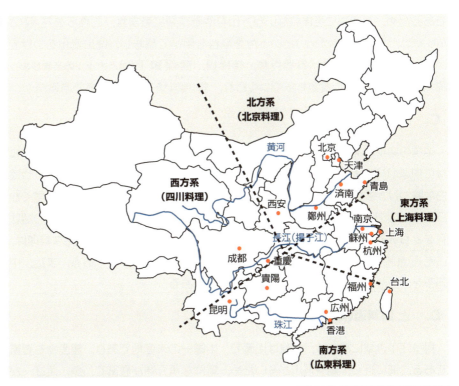

東方は酸っぱく，西方は辛く，南方はあっさり，北方は塩辛い．下記に各地方別の特徴を述べるが，次のような共通点が挙げられる．

①薬と食物の源は同じであるという医食同源の考え方をもつ．
②多様な食品を用い，乾物・保存食も活用し，材料を無駄なく利用する．
③多様な調味料や香辛料と多くの油を使用する．
④調理器具はシンプルで，合理的である．
⑤料理を大皿に盛りつけ，とり分ける．

A. 北京料理（北方系）

黄河流域に発展し，首都北京の宮廷料理を主流とする．首都として発展した北京へは各地からの産物と料理が集まり，北京本来の料理と，地方の料理が混ざり合った宮廷料理を形成した．寒さが厳しいため，油脂を使った高エネルギーの料理が多く，味つけは濃厚でさまざまな香辛料を使用する．小麦の産地であり，包子，饅頭，麺などの粉食が発達している．代表的な料理は北京烤鴨（あひるの丸焼き），涮羊肉（シュワンヤンロウ）（羊のしゃぶしゃぶ）などである．

B. 四川料理（西方系）

揚子江の上流地方である．四川盆地内は温暖で，土地も肥沃であるが，全体的には高温多湿の気候であり，寒暖の差が激しい大陸的気候である．また，内陸部であるため，海産物に恵まれないが，山菜や野菜類に恵まれ，これらを花椒（さんしょう），辣椒（とうがらし）といった香辛料を用いて調味し，味に変化をつけている．代表的な料理は，麻婆豆腐（マーボートウフ），棒棒鶏（バンバンヂィ），宮保鶏丁（ゴンバオヂィティン）（鶏とナッツの辛味炒め），酸辣湯（スワンラータン）がある．また漬物も多くつくられ，搾菜（ザーサイ）は有名である．

C. 広東料理（南方系）

中国の南部にあたり，亜熱帯気候で，果物，農産物，海産物といった豊かな食材に恵まれている．そのため，素材のもち味を活かした調理法（蒸菜（チョンツァイ）など）や淡白な味つけが多い．この地域は米の産地であり，主食も米である．また，早くから欧米との交流が深く，食パンなどの洋風素材や，トマトケチャップなどの調味料をとり入れて，変化に富んだ料理を多くつくり出している．代表的な料理は，古老肉（グゥラオロウ）（酢豚），八宝菜（パーパオツァイ），叉焼肉（チャーシャオロウ）（焼き豚），芙蓉蟹（フウロンシエ）（かに玉）などである．また，中国茶を飲みながら点心を食べる「飲茶（やむちゃ）」の習慣がある．

D. 上海料理（東方系）

揚子江下流域にあたり，気候は温暖で，中国一の米産地であり，農産物も豊富である．海に近く，湖や河川が多いため，新鮮な魚介類が豊富で，魚，えび，か

にを使った料理に特徴がある．国際港として発展したため，料理も欧風化している．一般に味つけは濃厚で，油や砂糖の使用が多い．紹興酒（しょうこうしゅ），黒酢，金華（きんか）ハムが名産であり，蒸蟹（チョンシエ）（上海蟹（しゃんはいがに）の蒸し物），糖醋鯉魚（タンツウリーユイ）（鯉の甘酢あんかけ），東坡肉（トンポーロウ）（豚の角煮），小籠包（シヤオロンパオ）などの料理がある．

6.2 中国料理の形式

中国料理の献立は菜単（ツァイタン）といい，正式な宴席料理（筵席菜（イエンシィツァイ））を基本としている．これは，表6.1に示すように，葷盆（フンペン）（前菜），大菜（ターツァイ）（主要料理），点心（ティエンシン）の3つからなっている．料理の品数は宴席の目的や規模によって決まるが，いずれも偶数である．前菜には，冷菜（ロンツァイ）と熱菜（ローツァイ）がある．

日常の食事（家常飯（デャーチャンファン））ではとくに決まった形式はないが，一汁四菜程度で，それに飯や点心がつくことが多い．この四菜は材料，調理法が重複しないように配慮する．

表 6.1 菜単の基本

分類		内容	組み方
葷盆（フンペン）	冷菜（ロンツァイ）（冷葷（ロンフン））	冷たい前菜	多種類を盛り合わせた「拼盤（ピンパン）」として出されることが多い．
	熱菜（ローツァイ）（熱炒（ローチャオ））	温かい前菜	揚げ物や炒め物に限られる．省略されることも多い．
大菜（ターツァイ）	炒菜（チャオツァイ） 炸菜（デャーツァイ） 蒸菜（チョンツァイ） 煨菜（ウェイツァイ） 溜菜（リュウツァイ） 烤菜（カオツァイ）	炒め物 揚げ物 蒸し物 煮物 あんかけ 焼き物	これらの料理のなかから，下記の点に注意し，8品程度組み合わせる． ①最初に出す料理は「頭菜（トウツァイ）」と呼ばれ，その席の代表的な料理であり，宴席の格を示す． ②材料や調理法，味つけなどが重複しないように，味の濃淡や変化をつけて構成する．
	湯菜（タンツァイ）	汁物	あっさりとした味つけで，清湯（チンタン）スープが多い．大菜の最後に出される．
点心（ティエンシン）	甜点心（ティエンティエンシン） 鹹点心（シエンティエンシン）	甘い菓子類 塩味の麺や飯類	1品の場合は必ず甜点心に限られる．2品以上の場合は両方出される．
	果子（グオヅ）	果物，木の実	
	茶（チャー）		

6.3 中国料理の食事作法

A. 食卓の整え方

a. 食卓と席順

食卓は正式には八仙卓(バーシェンチュオ)という角卓が用いられたが,現在では人数の融通しやすい円卓が使われることが多い.一卓8人を基本とするが,12人ほどまで使用できる.席順は図6.2に示すように出入り口から遠いほうが上席となる.

b. 供卓

中国料理は大皿盛りにして提供され,個人がとり分けて食べるため,食器類を1人分ずつ準備する.1人分の食器の種類と配置は正式には決まっていない.一般的なものを図6.3に示した.

料理は主人のすすめによって主客がまず箸をつけ,あとは銘々が自由に箸をつけ,その場の人数を考慮し,とりすぎないように留意する.とり箸はなく,銘々

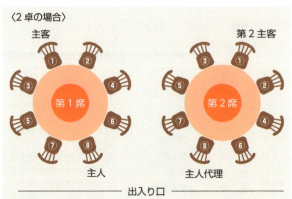

図6.2 中国料理の食卓の席順

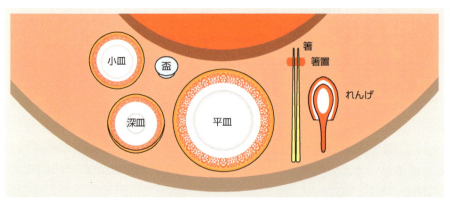

図6.3 1人分の食器の並べ方(例)

自分の箸で料理をとり分ける．さらに隣の人にも自分の箸でとり分けることはよしとされる．大菜（ターツァイ）や甜点心（ティエンティエンシン）は，主人や給仕人が客にとり分ける習慣がある．

6.4 調理操作別の料理の分類

調理操作別の料理の分類を表6.2に示したが，そのほかに，泡油（パオヨウ）(油通し，p.69参照)という中国料理独特の調理操作がある．

表6.2 調理操作別の料理の分類

種類		内容
炒菜（チャオツァイ）炒め物	清炒（チンチャオ）	下味や衣をつけずに炒める
	乾炒（ガンチャオ）	主材料に下味をつけて，油通しまたは湯通しして炒める
	京炒（チンチャオ）	主材料を卵白で溶いたかたくり粉をつけて揚げてから炒める
	爆（パオ）	高温の油で短時間で炒める
炸菜（チャーツァイ）揚げ物	清炸（チンチャー）	素揚げ
	乾炸（ガンチャー）	から揚げ（薄力粉などをつけて揚げる）
	高麗（ガオリー）	泡立てた卵白に，かたくり粉などを加えた衣をつけて色を白く揚げる
蒸菜（チョンツァイ）蒸し物	清蒸（チンチョン）	主材料だけで下味をつけずに蒸す
	粉蒸（フェンチョン）	下味をつけた材料に上新粉をつけて蒸す
	燉蒸（トゥンチョン）	材料に湯（タン）を加えて蒸す
溜菜（リュウツァイ）あんかけ	糖醋（タンツゥ）	甘酢あん
	醤汁（チャンデー）	しょうゆあん
	蕃汁（ファンデー）茄汁（チエデー）	トマトケチャップあん
	玻璃（ポーリー）	透明のあん
	鶏粥（ディチョウ）鶏芙蓉（ディフウロン）	鶏のすり身入りあん
	蝦粥（シャーチョウ）	えびのすり身入りあん
	奶溜（ナイリュウ）	牛乳あん
	杏酪（シンラオ）	杏仁入りのあん
煨菜（ウェイツァイ）煮物	白煨（パイウェイ）黄燜（ホワンメン）	酒，塩などで淡白に調味し，白く仕上げる
	紅煨（ホンウェイ）紅燜（ホンメン）紅焼（ホンシャオ）	しょうゆを主調味料として煮たもの

表 6.2 調理操作別の料理の分類 つづき

種類		内容
烤菜（カオツァイ）焼き物	烤（カオ）	直火焼き
	燻（シュン）	鍋に茶葉などを入れていぶし焼きにする
湯菜（タンツァイ）汁物	清湯（チンタン）	澄んだスープ
	奶湯（ナイタン）	濁ったスープ，または牛乳の入ったスープ
	川（チュワン）	具の多く入ったスープ
	会（ホェイ）	かたくり粉などで薄く濃度をつけたスープ
	羹（ゴン）	やや多くのかたくり粉などで濃度をつけたスープ
拌菜（バンツァイ）あえ物	拌（バン）	「混ぜること」を意味する．あえ物のこと
火鍋（フオグオ）鍋物	火鍋（フオグオ）	五目寄せ鍋
点心（ティエンシン）軽食，菓子	鹹点心（シエンティエンシン）	塩味の点心，めん類，炒飯，粥，餃子，焼売，饅頭（マントウ），肉包子（ロウパオツ）など
	甜点心（ティエンティエンシン）	甘味の点心，飴煮，八宝飯，菓子，デザート類
	果子（グオツ）	生の果物，加工果物，木の実

6.5 特殊な材料とその使い方

　中国料理で用いられる特殊な調味料を表 6.3 に示した．また，特殊な材料とその使い方については表 6.4 に示した．

表 6.3　中国料理の調味料

名称	内容
蠔油（ハオヨウ）	かき油，オイスターソース．かきを原料とした調味料
甜麺醤（ティエンミエンヂャン）	小麦粉を原料として，麹を加えてつくる甘みそ
芝麻醤（デーマーヂャン）	いりごまをよくすり，植物性の油でのばしたもの
豆板醤（トウバンヂャン）	そら豆を原料とするとうがらしみそ
豆鼓（トウチー）	大豆の発酵食品．日本の浜納豆と似ている
芝麻油（デーマーヨウ）	ごま油
辣油（ラーヨウ）	植物油にとうがらしを入れて，ごく弱火で熱し，辛味成分を抽出したもの

表 6.4　中国料理の特殊な材料の使い方

種類	使い方	使用料理
燕窩（イエンウォ）	アナツバメの巣．アナツバメが自分の消化した海藻を唾液で固めたもの．乾燥品をぬるま湯で戻して付着している羽毛や不純物をとり除く．	スープ デザート
魚翅（ユイチー）	サメの背びれ，胸びれ，尾びれを乾燥させたもの．食用とするのはヒレの軟骨の部分であり，よく加熱し，ゼラチン質の食感を楽しむ．	スープ 煮込み料理
海参（ハイシェン）	干しなまこ．なまこをゆでて干したもの．水を加えてゆでて，冷やすことをくり返してやわらかくする．腹わたを出してさらにゆでてやわらかくする．	スープ 煮込み料理 蒸し物
海蜇皮（ハイチョーピー）	クラゲの塩漬け．水につけて塩抜きし，熱湯をくぐらせたのち，冷水にとる．	酢の物 あえ物
蝦米（シャーミー）	干しえび．ぬるま湯につけて戻し，足，殻などを除いて使用する．戻し汁もスープに用いる．	料理全般
乾貝（ガンベイ）	干し貝柱．ほたてがい，たいらがいの貝柱を干したもの．熱湯につけて戻す，または水を加えて蒸して戻す．戻し汁も料理に用いる．	スープ 煮物 蒸し物
皮蛋（ピータン）	アヒルの卵の灰漬け．外の泥を落として殻をむき，縦割りにして使用する．	冷菜
銀耳（インアル）	白きくらげ．水やぬるま湯で戻して用いる．	スープ デザート
木耳（ムゥアル）	茶色のきくらげ．水やぬるま湯で戻して用いる．	スープ あえ物 炒め物
搾菜（チャーツァイ）	四川省の漬物．周囲についたとうがらしを洗い落として使用する．	スープ 炒め物

メニュー編

<料理名について>

- 中国料理の読み方は，中国料理小辞典（柴田書店，2015）に準じて記載した．

<材料表示について>

- 材料名は，一般的な名称で示した．
  - 「砂糖」は上白糖を示す．
  - 「しょうゆ」はこいくちしょうゆ，「しょうゆ（淡）」はうすくちしょうゆを示す．
  - 「バター」は有塩バター，「食塩不使用バター」は無塩バターを示す．
  - 「白みそ」は甘みそ，「信州みそ」は淡色辛みそ，「赤みそ」は赤色辛みそを示す．
  - 「だし」「スープストック」「湯(タン)」は，p.16～17を参照してつくったものを示す．

<分量と栄養価について>

- 分量は原則として1人分を可食量（g）で示したが，1枚分や1本分，型でつくる場合は型1個分などで記載している場合もある．
- 「卵」の目安量は，記載がない限りMサイズで記載した．
- 栄養価は，日本食品標準成分表2020年版（八訂）に基づいて算出し，原則として1人分を示した．揚げ物の吸油量や，つけ汁やたれの摂取量などは，調理のためのベーシックデータ第5版（女子栄養大学出版部，2018）を参考にした．
- 栄養価のPはアミノ酸組成によるたんぱく質の値，Fは脂肪酸のトリアシルグリセロール当量の値，Trは0と記載した．

7. つくってみよう

日本料理 1
健康は朝ご飯から

1人分の栄養価			
エネルギー（E）	タンパク質（P）	脂質（F）	食塩相当量（食塩）
545 kcal	19.4 g	14.2 g	2.9 g

- 白飯
- 豆腐と油揚げの味噌汁
- 卵焼き
- かぼちゃの煮物
- ほうれん草の胡麻あえ
- りんご

実習のポイント
調理の基本操作を組み合わせたバランスのよい献立です．白飯の炊き方，青菜のゆで方を学びましょう．

白飯

材料名	1人分(g)	作り方	栄養価	
米	60	① 米は手早くとぎ洗いした後，ざるにあげて水気を切る．	E	197 kcal
水	90	② 水を加えて浸漬し，30分程度吸水させる．	P	2.5 g
		③ 炊飯する．鍋を使う場合，中火にかけ，沸騰後，火を弱めて5分間沸騰を持続させ，さらに火を弱めて約15分間静かに蒸し煮する．蓋をとらずにそのまま10分程度蒸らす．	F	0.3 g
			食塩	0 g
		④ しゃもじで底から返して切るように混ぜ，器に盛る．		
		＊ 炊飯はp.18参照．		

> **メモ** 炊飯に必要な水の量は，米重量の1.5倍である．洗米操作での吸水量を考慮して加水する．

豆腐と油揚げの味噌汁

材料名	1人分(g)	作り方	栄養価	
木綿豆腐	40	① 豆腐はさいの目切り，油揚げは油抜きをしてから短冊切り，わかめはかたい部分を除いて食べやすい大きさに切る．	E	69 kcal
油揚げ	5		P	5.3 g
わかめ（水戻し）	5	② ねぎは小口切りにする．	F	4.0 g
青ねぎ	3	③ だしに豆腐，油揚げを入れて火が通ったら，みそを溶き入れる．	食塩	1.4 g
煮干しだし	150	④ わかめを加えて，沸騰直前にねぎを入れて火を止め，椀に盛る．		
信州みそ	10			

卵焼き

材料名	1人分(g)	作り方	栄養価
卵	75 (1.5個)	① 卵は泡立てないようによく溶きほぐし，Aを加えて混ぜる． ② 卵焼き器を熱し，油を浸み込ませたキッチンペーパーで油をひく． ③ ①の卵液を1/3量流し入れ，半熟状になったら手前に向かって巻く．巻いた卵を向こう側へ移動させ，再度油をひく．残りの卵液も2回に分けて同様に巻く． ④ 切り分けて，器に盛る．	E 119 kcal P 8.5 g F 7.0 g 食塩 0.8 g
A { 砂糖 しょうゆ（淡） 塩	3 1 0.3		
油	適量		

かぼちゃの煮物

材料名	1人分(g)	作り方	栄養価
かぼちゃ	70	① かぼちゃは3cm角程度に切り，皮をところどころむき，面とりをする． ② かぼちゃとだしを鍋に入れ，中火にかける． ③ 煮立ったらAを加え，落し蓋をして弱火で10分程度煮，器に盛る． ＊ 面とりはp.14参照．	E 62 kcal P 1.0 g F 0.1 g 食塩 0.3 g
だし	50		
A { 酒 しょうゆ（淡） 砂糖	3 3 2		

> **メモ** 落し蓋とは，煮物をつくるとき，材料に直接のせる蓋のことである．材料の煮くずれを防ぎ，少ない煮汁でも味を十分浸み込ませるために使う．素材には，木，紙，ステンレス，シリコンなどがある．

ほうれん草の胡麻あえ

材料名	1人分(g)	作り方	栄養価
ほうれんそう	60	① ほうれんそうは根を切り落とし，太い軸は十文字に切り目を入れる． ② 塩少々を加えたたっぷりの熱湯にほうれんそうを軸のほうから入れ，ゆでる． ③ 冷水にとって冷まし，水気を絞り，長さ4cmに切る． ④ ごまをすり鉢ですり，しょうゆ，砂糖を加えて混ぜ，再度絞った③をあえて器に盛る． **応用** 胡麻あえは，こまつなやしゅんぎく，さやいんげん，オクラ，にんじんなど，さまざまな食材に応用できる．	E 50 kcal P 2.0 g F 2.7 g 食塩 0.4 g
白ごま（いり）	5		
しょうゆ	3		
砂糖	2		

りんご

材料名	1人分(g)	作り方	栄養価
りんご（皮つき）	85 (1/4個)	① りんごをくし形切りにして芯を切り落とし，器に盛る． **ポイント** 食べるまでに時間がある場合には，薄い塩水につけると変色を防ぐことができる． **応用** りんごの皮を図のように切り，うさぎりんごにしてもよい．	E 48 kcal P 0.1 g F 0.1 g 食塩 0 g

日本料理2
旬を楽しむ春の献立

- 豆ご飯
- あさりの潮汁
- 天ぷら
- たけのこの木の芽あえ
- 桜餅〜関西風〜

実習のポイント
春を感じられる食材をふんだんに使用した献立です。魚介類の扱い方を学び、揚げ物や和菓子にもチャレンジしてみましょう。

1人分の栄養価			
エネルギー（E）	タンパク質（P）	脂質（F）	食塩相当量（食塩）
693 kcal	19.3 g	18.9 g	4.0 g

豆ご飯

材料名	1人分(g)	作り方	栄養価	
米	60	① 米は手早くとぎ洗いした後、ざるにあげて水気を切る。水を加えて浸漬し、30分程度吸水させる。	E	217 kcal
水	85	② グリンピースは莢からとり出し、洗う。	P	3.5 g
酒	5	③ ①に酒と塩を加えて軽く混ぜ、グリンピースを加えて炊飯する。	F	0.3 g
塩	0.7	④ 炊きあがったらグリンピースをつぶさないように混ぜ、器に盛る。	食塩	0.7 g
グリンピース	20			

天ぷら

材料名	1人分(g)	作り方	栄養価	
えび	40（大2尾）	① えびは尾の一節を残して殻と背わたをとり、尾先を斜めに切って水と汚れをしごき出す。腹側に数か所斜めに切り込みを入れ、腹側を下にして置き、上からプチッと音がするまで数か所軽く押さえる。	E	337 kcal
かぼちゃ	25		P	10.6 g
れんこん	10		F	18.1 g
なす	15（小1/4個）	② かぼちゃは5 mm程度の薄切り、れんこんは5 mm程度の輪切りにする。	食塩	1.1 g
しいたけ	15（1枚）	③ なすはがくを切り落とし、1個を縦に4等分に切った後、末広切りにする（扇なす）。		
ししとう	7（1本）	④ しいたけは軸をとってかさに飾り切りをし、ししとうは軸の先を切り落とし、竹串で数か所穴をあける。		
青じそ	1（1枚）			
◆衣		⑤ 卵と冷水を混ぜ合わせ、薄力粉を入れてさっくり混ぜ、衣をつくる。		
卵	12			
冷水	32	⑥ 鍋にだしとしょうゆ、みりんを合わせてひと煮立ちさせ、天つゆをつくる。だいこんはすりおろし、軽く水気を絞る。		
薄力粉	24			
揚げ油	適量	⑦ 揚げ油を170℃に熱し、②〜④、青じそに⑤の衣をつけて揚げる。180℃に温度を上げ、えびにも衣をつけて揚げる。		
◆天つゆ				
だし	40	⑧ ⑦を器に盛り合わせ、⑥の天つゆとだいこんおろし、すりおろしたしょうがを添える。		
しょうゆ（淡）	8			
みりん	8	＊ 末広切りはp.14参照。		
だいこん	30			
しょうが（すりおろし）	3			

あさりの潮汁

材料名	1人分(g)	作り方	栄養価
あさり	20	① あさりは砂出しをした後，殻をこすり合わせて洗う．ねぎは小口切りにする．	E 8 kcal
水	140		P 1.0 g
こんぶ	適量	② 分量の水にこんぶとあさりを入れて中火にかけ，沸騰直前にこんぶをとり出す．	F 0 g
酒	2		食塩 1.4 g
塩	0.9	③ 酒を加えて，アクをとりながら弱火で2～3分煮，塩，しょうゆで味をととのえる．	
しょうゆ（淡）	0.5		
万能ねぎ	2	④ 椀に盛り，ねぎを散らす．	

ポイント 貝は加熱しすぎると身がかたくなり，うま味も流れてしまうので注意する．

たけのこの木の芽あえ

材料名	1人分(g)	作り方	栄養価
たけのこ（ゆで）	30	① たけのこはさいの目切りにし，Aと合わせて鍋に入れ，汁気がなくなるまで煮る．	E 48 kcal
A だし	25		P 2.7 g
A しょうゆ（淡）	1	② いかは松かさに切り目を入れ，短冊切りにする．熱湯でさっとゆでる．	F 0.4 g
A 砂糖	0.5		食塩 0.8 g
いか	10	③ うどは厚めに皮をむき，薄い短冊切りにする．酢水にさらしてアクを抜き，水気を切る．	
うど	10		
◆木の芽みそ		④ ◆木の芽みそ 木の芽は熱湯を通して冷水にとり，水気を切り，すり鉢でする．みそ，だし，砂糖を弱火で練り，すり鉢に加え，木の芽とすり合わせる．	
木の芽	0.8 （約10枚）		
白みそ	9	⑤ ①～③を木の芽みそであえて器に盛り，木の芽を天盛りにする．	
だし	3	* 松かさいかは p.14 参照．	
砂糖	2.5		
木の芽（天盛り用）	1枚	**応用** 木の芽の一部をほうれんそうの葉先に代えてもよい．	

桜餅～関西風～

材料名	1人分(g)	作り方	栄養価
道明寺粉	10	① 桜の葉は水につけて適度に塩抜きをする．	E 83 kcal
砂糖	2.5	② 練りあんを丸める．	P 1.5 g
水	21	③ 鍋に砂糖，分量の水，水で溶いた少量の食紅を加えて火にかけ，煮立ったら道明寺粉を加えて手早く混ぜ，再び沸騰したら火を弱めて芯がなくなるまで煮る．蓋をして約10分蒸らす．	F 0.1 g
食紅	少々		食塩 0 g
練りあん（あずき）	15		
桜の葉（塩漬け）	1枚	④ ぬれ布巾の上に③を広げて②のあんを包み，桜の葉で巻き，器に盛る．	

* 練りあんの作り方と栄養価は p.155 参照．

メモ 関東風の桜餅は，白玉粉，薄力粉，砂糖，水，食紅を混ぜて薄く楕円形に焼いた皮であんを巻き，桜の葉で巻いた焼き菓子である．

日本料理3
夏は酢の物でさっぱりと

- 白飯
- かきたま汁
- あじの塩焼き
- きゅうりとわかめの酢の物
- なすとかぼちゃの揚げ煮
- 水ようかん

実習のポイント
魚の下処理について学びましょう．酢の物は，食材や合わせ酢を変えていろいろなバリエーションを楽しみましょう．

1人分の栄養価

エネルギー（E）	タンパク質（P）	脂質（F）	食塩相当量（食塩）
650 kcal	25.3 g	18.8 g	3.2 g

白飯

材料名	1人分(g)	作り方	栄養価
米	60	① 白飯を炊く（p.44参照）．	E 197 kcal
水	90		P 2.5 g
			F 0.3 g
			食塩 0 g

かきたま汁

材料名	1人分(g)	作り方	栄養価
卵	20	① 卵は溶きほぐし，みつばは長さ3 cmに切る．	E 37 kcal
みつば	2	② 鍋にだしと塩，しょうゆを入れて煮立たせ，水溶きかたくり粉でとろみをつける．	P 2.7 g
一番だし	150		F 1.9 g
塩	1	③ 溶き卵を細く流し入れ，卵が浮き上がってきたらみつばを加えて火を止め，椀に盛る．	食塩 1.4 g
しょうゆ（淡）	1.3		
かたくり粉	1.3		

あじの塩焼き

材料名	1人分(g)	作り方	栄養価
あじ	100（中1尾）	① あじはうろこと内臓，えら，ぜいごをとり除く．水洗いして水気を切り，塩をふって20～30分おく．	E 115 kcal
塩	1.5	② だいこんはすりおろして軽く水気を絞る．	P 15.5 g
だいこん	30	③ キッチンペーパーで①の水気をふきとり，金串でおどり串を打って上身と尾，ひれに化粧塩（分量外）をふる．	F 3.7 g
		④ 強火の遠火で上身のほうから適度な焦げ目がつくまで焼き，裏返したら中火にして中まで火が通るようにゆっくり焼く．	食塩 0.6 g
		⑤ 火からおろしたら熱いうちに金串を回し，少し冷めてから串を抜いて皿に盛り，右手前にだいこんおろしを添える．	
		＊ おどり串の打ち方はp.19参照．	
		ポイント あじの廃棄率は約40%である．	

きゅうりとわかめの酢の物

材料名	1人分(g)	作り方	栄養価
きゅうり	40	① きゅうりは小口切りにして塩をふり,しんなりさせる.	E 21 kcal
塩	0.2	② 生わかめはかたい部分を除き,熱湯を通し,2 cm角程度に切る.	P 1.5 g
生わかめ	15	③ しらすぼしは熱湯を通し,酢少々をふりかける(酢洗い).	F 0.1 g
しらすぼし	5	④ みょうがはせん切りにし,水にさらす.	食塩 0.7 g
みょうが	5	⑤ 調味料を合わせて,三杯酢をつくる.	
◆三杯酢		⑥ 軽く水気を絞った①と②〜④(みょうがは天盛り用に少量残す)を⑤の三杯酢であえて器に盛り,みょうがを天盛りにする.	
酢	6		
砂糖	2.5		
しょうゆ(淡)	1.5		
塩	0.2		

メモ 三杯酢は,酢,塩(しょうゆ),砂糖(みりん)を合わせた合わせ酢で,酢の物によく用いられる.合わせ酢には,かつお節のうま味を加えた土佐酢,こんぶのうま味を加えた松前酢,かんきつ類の搾り汁を加えたぽん酢などもある.

なすとかぼちゃの揚げ煮

材料名	1人分(g)	作り方	栄養価
なす	60 (小1個)	① なすは茶せん切りにし(茶せんなす),水にさらしてアクを抜き,水気をよくふきとる.	E 162 kcal
かぼちゃ	30	② かぼちゃは5 mm程度の薄切り,ししとうは軸の先を切り落とし,竹串で数か所穴をあける.	P 1.2 g
ししとう	14(2本)	③ ①②を170℃の油で素揚げし,熱湯をかけて油抜きをする.	F 12.7 g
揚げ油	適量	④ 鍋にだしと砂糖,しょうゆを入れて煮立たせ,③のなすを入れて煮,途中でかぼちゃとししとうも入れて煮汁が鍋底に少し残る程度まで煮る.	食塩 0.5 g
だし	55	⑤ なすをねじって器に盛り,かぼちゃとししとうを添え,煮汁を少しかける.	
砂糖	2	＊ 茶せん切りはp.14参照.	
しょうゆ	4		

水ようかん

材料名	流し缶1個分 (6人分)(g)	作り方	栄養価
角寒天	4 (1/2本)	① 寒天は洗ってから30分以上水に浸し,十分に膨潤させる.	〈1人分〉
水	400	② 水気をよく絞った寒天を細かくちぎって鍋に入れ,分量の水を加えて火にかける.2〜3分沸騰させ,寒天が煮溶けたら砂糖を加えて溶かす.	E 118 kcal
砂糖	50	③ 重さを計った別の鍋に練りあんを入れ,②の寒天液を少しずつ加えながらよく混ぜ,均一にのばす.火にかけて練り,500 gになるまで煮詰め,塩を加えて火からおろす.	P 1.9 g
練りあん(あずき)	200	④ 水を張ったボウルに鍋底をあて,混ぜながら45℃程度まで冷まし,水でぬらした流し缶に流し入れる.あら熱がとれたら冷やし固める.	F 0.1 g
塩	少々	⑤ 型から出して6人分に切り分け,器に盛る.	食塩 0 g
		＊ 練りあんの作り方と栄養価はp.155参照.	

日本料理 4
秋の味覚を味わおう

1人分の栄養価			
エネルギー（E）	タンパク質（P）	脂質（F）	食塩相当量（食塩）
761 kcal	23.2 g	18.9 g	3.9 g

- 白飯
- まつたけの吸い物
- 豚のしょうが焼き
- 筑前煮
- わけぎの辛子酢みそあえ
- 栗きんとん

実習のポイント
かつおこんぶだしのとり方を学びましょう．日本料理の代表ともいえる煮物のコツをマスターしましょう．

白飯

材料名	1人分(g)	作り方	栄養価	
米	60	① 白飯を炊く（p.44 参照）．	E	197 kcal
水	90		P	2.5 g
			F	0.3 g
			食塩	0 g

まつたけの吸い物

材料名	1人分(g)	作り方	栄養価	
まつたけ	8	① まつたけは石づきを削りとり，ぬれ布巾で軽くふいて汚れを落とす．縦に厚さ3～4mmの薄切りにする．	E	17 kcal
みつば	1本	② みつばは熱湯でゆで，冷水にとり，結びみつば（図）にする．	P	0.5 g
一番だし	160		F	0 g
A [酒	3		食塩	1.4 g
みりん	3			
しょうゆ（淡）	1.5			
塩]	1			
すだちの皮	適量			

③ 鍋にだしとAを入れて煮立たせ，まつたけを加えて2～3分煮る．
④ 椀に盛り，結びみつばとすだちの皮を添える．
応用 まつたけの代わりにしめじなどを用いてもよい．

栗きんとん

料理名	1人分	作り方	栄養価	
栗きんとん	2個	p.78 参照．	E	154 kcal
			P	0.8 g
			F	0.1 g
			食塩	0 g

豚のしょうが焼き

材料名	1人分(g)	作り方	栄養価
豚肉(ロース,しょうが焼き用)	60	① 豚肉はすじを切り,Aで下味をつける.	E 206 kcal
A しょうが汁	3	② キャベツはせん切りにして水に放ち,青じそはかたい軸をとってせん切りにする.	P 11.4 g
A 酒	3	③ フライパンに油を熱し,①の豚肉を両面焼き,とり出す.	F 13.1 g
A しょうゆ	2	④ 同じフライパンにたれのしょうがと調味料を入れて火にかけ,沸騰したら③の豚肉を戻し入れて,たれをからめる.	食塩 0.6 g
油	2	⑤ 水気をよく切ったキャベツと青じそを混ぜて器に盛り,④のしょうが焼きとミニトマトを盛る.	
◆たれ			
しょうが(すりおろし)	2		
みりん	3.5		
酒	3		
しょうゆ	2		
キャベツ	55		
青じそ	2 (2枚)		
ミニトマト	25 (2個)		

筑前煮

材料名	1人分(g)	作り方	栄養価
鶏肉(もも,皮なし)	20	① 鶏肉は一口大にそぎ切りにする.	E 122 kcal
ごぼう	15	② ごぼうとれんこんは,乱切りにして水にさらす.	P 5.1 g
れんこん	15	③ にんじんとたけのこは乱切りにし,こんにゃくは乱切りにして熱湯を通す.	F 4.9 g
にんじん	20	④ 干ししいたけは水で戻して軸をとり,放射状にそぎ切りにする.	食塩 1.1 g
たけのこ(ゆで)	15	⑤ きぬさやえんどうは筋をとり,塩少々を加えた熱湯でゆでて冷まし,斜め切りにする.	
こんにゃく	10	⑥ 鍋に油を熱し,鶏肉を炒め,②~④を加えてさっと炒める.だしを加えて5~6分煮たら,Aを加えて落し蓋をして,野菜がやわらかくなるまで15分程度煮る.	
干ししいたけ	3 (1枚)	⑦ きぬさやえんどうを入れて混ぜ,ひと煮立ちしたら火を止め,器に盛る.	
きぬさやえんどう	5		
油	4		
だし	70		
A しょうゆ	8		
A みりん	4		
A 砂糖	3.5		

わけぎの辛子酢みそあえ

材料名	1人分(g)	作り方	栄養価
わけぎ	35	① わけぎは塩少々を加えた熱湯でゆで,冷水にとる.水気を絞り長さ3cm程度に切る.	E 65 kcal
あさり(水煮)	10	② ◆辛子酢みそ みそ,砂糖,みりんを合わせて鍋に入れ,弱火にかけながら少しかためになるまで練る.火からおろして酢と練りがらしを加えて混ぜる.	P 2.9 g
◆辛子酢みそ			F 0.5 g
白みそ	10	③ わけぎとあさりを辛子酢みそであえ,器に盛る.	食塩 0.8 g
砂糖	3	**ポイント** 殻付きのあさりを使用する場合は,砂出しした後,酒蒸しにしたむき身を用いるとよい.	
みりん	3		
酢	5		
練りがらし	1		

日本料理 5
寒い日は食卓であたたまろう

- 白飯
- 豚汁
- かぶら蒸し
- 水菜の柚香あえ
- 利休（利久）饅頭

実習のポイント
根菜をたっぷり使った寒い冬にピッタリな献立です．蒸し器の使い方もマスターしましょう．

1人分の栄養価

エネルギー（E）	タンパク質（P）	脂質（F）	食塩相当量（食塩）
654 kcal	27.9 g	14.0 g	3.6 g

白飯

材料名	1人分(g)	作り方	栄養価
米	60	① 白飯を炊く（p.44 参照）．	E 197 kcal
水	90		P 2.5 g
			F 0.3 g
			食塩 0 g

かぶら蒸し

材料名	1人分(g)	作り方	栄養価
さわら	50	① さわらは塩と酒をふりかけ，しばらくおく．	E 137 kcal
酒	2	② かぶは厚めに皮をむいてすりおろし，ざるで水気を切る．	P 11.3 g
塩	0.5	③ ゆりねは1枚ずつはがして茶色い部分は切り落とし，大きいものは半分に切って，塩少々を加えた熱湯でさっとゆでる．	F 4.3 g
かぶ	80		食塩 1.6 g
ゆりね	20	④ にんじんは輪切りにし，みつばは長さ1cm程度に切る．	
にんじん	10	⑤ 卵白に塩を加えてツノが立つくらいまで泡立て，水気を切ったかぶとゆりねを加えて混ぜる．	
みつば	2（2本）		
卵白	13	⑥ ①の水気をキッチンペーパーでふきとって器にのせ，⑤とにんじんをのせて，強火で10分程度蒸す．最後の1〜2分のところでみつばも加えて蒸す．	
塩	0.8		
◆あん		⑦ ◆あん 鍋にだしとしょうゆ，みりんを入れて煮立たせ，水溶きかたくり粉で濃いめのとろみをつける．	
だし	50		
しょうゆ（淡）	3	⑧ ⑥にあんをかけ，すりおろしたしょうがを天盛りにする．	
みりん	3		
かたくり粉	1.5	応用 具材には，あまだいなどの白身魚やえび，ぎんなん，きのこなどを用いてもよい．また，しょうがの代わりに練りわさびを天盛りにしてもよい．	
しょうが（すりおろし）	1		

豚汁

材料名	1人分(g)	作り方	栄養価
豚肉（もも，薄切り）	30	① 豚肉は2〜3cmの大きさに切る．	E　108 kcal
さといも	20	② さといもは半月切り，だいこんとにんじんはいちょう切り，しいたけは軸をとりせん切りにし，ごぼうは斜め薄切りにして水にさらす．	P　6.8 g
だいこん	20		F　4.9 g
にんじん	10		食塩　1.4 g
こんにゃく	10	③ こんにゃくは短冊切りにして熱湯でゆでる．	
ごぼう	5	④ ねぎは斜め切りにする．	
しいたけ	5	⑤ 鍋にだしと②③を入れて火にかけ，沸騰したら①を加え，アクをとりながらやわらかくなるまで煮る．半量のみそとねぎを加え，さらに5分程度煮る．	
長ねぎ	5		
だし	160		
信州みそ	10	⑥ 残りのみそを加えて味をととのえ，ひと煮立ちしたら火を止め，椀に盛り，七味とうがらしをふる．	
七味とうがらし	適量		

水菜の柚香あえ

材料名	1人分(g)	作り方	栄養価
みずな	35	① みずなは塩少々を加えた熱湯でゆで，冷水にとって冷まし，水気を絞り，長さ4cm程度に切る．	E　66 kcal
しめじ	20		P　4.6 g
油揚げ	15	② しめじは適当な大きさにほぐし，熱湯でゆで，ざるにあげて水気を切る．	F　4.3 g
だし	3		食塩　0.6 g
しょうゆ（淡）	3.5	③ 油揚げは油抜きをしてからフライパンで焼き，長さ4cmのせん切りにする．	
ゆず搾り汁	2	④ だしとしょうゆ，ゆず搾り汁を混ぜ合わせ，①〜③をあえて器に盛る．	

応用 みずなの代わりにほうれんそうやしゅんぎく，こまつななどを用いてもよい．

利休（利久）饅頭

材料名	1人分(g)	作り方	栄養価
薄力粉	12	① 薄力粉をふるう．練りあんを丸める．	E　146 kcal
黒砂糖	8	② 黒砂糖は粉状にし，分量の水を加えて火にかけて煮溶かし，完全に冷めたら重曹を加えて溶かす．	P　2.7 g
水	5		F　0.2 g
重曹	0.2	③ ②に①の薄力粉を加え，練らないように混ぜ合わせ，生地をまとめる．	食塩　0 g
薄力粉（手粉用）	適量		
練りあん（あずき）	30	④ 手粉をして生地で①のあんを包み，経木の上にのせる．	
経木	1枚	⑤ 蒸し器にぬれ布巾を敷き，間をあけて④を並べ，上から霧を吹き，強火で約10分蒸す．	
		⑥ 器に盛る．	
		＊ 練りあんの作り方と栄養価はp.155参照．	

メモ　利休（利久）饅頭の名は，茶人である千利休が好んだことから名付けられたとされるが，材料の黒砂糖が琉球から伝わったことから「琉球」が「利休（利久）」に転じたという説もある．また，黒砂糖の主な生産地が奄美大島であることから，大島饅頭とも呼ばれる．

西洋料理1
にんじんがおいしいポタージュに

- キャロットポタージュ
- サーモンのムニエル
- ティーケーキ
- ロールパン

実習のポイント
ポタージュをマスターしていろいろな野菜でつくってみましょう．

1人分の栄養価

エネルギー（E）	タンパク質（P）	脂質（F）	食塩相当量（食塩）
630 kcal	20.3 g	28.2 g	2.6 g

キャロットポタージュ

材料名	1人分(g)	作り方	栄養価	
にんじん	50	① 浮身用に少量のにんじんをみじん切りにし，ゆでる．	E	103 kcal
たまねぎ	15	② にんじん，たまねぎは薄切りにする．	P	0.6 g
油	3	③ 鍋に油を熱し，にんじんとたまねぎを入れて，ヘラでよく炒める．	F	7.1 g
スープストック（チキン）	150	④ スープストックを加え，こしょうをして約30分煮くずれるくらいまでよく煮る．	食塩	0.8 g
こしょう	少々	⑤ ミキサーなどでなめらかにして鍋に戻す．		
生クリーム	10	⑥ 温めて濃度を加減し，生クリームの約2/3量を加え，味をととのえる．		
		⑦ 温めたスープ皿に盛り，浮身をのせて，残しておいた生クリームで中央に小さな円を描く．		

サーモンのムニエル

材料名	1人分(g)	作り方	栄養価	
さけ	80 (1切れ)	① さけは，バットにキッチンペーパーを敷いて並べ，塩をする．	E	202 kcal
塩	0.8	② 焼く直前にキッチンペーパーで水気をふきとり，こしょうをして薄力粉をまぶし，余分な粉は落とす．	P	12.9 g
こしょう	少々	③ フライパンに油を熱し，中火でさけを両面焼いて，皿に盛る．	F	9.0 g
薄力粉	4	④ フライパンの油をふきとってバターを入れ，スライスアーモンドを薄く色づくまで炒め，バターといっしょにさけにかける．ケッパー，みじん切りのパセリをのせる．	食塩	1.0 g
油	2			
スライスアーモンド	5	⑤ じゃがいもは一口大に切り，鍋にかぶるくらいの水と塩少々を入れてゆでる．やわらかくなったら湯を捨てる．		
バター	3	⑥ ④にじゃがいもとくし形切りにしたレモンを添える．		
ケッパー	1			
パセリ	1			
◆付け合わせ				
じゃがいも	50			
レモン	1/8 個			

ティーケーキ

材料名	25 cm パウンド型 1 台分 (10 人分) (g)	作り方	栄養価
食塩不使用バター	100	① 型に溶かしバター（型用）を塗り，オーブンシートを敷く．	〈1 人分〉
砂糖	100	② バターは室温に戻す．薄力粉とベーキングパウダーは合わせて 3 回ふるう．	E　171 kcal
卵	120	③ ボウルにバターを入れ，やわらかくクリーム状になるまで泡立て器で撹拌する．	P　2.1 g
薄力粉	100	④ 砂糖を加えて，なめらかになるまで撹拌する．	F　8.9 g
ベーキングパウダー	2	⑤ 溶きほぐした卵を 3〜4 回に分けて加え，泡立てるようなつもりでさらに撹拌し，ティーバッグの茶葉を加える．	食塩　0 g
紅茶（ティーバッグ）	4（2 個）	⑥ ②の粉類をふり入れて，ヘラで切るようにしながら混ぜ合わせる．	
溶かしバター（型用）	適量	⑦ 型に流し入れ（図），180℃に予熱したオーブンで約 30 分焼く．型から出して網にのせ，冷ます．冷めてから 10 人分に切り分け，皿に盛る．	

ポイント　ティーケーキには，香りが強いアールグレイがよく用いられる．葉が細かいティーバッグが適している．

ロールパン

料理名	1 人分	作り方	栄養価
ロールパン	1 個	p.100 参照．	E　154 kcal
			P　4.7 g
			F　3.2 g
			食塩　0.8 g

コラム

＜ポタージュ＞

ポタージュは日本では一般に濁った濃度のあるスープのことをいうが，フランスではスープの総称で，濃く濁ったものはポタージュ・リエ，コンソメなどの澄んだスープはポタージュ・クレールという．

コラム

＜パウンドケーキ＞

パウンドケーキはバター，砂糖，卵，薄力粉をそれぞれ 1 ポンド（454 g）ずつでつくるイギリスのケーキで，フランスではカトル・カールという．ドライフルーツを入れるとフルーツケーキ，カップに入れるとカップケーキ，紅茶の葉を入れるとティーケーキになる．

＊パウンドケーキの作り方は p.162 参照．

西洋料理2
インドな気分で

- ビーンズサラダ
- バターライス
- チキンカレー
- カスタードプディング
- ラッシー

実習のポイント
チキンカレーのたまねぎは，飴色になるまで丁寧によく炒めると，コクのあるカレーに仕上がります．

1人分の栄養価

エネルギー (E)	タンパク質 (P)	脂質 (F)	食塩相当量 (食塩)
841 kcal	27.6 g	25.4 g	2.4 g

バターライス

材料名	1人分(g)	作り方	栄養価
米	60	① 米はさっと洗ってざるにあげ，水気を切る．	E 243 kcal
水	70	② 炊飯器に米と水を入れ，30分以上吸水させて炊く．	P 2.5 g
バター	5	③ 炊き上がったら，小さく切ったバターとレーズンを加えてしゃもじで全体を混ぜる．	F 4.0 g
レーズン	3	④ ライス型で抜いて，皿に盛る．	食塩 0.1 g

チキンカレー

材料名	1人分(g)	作り方	栄養価
鶏肉（もも）	80	① 鶏肉は2cm角に切り，塩，こしょうをする．	E 249 kcal
塩	0.8	② たまねぎは薄切りに，にんにくはみじん切りにする．	P 14.3 g
こしょう	少々	③ フライパンに鶏肉の皮を下にして並べ，こんがり焼けたら，裏返す．	F 13.1 g
たまねぎ	50	④ 鍋に油を入れて熱し，たまねぎ，にんにくを入れ，約20分，焦がさないようにヘラでよく炒める．薄力粉をふり入れてさらによく炒め，カレー粉，カレーペースト，トマトピューレーを加えて手早く混ぜ合わせ，スープストック，ベイリーフ，③の鶏肉を入れて，約30分軽い濃度がつくくらいまで煮込む．最後にガラムマサラを加えて火を止める．バターライスの横に盛る．	食塩 1.8 g
にんにく	1		
油	4		
薄力粉	3		
カレー粉	3〜4		
カレーペースト	7		
トマトピューレー	3		
スープストック（チキン）	120		
ベイリーフ	1/5枚	⑤ にんじんは長さ3cmのせん切りにして塩と酢をかけて20分以上おいてピクルスをつくり，添える．	
ガラムマサラ	0.2		
◆薬味			
にんじん	10		
塩	少々		
酢	3		

ビーンズサラダ

材料名	1人分(g)	作り方	栄養価
レッドキドニービーンズ(水煮)	15	① きゅうり，トマト，パインアップルは1cm角に切る．	E　60 kcal
ガルバンゾービーンズ(水煮)	15	② ビーンズ2種，ガラムマサラ，チリパウダー，塩 レモン汁を	P　2.4 g
きゅうり	10	よく混ぜてから，きゅうり，トマト，パインアップルも混ぜる．	F　0.4 g
トマト	10	③ 器にレタスを敷き，②を盛る．	食塩　0.2 g
パインアップル（缶）	10		
ガラムマサラ	適量		
チリパウダー	適量		
塩	0.2		
レモン汁	2		
レタス	5		

カスタードプディング

材料名	1人分(g)	作り方	栄養価
卵	30	① ◆キャラメルソース　鍋を水でぬらし，砂糖と分量の水を入れて火にかける．スプーンなどは使わず，鍋をゆり動かして混ぜ，飴色に煮詰まったら，すぐにスフレ型に入れて底に広げて冷ます．	E　195 kcal
砂糖	10		P　5.5 g
牛乳	80		F　5.4 g
バニラビーンズ	1/20本		食塩　0.2 g
◆キャラメルソース		② ボウルに卵を溶きほぐし，砂糖を入れて泡立て器でよく混ぜる．	
砂糖	15	③ 牛乳に縦半分に切り開いたバニラビーンズを入れて，沸騰直前まで温め，バニラビーンズの莢をとり出す．②のボウルへ少しずつ加えながら混ぜる．	
水	15	④ ①のスフレ型に③を流し入れ，表面の泡をすくいとる．180℃に予熱したオーブンに入れ，天板に湯を注いで湯煎にし，約20分蒸し焼きにする．あら熱がとれたら冷やす．	

ラッシー

材料名	1人分(g)	作り方	栄養価
ヨーグルト（プレーン）	90	① ヨーグルトと砂糖をボウルに入れ，泡立て器で混ぜ，分量の水を少しずつ加えて混ぜる．	E　94 kcal
砂糖	10		P　2.9 g
水	70	② よく冷やし，グラスに注ぐ．	F　2.5 g
			食塩　0.1 g

コラム

＜カレー粉＞

カレー粉は混合香辛料で，着色料として，ターメリック，パプリカ，辛味料として，こしょう，とうがらし，ジンジャー，マスタード，香味料として，ベイリーフ，シナモン，クミン，カルダモン，クローブなど20数種類の香辛料が混合されていて，その割合はさまざまである．

コラム

＜バニラビーンズ＞

バニラはラン科の常緑つる性草本植物である．バニラの莢を未熟なうちに収穫し，蒸して，発酵と乾燥をくり返すと，独特な濃い茶色になると同時に甘い香りがするようになる．莢のなかには微細な黒色の種子（バニラビーンズ）が無数に含まれ，洋菓子の香りづけなどに用いられる．莢をバニラビーンズと呼ぶこともある．

西洋料理 3
アフタヌーンティーで優雅に

- キューカンバーサンドイッチ
- スコーン
- チョコレートケーキ
- ミルクティー

実習のポイント
冷める時間が必要なチョコレートケーキを先に焼いてから,スコーンを焼きましょう.

1人分の栄養価

エネルギー (E)	タンパク質 (P)	脂質 (F)	食塩相当量 (食塩)
751 kcal	12.6 g	33.0 g	1.4 g

キューカンバーサンドイッチ

材料名	1人分(g)	作り方	栄養価
食パン(12枚切り)	70 (2枚)	① 食パンは耳を切り落とし,やわらかくしたバターとマスタードを混ぜて塗る.	E 133 kcal
バター	5		P 3.1 g
フレンチマスタード	2	② きゅうりは斜めにごく薄く切る.スプラウトは根を切り,水気をよく切る.	F 5.1 g
きゅうり	25 (1/4本)	③ ①の食パンにきゅうりをきれいに並べてこしょうをふり,もう一枚のパンを重ねて軽く押す.四角に4等分に切る.	食塩 0.6 g
こしょう	少々		
スプラウト(マスタード)	7 (1/4パック)	④ 皿に切り口が見えるように立てて盛り,スプラウトを全体に広げてのせる.	

スコーン

材料名	1人分(g)	作り方	栄養価
薄力粉	50	① フードプロセッサーに薄力粉,ベーキングパウダー,砂糖,冷蔵庫から直前に出して1cm角に切ったバターを入れ,約20秒かけて粉状にする.	E 392 kcal
ベーキングパウダー	2		P 5.4 g
砂糖	1		F 17.2 g
バター	15	② ①をボウルに移し,卵を入れてフォークで混ぜ,牛乳を少しずつ加えて,ひとまとめにする.	食塩 0.7 g
卵	10	③ 打ち粉をした調理台で軽くこねて,めん棒で厚さ1.5cmに伸ばし,直径5cmの抜型で抜く(図).	
牛乳	10		
薄力粉(打ち粉用)	適量	④ オーブンシートを敷いた天板に③を並べ,220℃に予熱したオーブンで10〜15分焼く.	
いちごジャム	10		
クロテッドクリーム	10	⑤ 皿に盛り,いちごジャム,クロテッドクリームを添える.	

メモ スコーンは,中身は白くやわらかく,外をよく焼いたスコットランド地方のパンである.クロテッドクリームは,イギリスでつくられるクリームのひとつで,乳脂肪分が多く,生クリームとバターの中間のような濃厚な味である.

チョコレートケーキ

材料名	18 cm 丸型 1 台分 (8 人分)(g)	作り方	栄養価
食塩不使用バター	50	① 薄力粉をふるう.	〈1 人分〉
製菓用チョコレート	100	② 型の内側と底に溶かしバター（型用）を塗り，ふるった薄力粉（型用）を全体につけ，余分な粉は落とす.	E　199 kcal
卵黄	60 （3 個分）		P　3.5 g
砂糖（卵黄用）	40	③ ボウルにバターと小さくしたチョコレートを入れて，湯煎にかけて溶かす（鍋より大きなボウルを使い，蒸気が入らないようにする）.	F　10.0 g
薄力粉	30		食塩　0.1 g
卵白	120 （3 個分）	④ 別のボウルに卵黄と砂糖を入れ，泡立て器で白っぽくなるまで撹拌する．①の薄力粉を加えて混ぜ，③を加えて混ぜ合わせる.	
砂糖（卵白用）	40		
溶かしバター（型用）	適量	⑤ 大きなボウルで卵白を泡立てる．八分立てくらいに泡立ったら，砂糖を 3〜4 回に分けて加えながらさらに泡立て，きめの細かいつやのよいメレンゲをつくる.	
薄力粉（型用）	適量		
		⑥ ④に⑤のメレンゲ 1/3 量を加えてヘラでよく混ぜ，残りも加えてさっくりと混ぜ合わせる.	
		⑦ 型に流し入れて 190℃に予熱したオーブンで 20〜30 分焼く．オーブンから出して網にのせ，あら熱がとれたら型から出して冷まし，8 人分に切り，皿に盛る.	

ミルクティー

材料名	1 人分(g)	作り方	栄養価
紅茶（葉）	2	① ポットとカップを温め，ポットに茶葉を入れる.	E　27 kcal
熱湯	150	② 熱湯をポットに注ぎ，蓋をする.	P　0.6 g
牛乳	20	③ 3〜4 分蒸らし，濃いめに抽出する.	F　0.7 g
グラニュー糖	3	④ カップにこしながら注ぐ.	食塩　0 g
		⑤ 牛乳，グラニュー糖を添える.	
		ポイント ミルクティーには，濃厚な味わい，芳醇な香りのアッサムを使うとよい.	

コラム

＜アフタヌーンティー＞

アフタヌーンティーは，夕食までの空腹を満たすために，19 世紀にイギリスの貴婦人が開いた華やかで優雅なお茶の時間がはじまりといわれている．

テーブルセッティングは，席の正面にケーキ皿，右にナイフ，左にフォーク，右上にティーカップ，ティースプーンは縦に置く．

皿 3 枚または 3 段スタンドにサンドイッチ，スコーン，ケーキをのせる．食べる順番，食べ方が決まっており，最初にサンドイッチ，次にクロテッドクリームとジャムを塗ったスコーンを手で食べる．最後にケーキをナイフとフォークで食べることが多い．

コラム

＜紅茶＞

紅茶は，発酵茶で，産地の気候風土によりさまざまな種類がある．ウバ，ダージリン，キーマンは，世界三大紅茶といわれている．

種類	特徴
ウバ	スリランカの高地で栽培．爽快な渋みと刺激的な味わいが特徴．
ダージリン	インドのヒマラヤ山系の高地ダージリンで生産．さわやかな渋みがあり，香りが強い．
キーマン	中国安徽省南部で生産．生産量が少ないため高級品とされる．渋みは少なく，エキゾチックな香り．

西洋料理 4
熱々グラタンでほっこり

- マセドワーヌサラダ
- マカロニグラタン
- コーヒーとミルクのゼリー

実習のポイント
マセドワーヌは，きれいに切りそろえましょう．
ホワイトソースの薄力粉は，弱火でよく炒めましょう．

1人分の栄養価

エネルギー（E）	タンパク質（P）	脂質（F）	食塩相当量（食塩）
630 kcal	18.5 g	30.9 g	2.6 g

マセドワーヌサラダ

材料名	1人分(g)	作り方	栄養価	
じゃがいも	50	① じゃがいもは 1 cm 角（マセドワーヌ）に切り，少しやわらかめにゆでて冷ます．にんじんは 5 mm 角に切り，ゆでて冷ます．きゅうりは 5 mm 角に切る．	E	148 kcal
にんじん	20		P	0.9 g
きゅうり	20		F	10.4 g
塩	0.1	② ボウルに①を入れて混ぜ，塩，こしょう，マヨネーズであえる．	食塩	0.5 g
こしょう	少々	③ 皿に直径 7 cm のセルクルを置いて②を詰め，軽く押して型をゆっくり持ち上げて抜く．4つにくし形切りにしたミニトマトを飾る．		
マヨネーズ	15			
ミニトマト	10（1個）			

マカロニグラタン

材料名	1人分(g)	作り方	栄養価	
マカロニ	25	① マカロニは熱湯で少しかためにゆで，ざるにあげて水気を切る．ボウルに移して少量の油（分量外）をからめる．	E	389 kcal
ハム	20		P	14.4 g
たまねぎ	25	② ハム，たまねぎ，マッシュルームは 1 cm の色紙切りにする．	F	18.7 g
マッシュルーム	20	③ フライパンに油を入れてたまねぎを炒め，マッシュルーム，ハムも加えて炒め，塩，こしょうをする．	食塩	2.0 g
油	3			
塩	0.2	④ ◆ホワイトソース　鍋にバターを弱火で溶かし，火からおろしてふるった薄力粉を入れ，ヘラでよく混ぜてから火にかけ，焦がさないようによく炒める．冷たい牛乳を一気に加えて泡立て器でとろみがつくまで混ぜ，塩，こしょう，ナツメグで調味する．ヘラで混ぜながら，少し煮込む．		
こしょう	少々			
グリュイエールチーズ	15			
◆ホワイトソース				
薄力粉	7	⑤ ホワイトソースに①と③を混ぜて耐熱皿に入れ，おろしたグリュイエールチーズをのせて 250℃ に予熱したオーブンで約 15 分焼き，焼き色をつける．		
バター	7			
牛乳	140			
塩	0.2			
こしょう	少々			
ナツメグ	少々			

コーヒーとミルクのゼリー

材料名	1人分(g)	作り方	栄養価
◆ミルクゼリー		① 粉ゼラチンはそれぞれ分量の水にふり入れ，膨潤させる．	E 93 kcal
牛乳	50	② ◆ミルクゼリー　鍋に牛乳と砂糖を入れて火にかけ，砂糖が溶け，煮立ったら火からおろし，①のゼラチンを入れて溶かし，バニラエッセンスを加える．氷水を張ったボウルに鍋底をあて，混ぜながら冷やす．とろみがつきかけたらガラスの器に手早く入れて，冷やし固める．	P 3.2 g
砂糖	5		F 1.8 g
粉ゼラチン	1		食塩 0.1 g
水	5		
バニラエッセンス	適量		
◆コーヒーゼリー		③ ◆コーヒーゼリー　鍋にコーヒー液と砂糖を入れて火にかけ，砂糖が溶け，煮立ったら火からおろし，①のゼラチンを入れて溶かす．氷水を張ったボウルに鍋底をあて，混ぜながら手早く冷やし，水でぬらした容器に入れて，冷やし固める．	
コーヒー液	60		
砂糖	8		
粉ゼラチン	1		
水	5	④ コーヒーゼリーをフォークでクラッシュ状にし（図），ミルクゼリーの上に盛り，ミントの葉を飾る．	
ミントの葉	適量		

コラム

＜ナチュラルチーズ＞

ナチュラルチーズは，乳酸菌が生きているチーズで，そのまま置いておくと熟成が進む．主に6つのタイプがある．

フレッシュタイプ	フロマージュ・ブラン（フランス），モッツァレラ（イタリア），フェタ（ギリシャ）など．
白カビタイプ	カマンベール（フランス），ブリー（フランス），クロミエ（フランス）など．
青カビタイプ	ロックフォール（フランス），ゴルゴンゾーラ（イタリア），スティルトン（イギリス），カブラレス（スペイン）など．
ウオッシュタイプ	マンステール（フランス），タレッジョ（イタリア），トルタ・デル・カサール（スペイン）など．
シェーブルタイプ	セル・シュール・シェール（フランス），ヴァランセ（フランス），ブリーニ・サン・ピエール（フランス）など．
セミハードタイプ	トム・ド・サヴォア（フランス），パルミジャーノ・レッジャーノ（イタリア），グリュイエール（スイス），チェダー（イギリス），ゴーダ（オランダ）など．

＜パスタ＞

パスタは小麦の粉を水でこねたもののことで，イタリアではデュラム小麦のみからつくられるべきとされている．日本やアメリカでは，デュラム小麦のセモリナ（粗粒）に強力粉を混合したものが多く，イタリアのものより少しやわらかい．主にロングパスタ（スパゲッティ，リングイネ，タリアテッレなど）とショートパスタ（ペンネ，マッケローニ，ファルファッレなど）があり，卵の配合が多いものはエッグパスタ（ラザニア，フェトチーネなど）とも呼ばれる．

＊ショートパスタの種類は p.111 参照．

西洋料理 5
ハンバーグがおしゃれに

- ニース風サラダ
- ハンバーグステーキ
- クレープ2種
- シャンピニヨン

実習のポイント
ドレッシングの作り方の基本をマスターしましょう．ハンバーグステーキは十分火を通しましょう．

1人分の栄養価

エネルギー (E)	タンパク質 (P)	脂質 (F)	食塩相当量 (食塩)
948 kcal	32.6 g	44.8 g	2.9 g

ニース風サラダ

材料名	1人分(g)	作り方	栄養価
サラダ菜	5	① 卵をゆでて，1個を縦4つ割りにする．	E 180 kcal
リーフレタス	10	② サラダ菜，リーフレタスは食べやすい大きさにちぎり，水気をよく切る．セロリは筋をとって薄切り，ピーマンは薄切り，トマトはくし形切り，パセリはみじん切りにする．アンチョビは細かく刻み，黒オリーブは半分に切る．	P 5.3 g
セロリ	5		F 15.1 g
ピーマン	5		食塩 0.5 g
トマト	20		
パセリ	1	③ 器にサラダ菜，リーフレタスを混ぜて盛り，セロリ，ピーマンを広げてのせる．中央にツナとアンチョビ，パセリ，黒オリーブを散らし，ゆで卵とトマトを盛り，冷やす．	
卵	30 (1/2個)		
ツナ（油漬缶）	10		
アンチョビ	1	④ ◆フレンチドレッシング　ボウルにレモン汁，フレンチマスタード，塩，こしょうを入れて泡立て器で混ぜ，オリーブ油を少しずつ加えながらよく撹拌する．ソース入れに入れて添える．	
黒オリーブ（種抜き）	3 (1個)		
◆フレンチドレッシング			
レモン汁	2		
フレンチマスタード	1		
塩	0.1		
こしょう	少々		
オリーブ油	10		

メモ　ニース風サラダは，オリーブ，アンチョビ，トマト，ピーマンなどのカラフルな食材が南仏らしいフランスではポピュラーなサラダである．

シャンピニヨン

品名	1人分		栄養価
シャンピニヨン（市販品）	1個 (60 g)		E 167 kcal
			P 5.0 g
			F 0.7 g
			食塩 1.0 g

ハンバーグステーキ

材料名	1人分(g)	作り方	栄養価
あいびき肉	80	① たまねぎはみじん切りにし，油でよく炒め，冷ます．	E 364 kcal
塩	0.8	② パン粉は牛乳で湿らせる．	P 17.2 g
こしょう	少々	③ ボウルにひき肉，塩，こしょう，ナツメグを入れてよくこね，①のたまねぎ，②のパン粉，卵を加えてさらにこねる．楕円形に整え，しっかり空気を抜く．	F 21.1 g
ナツメグ	少々		食塩 1.2 g
たまねぎ	25		
油	2	④ フライパンに③を並べ，真ん中にくぼみをつける．中火で，両面を焼き，弱火にして火を通す．ハンバーグを寄せて，薄切りのマッシュルームを加え，炒めて塩，こしょうをし，白ワインをからめる．	
パン粉	4		
牛乳	8		
卵	8		
マッシュルーム	20	⑤ ◆じゃがいものグラタン　じゃがいもは薄く切り，塩少々を加えた水でゆで，耐熱皿に入れる．グリュイエールチーズをおろしてのせ，250℃に予熱したオーブンで焼き色がつくまで焼く．	
塩	少々		
こしょう	少々		
白ワイン	10	⑥ ④のハンバーグを皿に盛り，マッシュルームのソテーをのせて，フライパンに残った白ワインをかける．じゃがいものグラタンとクレソンを添える．	
◆じゃがいものグラタン			
じゃがいも	60		
グリュイエールチーズ	10		
クレソン	5 (1本)		

クレープ 2種

材料名	1人分(g)	作り方	栄養価
薄力粉	20	① 卵と牛乳を混ぜ合わせる．	E 237 kcal
砂糖	1	② ボウルにふるった薄力粉と砂糖を入れて中央をくぼませ，①を少しずつ加えながら泡立て器で混ぜ，ざるでこす．	P 5.1 g
卵	20		F 7.9 g
牛乳	40	③ バターをクレープパン（またはフライパン）で焦がしバターにして②に加え，泡立て器で混ぜて30分室温で休ませる．	食塩 0.2 g
バター	3		
◆バナナのソテー		④ クレープパンはよく熱してから火からはずし，③を1枚分入れて回し広げる（1人2枚）．周囲が色づいて離れてきたら裏返し，皿にとる．	
バナナ	30		
バター	3		
砂糖	3	⑤ ◆バナナのソテー　フライパンにバターを溶かして砂糖と3 mmの輪切りにしたバナナを入れて，ヘラで手早く炒め，ラム酒をふりかける．	
ラム酒	1		
ブルーベリージャム	10	⑥ ④のクレープ1枚にバナナのソテーをのせて巻く．もう1枚のクレープにブルーベリージャムを塗って4つに折りたたむ．2種類のクレープを皿に盛る．	

> **メモ**　クレープは，塩味のものを包むとオードブルに，甘味のものを包むとデザートになる．そば粉でクレープ同様につくるガレットは，小麦の栽培に不向きなやせた土地であったブルターニュ地方が発祥である．

中国料理 1
はじめての中国料理

1人分の栄養価			
エネルギー（E）	タンパク質（P）	脂質（F）	食塩相当量（食塩）
578 kcal	24.4 g	27.1 g	3.3 g

- 白飯
- 清川鶉蛋（鶉卵のスープ）
- 乾炸鶏塊（鶏の唐揚げ）
- 涼拌海蜇（くらげの甘酢がけ）

実習のポイント
湯（タン）のとり方を覚えましょう．中国料理で用いられる特殊材料について理解を深めましょう．

白飯　パイファン

材料名	1人分(g)	作り方	栄養価
米	60	① 白飯を炊く（p.44 参照）．	E　197 kcal
水	90		P　2.5 g
			F　0.3 g
			食塩　0 g

清川鶉蛋　チンチュワンチュンタン

材料名	1人分(g)	作り方	栄養価
うずら卵	20（2個）	① うずら卵はゆでて殻をむく．たけのこは薄切り（片（ピエン））にする．みつばは長さ3cmに切る．	E　46 kcal
たけのこ（ゆで）	10		P　3.8 g
みつば	3.5	② 湯（タン）を煮立て，たけのこを煮て，塩，しょうゆで味をととのえてからみつばを散らし，火を止める．	F　2.8 g
湯（タン）	150		食塩　1.5 g
塩	1.2	③ うずら卵を入れた椀に汁を注ぐ．	
しょうゆ	0.8		

乾炸鶏塊　ガンチャーチイクワイ

材料名	1人分(g)	作り方	栄養価
鶏肉（もも）	100	① 3cm程度のぶつ切りにした鶏肉にAをもみ込んで約30分おく．	E　306 kcal
A ┌ しょうゆ	6	② ①の肉にかたくり粉をまぶし，170～180℃の油で揚げる．	P　17.5 g
├ 酒	5	③ 器に盛り，パセリと花椒塩（ホワヂヤオイエン）を添える．	F　23.2 g
└ しょうが汁	1	**ポイント** 鶏肉は骨付き肉を使用してもよい．その場合，加熱されて肉が収縮し，骨が突き出るくらいまで揚げる．	食塩　1.1 g
かたくり粉	5		
揚げ油	適量		
パセリ	適量		
花椒塩（ホワヂヤオイエン）	適量		

7．つくってみよう

涼拌海蜇　リヤンパンハイヂョー

材料名	1人分(g)	作り方	栄養価
塩くらげ（カット）	30	① 塩くらげは1％の塩水に1日程度つけて塩抜きし，熱湯に3秒入れ，冷水にとる．水気を切った後，長さ5 cm程度に切る．	E　29 kcal
きゅうり	50	② きゅうりは塩少々で板ずりし，くらげと同じ長さのせん切り（絲）にする（図）．	P　0.6 g
	(1/2本)		F　0.8 g
◆合わせ調味料			食塩　0.7 g
しょうゆ	4.5		
酢	4		
砂糖	1		
ごま油	0.8		

斜め薄切りにする（斜めにする角度により，せん切りの長さを調節）．　→　薄切りのきゅうりを重ねて並べ，端から細く切る．

③ 調味料を合わせて，合わせ調味料をつくる．
④ 器にきゅうりを盛り，その上にくらげをのせて③の合わせ調味料をかける．

コラム

＜中国料理名のつけ方＞

中国料理名は，多くは漢字4文字で構成されている（例外として2〜6文字の料理名もある）．料理名のつけ方には原則があるため，その原則や文字の意味を理解すれば，料理内容の見当がつく．

- 材料名の組み合わせ
  例：蝦仁　　豆腐
  　　エビ　　豆腐

- 調理方法と材料名の組み合わせ
  例：紅焼　　　　　　牛肉
  　　醤油風味の煮込み　牛肉

- 材料名と切り方の組み合わせ
  例：青椒　　　肉　絲
  　　ピーマン　豚肉　せん切り

- 調理方法と材料名，切り方の組み合わせ
  例：生炒　　　　　　　　　墨　花
  　　持ち味を活かした塩炒め　イカ　格子状に切り込みを入れる

- でき上がりの料理の形からつけたもの
  例：珍珠　　　　　丸子
  　　真珠のような　だんご

- でき上がりの料理の形と調理方法や材料名の組み合わせ
  例：芙蓉　　　　蟹
  　　芙蓉の花　　蟹

- 地名と調理方法や材料名の組み合わせ
  例：北京　烤鴨
  　　北京　アヒル

- 人名や故事と材料の組み合わせ
  例：東坡　肉
  　　人名　豚肉

- 縁起のよい言葉と調理方法や材料名の組み合わせ
  例：八宝　　　　菜
  　　多種の宝　　おかず

- 数字（下記の表参照）と調理方法や材料名の組み合わせ
  例：四喜　　　　　　焼売
  　　4種類の材料　　シュウマイ

料理の形容詞として，数字や数に関連する文字がよく使用される．主に次のようなものがある．

一品（イーピン）	特級，特上という意	五味（ウーウェイ）	5種類の材料や味の混ざり合った料理
二丁（アルティン）	2は縁起のよい数であり，丁（ティン）はさいの目切りの意	六合（リュウホー）	6種類の材料を使った料理．盛り合わせ料理
二冬（アルトン）	冬筍と冬菇を用いたもの	七星（チイシン）	7種類の材料を用いた料理．星形に盛りつけた料理
双味（シュワンウェイ）	2種の味という意	八宝（パーパオ）	8種類（多種）の材料を使った料理
三絲（サンスー）	3種のせん切り材料を用いたもの	什錦（シーチン）	多種類の材料を用いた料理
四宝（スーパオ）	4は縁起のよい数．4種類の珍しい材料を用いたもの	百花（パイホワ）	多種類の材料を用いた料理
四喜（スーシィ）	4種類の材料や4色の材料を用いたもの	千層（チエンツォン）	多層に重ねた料理
五香（ウーシャン）	五香粉（ウーシャンフェン）を用いたもの		

中国料理 2
彩り豊かな中国料理

- 什錦炒飯（五目焼き飯）
- 青菜豆腐湯（青菜と豆腐のスープ）
- 涼拌三絲（三種せん切りの酢の物）
- 杏仁豆腐（杏仁の寒天よせ）

実習のポイント
寒天の調理特性を理解しましょう．彩りよく盛りつけましょう．

1人分の栄養価			
エネルギー（E）	タンパク質（P）	脂質（F）	食塩相当量（食塩）
698 kcal	22.4 g	18.5 g	4.8 g

什錦炒飯　シーチンチャオファン

材料名	1人分(g)	作り方	栄養価
米	75	① 白飯をかために炊く（p.44 参照）．	E 393 kcal
水	100	② 焼き豚は5 mm角（小丁シャオティン）に切り，えびは背わたをとって5 mm角に切り，Aで下味をつける．	P 12.0 g
焼き豚	10		F 9.7 g
むきえび	20	③ 干ししいたけは水で戻し，軸をとり，5 mm角に切る．たけのこも5 mm角に切る．ねぎは小口切り（段ドワン）にし，これらを②といっしょに油で炒める．	食塩 2.0 g
A { しょうが汁	5		
酒	5		
干ししいたけ	2	④ 卵を溶きほぐし，油（卵用）を熱した中華鍋に入れて半熟になったところに白飯を入れ，卵でコーティングするように炒める．	
たけのこ（ゆで）	10		
長ねぎ	10	⑤ ④に③を加えよく混ぜて塩，こしょうで味をととのえ，しょうゆを鍋肌にまわしかけ，香りをつける．	
油	1		
卵	30	⑥ 器に盛る．	
油（卵用）	5		
塩	1.2	**応用** 什錦シーチンは「多種類の材料を用いた料理」という意味があり，牛肉やかに，豆類などさまざまな材料を加えることができる．	
こしょう	少々		
しょうゆ（濃）	2.4		

青菜豆腐湯　チンツァイトウフタン

材料名	1人分(g)	作り方	栄養価
豆腐	50	① 干ししいたけは水で戻し，軸をとり，そぎ切り（片ピェン）にする．	E 60 kcal
ほうれんそう	40	② ほうれんそうは塩少々を加えた熱湯でゆでて冷水にとり，軽く絞って長さ3～4 cmに切る．	P 5.2 g
干ししいたけ	1		F 3.3 g
湯タン	150	③ 豆腐を1.5 cm角に切る．	食塩 1.6 g
塩	1.5	④ 湯タンを煮立て，豆腐，干ししいたけを加え，塩，こしょうで味をととのえる．	
こしょう	少々		
ごま油（または鶏油ディヨウ）	1	⑤ ほうれんそうを入れ，ごま油（または鶏ディヨウ油）を加えて火を止め，器に盛る．	
		＊鶏ディヨウ油の作り方は p.70 参照．	

7.　つくってみよう

涼拌三絲　リャンパンサンスー

材料名	1人分(g)	作り方	栄養価
きゅうり	30(1/3本)	① きゅうりは塩少々で板ずりし，長さ4cmのせん切り（絲スー）にする．	E　102 kcal
春雨	8	② 春雨は熱湯で戻し，長さ4cmに切る．	P　3.7 g
ハム	20(1/2枚)	③ ハムはせん切りにする．	F　4.0 g
◆合わせ調味料		④ 調味料を合わせて，合わせ調味料をつくる．	食塩　1.2 g
酢	8	⑤ 器に①〜③を彩りよく盛り，④の合わせ調味料をかける．	
しょうゆ	5		
砂糖	2.5		
ごま油	1.3		

杏仁豆腐　シンレントウフ

材料名	1人分(g)	作り方	栄養価
水	40	① 少量の牛乳で杏仁粉を溶く．	E　143 kcal
砂糖	5	② 鍋に分量の水と砂糖を入れ，火にかけて砂糖が溶けたら粉寒天を入れて2〜3分沸騰させ，煮溶かす．①と残りの牛乳を加えて温め，火を止めてあら熱をとる．器に入れて冷やし固める．	P　1.5 g
粉寒天	0.4		F　1.5 g
牛乳	40		食塩　0 g
杏仁粉	2	③ Aを煮溶かしてシロップをつくり，冷やす．	
A { 水	50	④ キウイフルーツはいちょう切り（扇子シャンツ），オレンジは房とりして一口大に切る．	
砂糖	20		
キウイフルーツ	20	⑤ 寒天が固まったら菱形に切り込みを入れ（図），③のシロップを流し込む．器をゆり動かすと寒天が浮く．	
オレンジ	20		

⑥ ⑤に④の果物を飾る．

コラム

<甜菜について>
甜 菜ティエンツァイとは，砂糖などを使用した甘味料理をさす．宴席の最後に果物とともに提供されることが多い．
抜絲パースー：食材を揚げ調理した後，砂糖と水を混ぜて煮詰めた飴をからめる調理法．出来上がると飴が糸を引くようになるのが名前の由来．〔例：抜絲地瓜パースーティーグワ，抜絲苹果パースーピングオ〕
粘糖チャンタン・掛霜グアシュン：抜絲と同様の調理法．抜絲が飴になる前の状態で材料をからめる．水分が蒸発すると砂糖の結晶が残る．〔例：粘糖腰果チャンタンヤオグオ〕
蜜汁ミーデー：食材をそのまま，または下ゆでしたものを砂糖水で煮込んで仕上げる調理法．〔例：蜜汁元宵ミーデーユアンシヤオ，蜜汁火腿ミーデーフオトェイ〕
糖 水タンシュエイ：砂糖水，シロップのこと．シロップに果物やゼリー，下ゆでした食材を加える料理．〔例：杏仁豆腐シンレントウフ，氷汁銀耳ピンデーインアル〕
甜 泥ティエンニー：種実類や豆類，果実類をゆでたり，蒸したりしてペースト状につぶし，砂糖やはちみつを加えて煮る調理法．〔例：青豆泥チントウニー，合桃泥ホータオニー〕

コラム

<砂糖の溶解性と比重>
砂糖（ショ糖）は，水酸基（−OH基）を多くもつ分子で，親水性であり，水に溶けやすい．水の温度が高いほど，溶解量が多くなる．砂糖濃度が高いほど，粘性が強くなり，比重が大きくなる．「杏仁豆腐」は，砂糖濃度20〜30％のシロップとそれより砂糖濃度が低い寒天ゼリーとの比重の差を利用して，ゼリーを浮き上がらせる．

<砂糖の加熱による状態変化>
砂糖濃度の高い溶液を加熱すると，砂糖はさまざまな状態を呈する．103℃程度ではさらっとして結晶をつくらないシロップ（糖 水タンシュエイ）となる．105〜120℃では冷やすと結晶化するフォンダン，砂糖衣（粘糖チャンタン）となる．140〜160℃では転化糖が生成され，粘りの強い飴状（抜絲パースー）になる．

中国料理3
忙しいときにおすすめ中華

- 白飯
- 玉米湯（スイートコーンのスープ）
- 青椒牛肉絲（ピーマンと牛肉の炒め物）
- 辣白菜（白菜の甘酢漬け）

実習のポイント
炒菜（チャオツァイ）のコツを覚えましょう．材料の切り方や形をそろえることで，火の通りが均一になり，見た目もきれいです．

1人分の栄養価

エネルギー（E）	タンパク質（P）	脂質（F）	食塩相当量（食塩）
553 kcal	17.4 g	18.1 g	4.3 g

白飯　パイファン

材料名	1人分(g)	作り方	栄養価
米	60	① 白飯を炊く（p.44 参照）．	E　197 kcal
水	90		P　2.5 g
			F　0.3 g
			食塩　0 g

玉米湯　ユィミータン

材料名	1人分(g)	作り方	栄養価
スイートコーン（缶）	75	① スイートコーンはミキサーにかけて，裏ごす．	E　117 kcal
にんじん	6	② にんじん，たけのこは長さ3 cmのせん切り（絲）にし，油でさっと炒める．	P　4.9 g
たけのこ（ゆで）	6		F　3.3 g
油	0.5	③ きぬさやえんどうは筋をとり，塩少々を加えた熱湯でさっとゆでて冷まし，斜め切りにする．	食塩　1.8 g
きぬさやえんどう	5		
卵	20	④ 湯（タン）に②を加えて煮立て，アクをとる．①を入れて塩で調味し，水溶きかたくり粉を加えてとろみをつける．	
湯（タン）	150		
塩	1	⑤ 溶き卵を全体に流し入れ，きぬさやえんどうを散らして火を止め，器に盛る．	
かたくり粉	2		

7．つくってみよう

青椒牛肉絲　チンチヤオニュウロウスー

材料名	1人分(g)	作り方	栄養価
牛肉（もも，薄切り）	50	① 牛肉は繊維に平行にせん切り（絲(スー)）にし，しょうゆ，酒で下味をつけ，かたくり粉をまぶして泡油(パオヨウ)（油通し）する．	E 173 kcal
しょうゆ	2	② ピーマンはせん切りにする．	P 9.7 g
酒	1.5	③ ねぎ，しょうがはみじん切り（米(ミ)）にする．	F 10.6 g
かたくり粉	2	④ 湯(タン)と調味料を合わせて，合わせ調味料をつくる．	食塩 1.1 g
油（油通し用）	適量	⑤ 中華鍋に油を熱し，③を炒めて香りを出し，②を炒める．①を加えて炒め，④の合わせ調味料を加えて軽く炒め，最後にごま油を加える．	
ピーマン	40	⑥ 皿に盛る．	
長ねぎ	3	**ポイント** 牛肉は，肉の繊維に平行に切ると加熱時に細かくなりにくい．	
しょうが	3		
油	3		
◆合わせ調味料			
湯(タン)	7.5		
しょうゆ	4.5		
酒	4		
かたくり粉	1		
砂糖	0.8		
かき油	0.5		
こしょう	少々		
ごま油	1		

辣白菜　ラーパイツァイ

材料名	1人分(g)	作り方	栄養価
はくさい	50	① はくさいは長さ5 cmに切り，塩をふりかけ，しんなりしたら水気を絞る．	E 66 kcal
塩	0.5	② しょうがはせん切り（絲(スー)）にし，①のはくさいと合わせる．	P 0.3 g
しょうが	1	③ 鍋にごま油，種をとった赤とうがらし，つぶした花椒(ホワデヤオ)を入れて加熱し，熱くなったら火を止め，②にかける．	F 3.9 g
赤とうがらし	1/5本	④ Aの調味料を合わせて③にかけ，全体を混ぜ合わせて冷やし，皿に盛る．	食塩 1.4 g
花椒(ホワデヤオ)	1粒		
ごま油	4		
A｛　酢	8		
砂糖	5		
塩	0.8		
顆粒中華だし	0.3		

コラム

＜泡油(パオヨウ)＞
泡油は，材料を120〜140℃の油にくぐらせ，目的に応じて，五分，七分，八分と火を通すことである．素材のうま味を閉じ込めたり，臭み成分をとり除いたりするほか，素材を色よく仕上げるためや手早く仕上げるなどの目的で行う．

コラム

＜肉類について＞
中国料理において，最も古くから食用とされていたのは豚である．そのため，単に肉という漢字は豚肉をさす．

中国料理 4
ちょっと大人の中国料理

- 鶏粥（鶏ささ身入り粥）
- 糖醋魚片（魚のから揚げ甘酢あんかけ）
- 清燉白菜（白菜のスープ煮）
- 水果西米露（タピオカ入りココナッツミルク）

実習のポイント
溜菜（リュウツァイ）のコツを理解しましょう．主材料の調理が終わる頃にタイミングよく熱いあんを上からかけられるようにすることがおいしさのポイントです．

1人分の栄養価

エネルギー (E)	タンパク質 (P)	脂質 (F)	食塩相当量（食塩）
639 kcal	25.0 g	25.0 g	3.7 g

鶏粥　チィチョウ

材料名	1人分(g)	作り方	栄養価
米	40	① 米は，手早くとぎ洗いした後，ざるにあげて水気を切る．	E 204 kcal
A { 湯（タン）	125	② ささ身はすじをとり，一口大にそぎ切り（片 ピェン）し，酒をふりかける．	P 9.2 g
水	125		F 2.4 g
鶏肉（ささ身）	30 (1/2本)	③ レタスは一口大にちぎり，しょうがは細いせん切り（絲 スー）にして，ねぎはみじん切り（米 ミー）にする．	食塩 1.3 g
酒	10	④ 土鍋に①の米とAを加えて4〜5分強火で煮てから火を弱め40分炊く．	
レタス	20	⑤ ②を加え，さらに煮る．ささ身に火が通ったら塩，こしょうで味をととのえて③を加える．	
しょうが	2		
長ねぎ	6	⑥ 粥を器に盛り，香菜（シャンツァイ）の葉をのせ，ごま油（または鶏油 ディヨウ）をかける．	
塩	1.2		
こしょう	少々	＜鶏油の作り方＞	
香菜（シャンツァイ）	適量	鶏の脂身からつくる．料理の仕上げに用いられ，つやと香りをつける．	
ごま油（または鶏油 ディヨウ）	1.5	材料：鶏皮300 g，長ねぎ（青い部分）1/2本	
		❶ 鶏皮の余分な水分をとる．	
		❷ ねぎはざく切りにする．	
		❸ 鍋に油をひかずに❶を焼き，焼き色をつける．	
		❹ 焼き色がついたら，弱火にして20〜30分加熱する．	
		❺ 油が出てきたら❷のねぎを加え，15分弱火でねぎの香りを油に移し，こす．	

清燉白菜　チントゥンパイツァイ

材料名	1人分(g)	作り方	栄養価
はくさい	100	① 1枚ずつはがしたはくさいの間にベーコンを挟んで適当な大きさに切り，鍋に重ねて入れる．	E 57 kcal
ベーコン	10	② ①に湯と塩を入れ，中弱火で15〜20分蒸し煮にする．	P 2.1 g
湯（タン）	50	③ 器に盛る．	F 4.0 g
塩	1		食塩 1.2 g

糖醋魚片　タンツゥユィピエン

材料名	1人分(g)	作り方	栄養価	
たら	80	① たらは骨をとり除き，Aで下味をつける．水気をふきとり，かたくり粉をまぶして170℃の油で揚げる．	E	280 kcal
A ｛ 酒	5		P	12.7 g
しょうが汁	少々	② 湯(タン)と調味料を合わせて，合わせ調味料をつくる．	F	14.9 g
こしょう	少々	③ たまねぎ，たけのこ，ピーマン，にんじんは長さ5cmのせん切り（絲(スー)）にする．干ししいたけは水で戻して軸をとり，せん切りにする．これらを油で炒め，②の合わせ調味料を加えて軽く煮たら，水溶きかたくり粉でとろみをつける．ごま油で香りをつけ，火を止める．	食塩	1.2 g
かたくり粉	6			
揚げ油	適量			
たまねぎ	6			
干ししいたけ	2			
たけのこ（ゆで）	6	④ ①のたらを器に盛り，③の野菜あんをかけ，白髪ねぎとしょうがのせん切りをのせる．		
ピーマン	10			
にんじん	4			
油	5	＜白髪ねぎの作り方＞		
◆合わせ調味料		❶ 長ねぎを長さ5cmに切る．		
湯(タン)	40	❷ 縦に切り込みを入れ，芯をとり除く．		
酢	9	❸ 外側の白い部分を繊維に平行に細いせん切りにする．		
しょうゆ	6	❹ 水に10分程度さらし，水気を切る．		
砂糖	6			
酒	6	ポイント　とろみをつけた後に油を加えて沸騰させるとつやがでる．		
トマトケチャップ	3			
かたくり粉	2			
ごま油	2			
長ねぎ（白髪ねぎ）	3			
しょうが	1			

水果西米露　シュエイグオシィミールゥ

材料名	1人分(g)	作り方	栄養価	
タピオカ（パール）	10	① タピオカは熱湯で所定時間ゆで，火を止めて，透明になるまでそのままおく．水につけてざるにあげ，水気を切る．	E	98 kcal
牛乳	20		P	1.0 g
水	10	② 鍋に牛乳と水，砂糖を入れて中火にかけ，ひと煮立ちしたらココナッツミルクを加えて軽く混ぜ，すぐに火からおろす．あら熱をとり冷やす．	F	3.7 g
砂糖	5		食塩	0 g
ココナッツミルク	20	③ 冷やした①のタピオカと②を器に盛る．		

コラム

＜デンプン＞

デンプンは，植物の種実，茎，根などの細胞中に存在する多糖類である．デンプンを単離・精製したものとして，かたくり粉（じゃがいも），コーンスターチ（とうもろこし），くず粉（くず），タピオカ（キャッサバ）などがある．原料により調理特性が異なる．

コラム

＜デンプンの調理特性＞

デンプンに水を加えて加熱すると，膨潤し糊状になる（糊化デンプン）．また，それを常温に放置すると白濁して硬化する（老化デンプン）．デンプンのゲル化性や粘稠性，結着性などの特性は，ボディの形成，とろみづけ，風味，食感の付加，つやだしなど調理において重要な役割を果たす．

中国料理 5
飲茶を楽しむ

- 炸春捲（春巻き）
- 鍋貼餃子（焼き餃子）
- 饅頭－肉包子－（肉まんじゅう）
- 鶏蛋糕（蒸しカステラ）

実習のポイント
蒸菜（チョンツァイ）のコツを理解しましょう．いろいろな点心（ティエンシン）をつくってみましょう．

1人分の栄養価

エネルギー（E）	タンパク質（P）	脂質（F）	食塩相当量（食塩）
748 kcal	21.5 g	24.7 g	2.9 g

炸春捲　チャーチュンチュアン

材料	1人分(g)	作り方	栄養価
豚肉（もも）	10	① 豚肉は肉の繊維に直角にせん切り（絲）にし，Aで下味をつける．	E 130 kcal
A かたくり粉	5	② 干ししいたけは水で戻し，軸をとり，せん切りにする．たけのこ，はくさい，ねぎ，しょうがもせん切りにする．	P 2.7 g
卵	2		F 5.4 g
しょうゆ	0.5	③ 熱した鍋に油を入れ，①の豚肉を手早く炒め，とり出す．	食塩 0.7 g
酒	0.4	④ ねぎとしょうがを軽く炒め，香りが出たら，干ししいたけ，たけのこ，はくさいを炒める．火が通ったら湯（タン）とBを加えて煮る．	
こしょう	少々		
干ししいたけ	0.5	⑤ ③の豚肉ともやしを入れ，水溶きかたくり粉を加えて具をまとめ，火を止め，器にとり出して冷ます．	
たけのこ（ゆで）	5		
はくさい	15	⑥ 薄力粉と水でのりをつくり，春巻きの皮で⑤の具を包み，のりをつけてとめる（図）．	
もやし	10		
長ねぎ	2		
しょうが	1		
油	1		
湯（タン）	10		
B しょうゆ	2		
酒	1	春巻きの皮の上に具をのせ，●の部分にのりをつけて巻く．	
砂糖	0.4		
塩	0.2	⑦ 150〜160℃の油で表面がきつね色にカリッとなるよう揚げ，油を切って器に盛る．	
こしょう	少々		
かたくり粉	1	⑧ しょうゆ，酢，練りがらしを添える．	
春巻きの皮（市販品）	13（1枚）		
◆のり			
薄力粉	1.3		
水	2.5		
揚げ油	適量		
しょうゆ	適量		
酢	適量		
練りがらし	適量		

鍋貼餃子　グオティエヂヤオヅ

材料名	1人分(g)
豚肉（ひき肉）	25
塩	0.4
こしょう	少々
はくさい	20
塩	少々
長ねぎ	10
干ししいたけ	2
にんにく	1
しょうが	1
A〔酒	3
しょうゆ	2.5
ごま油	1
ぎょうざの皮（市販品）	35（6枚）
油	1
◆たれ	
しょうゆ	3.5
酢	3
ラー油	適量

作り方
① はくさいはみじん切り（米）にして塩をふり，さらし布巾に入れてもみ，水気を絞る．干ししいたけは水で戻して軸をとり，みじん切りにする．ねぎ，にんにく，しょうがもみじん切りにする．

② ひき肉と塩，こしょうを合わせて粘りが出るまでよく練り，①を合わせてさらによく練ってAで味をつける．1人6個に分ける．

③ ぎょうざの皮の合わせ目に水をつけて中央より手前に②をのせ，皮を2つに折り，片側にひだを寄せながらはり合せて半月型に包む．

④ フライパンに油を熱し，③を並べて焼く．焼き色がついたら熱湯をぎょうざの高さ1/3程度まで入れて蓋をし，蒸し焼きにする．

⑤ 水分が少なくなったら少量のごま油（分量外）を加え，パリッと焼き上げて皿に盛る．調味料を合わせてたれをつくって添える．

栄養価
E	188 kcal
P	7.8 g
F	6.4 g
食塩	1.3 g

メモ　餃子は調理法によって，鍋貼餃子(グオティエヂヤオヅ)(焼き餃子)，蒸餃子(チョンヂヤオヅ)(蒸し餃子)，水餃子(シュエイヂヤオヅ)(ゆでぎょうざ)と呼ばれる．

鶏蛋糕　ヂィタンガオ

材料名	流し缶1個分 （4人分）(g)
卵	120（L2個）
砂糖	60
上新粉	80
塩	0.4
ラード	15
レーズン	10
くるみ	10
アンゼリカ	8
ドレンチェリー	8

作り方
① レーズンはぬるま湯でやわらかく戻して，粗く刻み，くるみも粗く刻む．これらに薄力粉（分量外）をまぶしておく．

② アンゼリカとドレンチェリーは薄切り（片）にする．

③ 上新粉と塩を合わせてふるう．

④ 流し缶に油（分量外）を薄く塗る．

⑤ 卵は卵白と卵黄に分け，卵白は砂糖を2～3回に分けて加えながら泡立て，メレンゲをつくる．

⑥ ⑤に卵黄と湯煎で溶かしたラードを加えて混ぜる．さらに③を加えて混ぜ，①のレーズンとくるみを混ぜて流し缶に入れる．

⑦ 生地の上に②を彩りよく飾る．

⑧ 強火で約15分蒸す．

⑨ 4人分に切り分けて，皿に盛る．

栄養価
〈1人分〉
E	230 kcal
P	4.9 g
F	8.1 g
食塩	0.2 g

饅頭－肉包子－　マントウ－ロウパオヅ－

材料名	1人分(g)
強力粉	20
薄力粉	20
湯（45℃）	25
ドライイースト	0.6
ラード	2
砂糖	2
塩	0.2
強力粉（打ち粉用）	適量
◆あん	
豚肉（ひき肉）	12
たまねぎ	7
たけのこ（ゆで）	3
長ねぎ	2
A　しょうゆ	2
ごま油	0.4
砂糖	0.3
塩	0.2
しょうが汁	少々

栄養価
- E　200 kcal
- P　6.1 g
- F　4.8 g
- 食塩　0.7 g

作り方

① 半量の湯にドライイースト，砂糖の1/3量を入れて，10分程度おく．

② 残りの湯に残りの砂糖，ラード，塩を入れて，①とふるった強力粉，薄力粉を入れて混ぜ合わせ，よくこねてまとめ，30℃で1時間発酵させる．

③ ②が2倍程度に膨れたら，打ち粉をして手で押してガス抜きをし，丸める．

④ あんの材料のたまねぎ，たけのこ，ねぎはみじん切り（米）にする．

⑤ ひき肉と④をよく混ぜ合わせ，Aで味をつけ，丸める．

⑥ ③の生地を中央を厚く，まわりを薄く円形に伸ばし，中央に⑤のあんをのせて，まわりにひだをとりながら包む．

⑦ 30℃で10分発酵させた後，オーブンシートを敷いた蒸籠（チョンロン）に並べ，強火で20分蒸す．

＜生地をベーキングパウダーでつくる場合＞

生地を膨化させる方法には，ベーキングパウダーを使う方法もある．

材料（1人分）：強力粉20g，薄力粉20g，水25g，ベーキングパウダー1.5g，ラード2g，砂糖2g，塩0.2g，強力粉（打ち粉用）適量

❶ 強力粉，薄力粉，ベーキングパウダーを合わせてふるう．

❷ ❶にラードを入れて生地がさらさらになるまで混ぜ合わせる．

❸ 砂糖，塩を溶かした分量の水を❷に入れて混ぜ，まとまったらラップをして30分程度休ませる．

❹ 打ち粉をして，❸の生地を丸め，中央を厚く，まわりを薄く円形に伸ばし，中央にあんをのせて包む．

ポイント　イーストによる膨化は，イーストがアルコール発酵により繁殖するときの発生ガスによる．ドウを28～30℃程度の適温に保つとイーストが活性を示す．

応用　「饅頭（マントウ）」は小麦粉をこねて生地をつくり，蒸して膨化させたもののことで，あんを包んだものは「包子（パオヅ）」と呼ばれる．肉を包むと「肉包子（ロウパオヅ）」，小豆あんを包むと「豆沙包子（トウシャーパオヅ）」となる．生地のみをp.75のように巻いてつくったものは「花捲（ホワヂュアン）」と呼ばれ，甘くつくると菓子にもなる．

メモ　蒸籠（チョンロン）とは，中国料理で用いる蒸し器のことである．竹製で，底はすのこになっており，重ねることができる．蓋はあじろ編みされたドーム型で，蒸気を均等に回す構造が適度に抜けるため，しずくが落ちない．ひとまわり大きい中華鍋に湯をはり，その上にのせて蒸す（図）．小型の蒸籠は小籠（シャオロン）といい，そのまま食卓に出すことができる．

饅頭のつづき

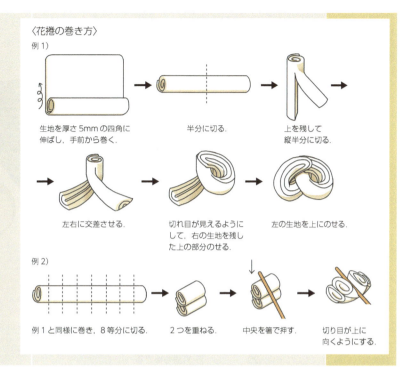

〈花捲の巻き方〉
例1）
生地を厚さ5mmの四角に伸ばし，手前から巻く． → 半分に切る． → 上を残して縦半分に切る． → 左右に交差させる． → 切れ目が見えるようにして，右の生地を残した上の部分のせる． → 左の生地を上にのせる．

例2）
例1と同様に巻き，8等分に切る． → 2つを重ねる． → 中央を箸で押す． → 切り目が上に向くようにする．

コラム

＜点心と飲茶＞

　点心（ティエンシン）とは，菓子も含め，食事の合間にとる軽食類全般をさす．中国料理の宴会は長時間にわたっていたため，途中で席を変えてもてなすことがあり，このつなぎ時間につまみ物や料理の口直しとして点心が出されていた．点心と併せて中国茶を飲むことから飲茶ともいう．

＜点心の種類＞

① 鹹点心（シエンティエンシン）
　甘くない塩味の点心．餃子（ヂャオヅ），焼売（シャオマイ），春捲（チュンヂュアン），饅頭（マントウ）などがある．小麦粉からつくった皮であんを包むものが多い．そのほか，麺類や餅類もある．

② 甜点心（ティエンティエンシン）
　甘味の点心．焼いたり，蒸したりした中国菓子や，冷やして食べるゼリー類などがある．

③ その他
　果子として，季節の果物や木の実（乾果（ガンクオ）），ドライフルーツの砂糖漬け（糖果（タングオ））などがつまみ物として使われる．

コラム

＜中国茶の種類＞

　ほとんどは茶の葉の部分から製造されている．発酵の有無により，発酵させない緑茶（リュイチャー）（非発酵茶），発酵させる紅茶（ホンチャー）（発酵茶）や烏龍茶（ウーロンチャー）（半発酵茶）などがある．また，茶を蒸して圧して形を整えた磚茶（ヂュアンチャー）（圧製茶）や茶葉のなかに花弁を混入する花茶（ホワチャー）などもある．代表的なものとして，磚茶には普洱茶（プアルチャー），花茶には茉莉花茶（モーリーホワチャー）がある．

＜中国茶の飲み方＞

　茶盅（チャーチョン）は，碗の内側に入るほどの小さい蓋（ふた）がついた茶碗であり，日本の急須のように用いる．茶盅に茶葉を入れ，熱湯を注ぎ，蓋を少しずらして飲む．または，小茶碗（やむちゃ）がある場合は，蓋を少しずらして小茶碗に注ぐ（図）．飲茶のときには，ティーポットで提供されることが多い．中国茶の淹れ方には，急須（茶壺（チャーフウ））を使う方法もある（p.174参照）．

右手で蓋を持ち少しずらして飲む．　蓋を少しずらして小茶碗に注ぐ．

行事食1
新年を寿ぐお祝い膳

- 雑煮〜京風〜
- 重箱　黒豆，田作り，数の子，たたきごぼう，伊達巻き，栗きんとん，紅白なます，結びかまぼこ，ぶりの照り焼き〜菊花かぶ添え〜，ふき寄せ煮，鶏の松風焼き
- 花びら餅

実習のポイント
新年を寿ぐ日本の伝統料理です．食材や料理の由来も学びましょう．

1人分の栄養価

エネルギー（E）	タンパク質（P）	脂質（F）	食塩相当量（食塩）
1,102 kcal	44.8 g	23.0 g	9.2 g

雑煮〜京風〜

材料名	1人分(g)	作り方	栄養価	
丸餅	40	① さといも，にんじん，だいこんは厚さ5 mmの輪切りにし，ゆでる．	E	165 kcal
さといも	20	② 丸餅もゆでる．	P	4.3 g
金時にんじん	20	③ だしを火にかけ，みそを溶かし味をととのえる．	F	1.0 g
だいこん	20	④ 椀に①②を入れ，③を注ぐ．	食塩	1.7 g
一番だし	130	⑤ ④に花かつおを盛る．		
白みそ（西京みそ）	25			
花かつお	適量			

黒豆

材料名	1人分(g)	作り方	栄養価	
黒大豆	5	① 黒大豆は水洗いする．	E	26 kcal
砂糖	2	② 鍋に豆が十分に浸るくらいの熱湯と砂糖，しょうゆ，塩，重曹，黒豆を入れ，一晩（8〜10時間）つける．	P	1.6 g
しょうゆ	0.5		F	0.8 g
塩	少々	③ ②を中火にかけ，沸騰したら弱火にしてアクをとり，さし水をする．	食塩	0.1 g
重曹	少々	④ 落し蓋をし，鍋蓋もする．ごく弱い火でやわらかくなるまで煮る（8時間程度）．		

> **メモ**　黒豆を煮るときに鉄釘を入れると，種皮のアントシアニン色素（クリサンテミン）が鉄イオンと錯塩をつくり，美しい黒色に仕上がる．

田作り

材料名	1人分(g)	作り方	栄養価
ごまめ	4	① ごまめは天板に広げ，220℃に予熱したオーブンで2分焼く．	E 34 kcal
A〔だし	6	② Aを煮詰めてとうがらしをふり，①のごまめを入れてからめる．	P 2.4 g
しょうゆ	3.5	③ ごまをバットに広げ，②を広げてのせ，ごまをからめて冷ます．	F 0.4 g
みりん	3.5		食塩 0.7 g
砂糖〕	2		
白ごま（いり）	0.5		
とうがらし（粉）	適量		

数の子

材料名	1人分(g)	作り方	栄養価
かずのこ（塩蔵）	12	① かずのこは，薄い塩水につけて塩抜きをする（塩水は数回とり替える）．薄皮をとり除き，そぎ切りにする．	E 13 kcal
だし	8	② だしに調味料を加えてひと煮立ちさせ，冷めたら①のかずのこを入れて一昼夜つける．	P 2.0 g
酒	2.5	③ かずのこに糸かつおを天盛りにする．	F 0.2 g
しょうゆ（淡）	1.5		食塩 0.4 g
糸かつお	適量		

たたきごぼう

材料名	1人分(g)	作り方	栄養価
ごぼう	20	① ごぼうは長さ5 cm，太さをそろえて縦に切り，酢水にさらす．	E 40 kcal
白ごま（いり）	3	② ごまの1/3量は切りごまに，残りはAと合わせてごま酢をつくる．	P 0.8 g
A〔酢	4	③ 酢少々を入れた熱湯でごぼうをゆでる．	F 1.6 g
砂糖	2	④ 熱いうちにすりこぎで軽くたたいて②のごま酢であえる．	食塩 0.3 g
塩〕	0.3	⑤ 切りごまをふりかける．	
		＊ 切りごまはp.144参照．	

伊達巻き

材料名	1人分(g)	作り方	栄養価
卵	35	① すり鉢でたらのすり身をする．砂糖，塩を加えてさらにすり，溶き卵を少しずつ加えながらなめらかになるまでする．だし，みりん，しょうゆを加える（フードプロセッサーで混ぜてもよい）．	E 96 kcal
たらのすり身	15		P 6.1 g
砂糖	3		F 3.8 g
塩	0.3		食塩 0.6 g
だし	10	② 卵焼き器を温めて油をよくなじませる．①を入れて蓋をし，弱火でこんがり焼き色がつくまで焼く．裏返して同じように焼く．	
みりん	6	③ 温かいうちに鬼すだれ（図）にのせ，巻いてゴムなどでとめて固定する．冷めたら幅1 cm程度に切る．	
しょうゆ（淡）	少々		
油	適量		

栗きんとん

材料名	1人分（g）	作り方	栄養価	
さつまいも	60	① さつまいもは厚く皮をむき，1 cm 程度の輪切りにして水にさらす．	E	154 kcal
くちなし	1/3 個	② くちなしは1個を3つくらいに切り，ガーゼに包む．	P	0.8 g
砂糖	8	③ ①②を鍋に入れ，かぶるくらいの水でやわらかくなるまでゆで，ざるにあげて水気を切り，くちなしをとり出す．	F	0.1 g
みりん	3.5	④ 熱いうちにさつまいもを裏ごして，砂糖，みりん，シロップを入れて弱火で練り，かたさを調整する．	食塩	0 g
栗の甘露煮	15（1個）	⑤ ④を1人2個に分け，2つに切った栗の甘露煮をのせて，茶巾絞りにする．		
シロップ（甘露煮）	2			

紅白なます

材料名	1人分(g)	作り方	栄養価	
だいこん	40	① だいこんとにんじんは長さ4 cmのせん切りにし，塩をふってしんなりさせる．	E	27 kcal
にんじん	8	② だしと調味料を合わせて，合わせ酢をつくる．	P	0.2 g
塩	少々	③ 水気を絞った①を②の合わせ酢であえる．	F	0 g
◆合わせ酢			食塩	0.3 g
だし	2.5			
酢	5			
砂糖	4			
塩	0.3			

結びかまぼこ

材料名	1人分(g)	作り方	栄養価	
かまぼこ	15（1切れ）	① かまぼこを厚さ0.8 cm程度に切る．	E	14 kcal
		② 3本切り込みを入れ，先端を上下から中央の切り込みに差し込み，「結びかまぼこ」にする（図）．	P	1.7 g
			F	0.1 g
			食塩	0.4 g

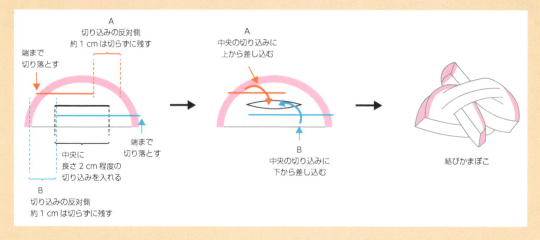

ぶりの照り焼き～菊花かぶ添え～

材料名	1人分(g)	作り方	栄養価
ぶり	70 (1切れ)	① しょうゆ，みりんを合わせてたれをつくり，ぶりを30分程度つけてとり出す．	E 196 kcal
しょうゆ	10	② ①のたれを鍋で煮詰める．	P 13.8 g
みりん	10	③ 焼き網を熱し，汁気を切ったぶりを表側から焼き，焼き色がついたら裏返して焼く．②のたれを塗りながら2回程度返して照りをつける．	F 9.2 g
◆菊花かぶ			食塩 1.7 g
かぶ	20	④ ◆菊花かぶ	
塩	0.2	・かぶは厚さ1.5 cmの輪切りにした後，菊花切りにして1.5 cm角に切る．塩をふり，しばらくおく．	
A { だし	2	・Aを混ぜ合わせ，水気を軽く絞った①のかぶを漬ける．	
酢	2	・かぶの中央に種をとった赤とうがらしの輪切りを飾る．	
砂糖	1	⑤ ③に④を添える．	
赤とうがらし	適量	＊ 菊花切りはp.14参照．	

ふき寄せ煮

材料名	1人分(g)	作り方	栄養価
高野豆腐	4 (1/4枚)	① 高野豆腐を戻し，軽く絞った後，一口大に切る．Aに高野豆腐を入れて落し蓋をし，弱火で煮含める．	E 99 kcal
A { だし	25	② にんじんは厚さ5 mm程度の輪切りにした後，梅型で抜き，ねじり梅にする．かために下ゆでした後，Bで煮る．	P 3.5 g
砂糖	3	③ 干ししいたけは水で戻し，軸をとり，亀甲に切った（亀甲しいたけ）（図）後，Cで煮る．	F 1.4 g
しょうゆ（淡）	0.75		食塩 2.5 g
塩	0.25		
にんじん	20		
B { だし	40		
みりん	4		
砂糖	2		
塩	0.4		
干ししいたけ	5	〈亀甲しいたけ〉 点線の部分で切り落とし，六角形にする．長寿を願うとされている．	
C { 干ししいたけの戻し汁	25	④ こんにゃくは厚さ5 mmの短冊切りにした後，たづな切りにする（手綱こんにゃく）．熱湯で下ゆでした後，Dで煮る．	
しょうゆ（淡）	7.5	⑤ きぬさやえんどうは筋をとり，塩少々を加えた熱湯でゆで，ざるにあげて冷ます．	
砂糖	2.5	⑥ ①～⑤を盛り合わせる．	
みりん	1.5	＊ ねじり梅，たづな切りはp.14参照．	
こんにゃく	20		
D { だし	8		
しょうゆ（淡）	2.5		
砂糖	1		
みりん	1		
きぬさやえんどう	4.5		

鶏の松風焼き

材料名	1人分(g)	作り方	栄養価	
鶏肉（ひき肉）	30	① すり鉢にひき肉，みそ，砂糖，酒，卵，かたくり粉の順に入れてすり混ぜる．	E	93 kcal
赤みそ	2	② 天板にオーブンシートを敷き，①を厚さ3cmの長方形に整え，表面にけしの実をふる（オーブンシートを敷いた型に入れてもよい）．	P	5.5 g
砂糖	3.5		F	4.1 g
酒	0.5		食塩	0.3 g
卵	7.5	③ 180℃に予熱したオーブンで20～30分焼く．		
かたくり粉	4	④ 冷めたら切り分ける．		
けしの実	適量			

花びら餅

材料名	1人分(g)	作り方	栄養価	
◆ごぼうの蜜煮		◆ごぼうの蜜煮	E	145 kcal
ごぼう	4	① ごぼうを長さ10 cm，太さ5 mm程度に切り，酢水にさらす．	P	2.1 g
グラニュ糖	6	② ①を水からやわらかくなるまでゆでる．	F	0.3 g
水	6	③ グラニュー糖と分量の水を火にかけ，溶けたら②を入れ，沸騰したら火を止め，そのまま冷ます．	食塩	0.2 g
◆あん		◆あん		
練りあん（白いんげん豆）	15	① 練りあんと分量の水を火にかけて練り，みそを加えてさらに練る．		
水	1.5			
白みそ（西京みそ）	3	② ①を半分に分け，一方に水で溶いた少量の食紅を加えて淡いピンク色に染め，丸める．		
食紅	少々	③ 残りの半分のあんも丸める．		
◆求肥		◆求肥		
上新粉	8.5	① 餅とり粉をバットに広げる．		
白玉粉	3.5	② ボウルに上新粉，白玉粉，砂糖を入れ，分量の水を少しずつ加えて混ぜ，まとめる．		
砂糖	12			
水	12	③ 蒸し器にざるを置き，その上にさらし布巾を敷き，②を入れて7～8分蒸す．		
水あめ	1.2	④ さらし布巾ごと蒸し器から出し，水あめを加え，熱いうちに練り込む．		
餅とり粉	適量	⑤ ④を①のバットに広げ，丸く伸ばす（セルクルで抜いてもよい）．		
		⑥ 求肥の上中央にごぼうの蜜煮を置き，手前に紅白のあんをのせ，2つ折りにし（図），皿に盛る．		

* 練りあんの作り方と栄養価はp.156参照．

コラム

<おせち料理の由来>

平安時代，宮中では，節日（節目）ごとに邪気を祓い，長寿を祈って神様に料理を供え，そのお下がりを人がいただく神人共食の儀式として「節会」という行事が行われていた．このとき供えられていた料理のことを「御節供」といい，これが「おせち」の起源とされている．現在では，節日のなかでも，最もめでたい正月につくる料理のみを「おせち」と呼ぶようになった．おせち料理は，邪気を祓い，健康や無事などの願いを込めてつくることから，それぞれの食材や料理に由来がある（表）．

黒豆	まめに暮らせるように
田作り	五穀豊穣
数の子	子孫繁栄
栗きんとん	豊かな財宝
昆布巻き	よろこぶ
えび	腰が曲がるまで長生きできるように

<重箱>

おせちを重箱に詰めるようになったのは明治以降であるとされ，四段重が最も正式であるといわれている．しかし，時代とともに簡略化され，三段重が一般的になった．重箱の詰め方は，できるだけ隙間なく，彩りよく，バランスよく並ぶように配置を決めるとよい．一段目から三段目まで，いろいろな配置で詰めると，重箱を広げたときにいっそう華やかで美しい．はらんの葉などを使って料理と料理の間に仕切りをしたり，南天の葉（難を転じるの意味をもつ）などを添えてもよい．

<三段重の詰め方例>

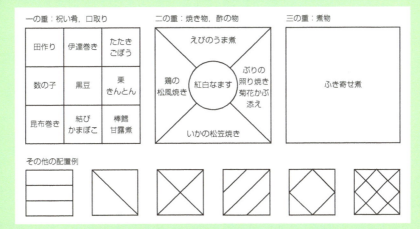

<祝い箸>

正月には，祝い箸を用いる．祝い箸は，丈夫で折れにくい柳の木が使われている場合が多いことから柳箸とも呼ばれる．形は丸箸で両細（両口箸）であり（図），一方を神様が，もう一方を人が使う「神人供食」を意味している．

<花びら餅の由来>

花びら餅の原型は，平安時代，正月に宮中で食べられていた菱葩であるとされる．当時は，白い丸餅の上に赤い菱餅をおき，その上にだいこんや押し鮎などをのせたものを食べていた．しかし，これが徐々に簡略化され，押し鮎は下煮したごぼうに変わり，餅に白みそを塗ってごぼうを挟んだ菓子を食べるようになった．のちに，茶道の初釜で用いられる和菓子に形を変え，広まった．

行事食2
雛の膳

- ちらしずし〜関西風〜
- はまぐりの潮汁
- 菜の花のからしあえ
- 三色団子

実習のポイント
ちらしずしとはまぐりの潮汁は，雛祭りに欠かせない料理です．彩りよく盛りつけ，春らしく仕上げましょう．

1人分の栄養価

エネルギー（E）	タンパク質（P）	脂質（F）	食塩相当量（食塩）
591 kcal	16.0 g	4.0 g	5.0 g

はまぐりの潮汁

材料名	1人分(g)	作り方	栄養価
はまぐり	60（2個）	① はまぐりは砂出しをする．	E 14 kcal
うど	5	② うどは厚めに皮をむき，短冊切りにして水にさらし，熱湯でゆでる．みつばは熱湯でゆでて冷水にとり，結びみつばにする．	P 1.2 g
みつば	3		F 0.1 g
水	160	③ 鍋に分量の水とこんぶ，はまぐりを入れて火にかける．	食塩 1.9 g
こんぶ	適量	④ はまぐりの口が開いて煮立ってきたらこんぶをとり出し，アクをとり，酒，塩，しょうゆで味をととのえる．	
酒	3		
塩	1.2	⑤ 椀にはまぐりの殻1個に身を2個のせ，②のうどとみつばを盛って汁を注ぎ，木の芽を添える．	
しょうゆ（淡）	1.4		
木の芽	1枚	＊ 結びみつばは p.50 参照．	

三色団子

材料名	1人分(g)	作り方	栄養価
白玉粉	17	① 白玉粉に分量の水を少しずつ加えてよくこねる．	E 129 kcal
水	15	② 上新粉と砂糖にぬるま湯を少しずつ加えてこねる．	P 1.5 g
上新粉	10	③ ①と②を混ぜてこね，3等分にする．	F 0.2 g
砂糖	8	④ よもぎパウダーを少量の水（分量外）で溶かす．	食塩 0 g
ぬるま湯	6	⑤ ③のひとつに④を入れて練り（よもぎ団子），もうひとつに水で溶いた少量の食紅を加えて練る（さくら団子）．	
よもぎパウダー	0.2		
食紅	少々	⑥ よもぎ団子，さくら団子，そのままの白い団子をそれぞれ丸める．	
水あめ	1	⑦ ⑥を熱湯でゆで，浮いて1〜2分したら穴じゃくしですくい，熱いうちにボウルに入れて水あめをからめる．	
		⑧ 水に浸しておいた串によもぎ，白，さくらの順に刺し，皿に盛る．	

> **メモ** 上巳の節句(p.87参照)には，雛人形とともに菱餅を飾る．菱餅は，下の段から緑・白・赤の順に菱形の餅が重なっており，緑は雪の下にある新芽，白は雪，赤は桃の花を表すとされている．現代では，菱餅の色と同じ三色団子なども食べる．

ちらしずし〜関西風〜

材料名	1人分(g)	作り方	栄養価
米	80	① 米は手早くとぎ洗いした後，ざるにあげて水気を切る．	E 430 kcal
水	112	② 水を加えて浸漬し，30分程度吸水させて炊飯する．	P 11.4 g
◆合わせ酢		③ 調味料を合わせて，合わせ酢をつくる．	F 3.6 g
酢	12	④ ②の飯をすし桶に移し，熱いうちに③の合わせ酢を加え，うちわであおぎながらしゃもじで切るように手早く混ぜ，すし飯をつくる．具を混ぜるまで，かたく絞ったぬれ布巾をかけておく．	食塩 2.8 g
砂糖	4		
塩	1.2		
干ししいたけ	3	⑤ 干ししいたけは水で戻し，軸をとってせん切りにし，Aで汁気がなくなるまで煮る．	
A 　干ししいたけの戻し汁	30		
砂糖	4.5	⑥ かんぴょうは水で戻し，塩少々でもんで下ゆでした後，幅1 cmに切ってBで煮る．	
しょうゆ	3		
かんぴょう	3	⑦ にんじんは長さ2 cmのせん切りにし，Cで煮る．	
B 　だし	30	⑧ れんこんは薄いいちょう切りにし，酢水にさらす．酢と塩を少々加えた熱湯でさっとゆで，熱いうちにDを合わせたものにつける．	
砂糖	1.5		
しょうゆ（淡）	1.5		
にんじん	10	⑨ えびは殻と背わたをとって熱湯でゆで，刻み，細かくなるまですり鉢でする．鍋に移し，Eを入れて弱火で煎り煮をし，えびそぼろにする．	
C 　だし	10		
砂糖	1		
塩	0.2		
れんこん	10	⑩ 卵に砂糖と塩を入れてよく混ぜ，油をひいて薄焼き卵をつくり，せん切りにする．	
D 　だし	3		
酢	1.5	⑪ きぬさやえんどうは筋をとって，塩少々を加えた熱湯でゆで，斜めせん切りにする．	
砂糖	1		
塩	0.2	⑫ 焼きのりはあぶって長さ3 cmのせん切りにする．	
えび	20	⑬ ④のすし飯に⑤〜⑧を混ぜて器に盛り，⑨〜⑫を散らす．しょうがの甘酢漬けを添える．	
E 　酒	2		
砂糖	1.5	＊ しょうがの甘酢漬けはp.145参照．	
卵	25		
砂糖	1		
塩	0.2		
油	少々		
きぬさやえんどう	5		
焼きのり	0.5		
しょうがの甘酢漬け	5		

メモ　<すし桶の扱い方>
すし桶は，飯が付着するのを防ぐため，ぬれ布巾で桶の内側をふくなど，水分を含ませてから使用する．使用後は，やわらかいスポンジで洗い，陰干しして十分に乾燥させてから片づける．ただし，乾燥機などで乾燥させすぎると，タガ（桶をとめている金具）が外れて破損してしまうことがあるので注意する．

菜の花のからしあえ

材料名	1人分(g)	作り方	栄養価
菜の花（なばな）	50	① 菜の花は根元のかたい部分をとる．	E 18 kcal
A 　だし	2	② 塩少々を加えた熱湯で菜の花をゆでる．	P 1.9 g
しょうゆ（淡）	2	③ 冷水にとって冷まし，水気を絞り，長さ3 cm程度に切る．	F 0.1 g
練りがらし	適量	④ Aを混ぜ合わせ，③をあえて，器に盛る．	食塩 0.3 g

行事食3

長寿を慶ぶお祝い膳

- 赤飯
- 海老しんじょうの椀盛
- さわらの幽庵焼き～焼きししとう添え～
- 揚げ出し豆腐
- 炊き合わせ
- 上用（薯蕷）饅頭

実習のポイント
椀物，焼物，揚げ物，煮物，蒸し物と多彩な調理法を組み合わせたもてなし料理を学びましょう．

1人分の栄養価			
エネルギー（E）	タンパク質（P）	脂質（F）	食塩相当量（食塩）
726 kcal	35.4 g	13.6 g	5.0 g

赤飯

材料名	1人分(g)	作り方	栄養価
もち米	60	① もち米は一晩水に浸漬し，使用前にざるにあげる．	E 232 kcal
あずき	9	② あずきは洗った後，水から強火でゆで，煮立ったらゆで汁を捨てる（渋切り）．再び水を加えて中火にかけ，沸騰したら火を弱め，胴割れしないように途中で2～3回さし水をしながら少しかためにゆで，ざるであずきとゆで汁を分けて冷ます．	P 5.0 g
あずきのゆで汁	適量		F 0.6 g
黒ごま（いり）	少々		食塩 0 g
塩	少々		
		③ ①のもち米に②のゆで汁を加えて30分程度吸水させた後，ざるでもち米とゆで汁に分け，もち米は②のあずきと混ぜる．	
		④ 蒸し器に目の粗い蒸し布を敷き，③のもち米とあずきを平らに広げ，蒸気が通るように中央を少しくぼませる．途中3回程度③のゆで汁を全体に振りかけながら（振り水），強火で30～45分程度蒸す．	
		⑤ 蒸し上がったら，すし桶に移して余分な水分をとる．物相型で抜き，松花堂弁当に盛り，上からごまと塩をかける．	
		＊ すし桶の扱い方はp.83参照．	

> **メモ**　洗ったもち米に，もち米と同重量のあずきのゆで汁を加え，ゆであずきとともに炊飯する方法もある（炊きおこわ）．

> **メモ**　松花堂弁当は京都府八幡が発祥の地とされる．岩清水八幡宮の僧侶で画家の松花堂昭乗が愛用していた木製の四角い箱に十字の仕切りがある絵具箱をモデルにつくられた弁当箱である．仕切りがあるので他の材料の味や香りが移らず，いろいろな料理を彩りよく盛ることができる．
> 　物相型は，飯を形づくる型のことで，これで抜いた飯を物相飯という．扇の形をした末広やもみじ，梅，ひょうたんなど，さまざまな形がある．ハレの日や季節感の演出に用いられる．
>
> 　　末広　　もみじ　　梅　　ひょうたん

海老しんじょうの椀盛

材料名	1人分(g)	作り方	栄養価
えび	30	① えびの殻と背わたをとり，1/3量は粗いみじん切りにする．	E 89 kcal
たい（刺身）	20	② れんこんとやまのいもは一口大に切り，酢水にさらす．	P 9.9 g
れんこん	10	③ ①の残り2/3量と②，たい，卵白をフードプロセッサーでなめらかにする．	F 1.1 g
やまのいも（つくねいも）	5		食塩 1.9 g
卵白	5	④ Aを加えて再びフードプロセッサーにかける．	
A かたくり粉	2	⑤ ④と①のみじん切りにしたえびをボウルに入れて混ぜ，ラップで茶巾に包み，約10分蒸してラップをとり，海老しんじょうをつくる（熱湯でゆでてもよい）．	
A しょうゆ（淡）	1		
A みりん	1		
A 塩	0.5	⑥ だしを火にかけ，Bで味をととのえ，吸い地をつくる．	
だいこん	5	⑦ だいこんとにんじんは長さ4 cm，厚さ5 mmの拍子木切りにしてゆでる．	
金時にんじん	5		
干ししいたけ	3	⑧ 干ししいたけは水で戻し，軸をとり，⑥の吸い地でやわらかくなるまで煮る．みつばは熱湯でゆでて冷水にとり，結びみつばにする．	
みつば	1		
一番だし	120		
B 酒	1.5	⑨ 椀に⑤の海老しんじょうを盛り，手前に干ししいたけとだいこん，にんじんを添えて吸い地をはり，上に結びみつばとへぎゆずを添える．	
B 塩	0.75		
B しょうゆ（淡）	0.75		
ゆずの皮	適量	＊ 結びみつばはp.50参照．	

メモ ゆずの皮の黄色い部分だけを薄くそいだものをへぎゆずという．吸い口などに用いる．

さわらの幽庵焼き～焼きししとう添え～

材料名	1人分(g)	作り方	栄養価
さわら	70	① さわらに塩をふって10分程度おき，キッチンペーパーで水気をふきとる．	E 129 kcal
塩	少々		P 13.1 g
A しょうゆ	9	② Aにさわらを30分程度つける．	F 5.9 g
A しょうゆ（淡）	9	③ ②のさわらを網にのせ，遠火の強火で焼く．	食塩 1.1 g
A みりん	9	④ ししとうを直火で焦げ目がつくらいまで焼き，熱いうちにだしとしょうゆを混ぜた調味液につける．	
A 酒	7.5		
A ゆず搾り汁	3	⑤ 器にさわらを盛り，ゆずの皮をすってふりゆずにし，④の焼きししとうを添える．	
ししとう	10		
だし	5	⑥ 松花堂弁当に入れる．	
しょうゆ	1		
ゆずの皮	適量		

メモ 幽庵焼きは，ゆずの香りをつけたしょうゆだれに食材をつけてから焼く調理法で，茶人の北村祐庵が考案した料理であるといわれている．柚庵焼きとも書く．

揚げ出し豆腐

材料名	1人分(g)	作り方	栄養価	
絹ごし豆腐	50	① 豆腐は布巾に包み，余分な水気を切る．	E	76 kcal
かたくり粉	5	② ①にかたくり粉をまぶし，180℃の油で揚げる．	P	2.8 g
揚げ油	適量	③ だしを火にかけ，Aで味をととのえる．	F	4.5 g
だし	30	④ ②を器に盛って③をかけ，上に小口切りにしたあさつきとすりおろしたしょうがを添える．	食塩	0.4 g
A しょうゆ（淡）	1.5	⑤ 松花堂弁当に入れる．		
A みりん	0.6			
A 酒	0.6			
A 塩	0.15			
あさつき	適量			
しょうが（すりおろし）	2			

炊き合わせ

材料名	1人分(g)	作り方	栄養価	
高野豆腐	4	① 高野豆腐を戻し，軽く絞った後，一口大に切る．Aに高野豆腐を入れて落し蓋をし，弱火で煮含める．	E	79 kcal
A だし	40	② にんじんは長さ3〜4cmに切って，太さをそろえて縦に切り，面とりをし，かために下ゆでする．Bににんじんを入れ，弱火で煮る．	P	3.0 g
A 砂糖	3		F	1.4 g
A 塩	0.5		食塩	1.6 g
A しょうゆ（淡）	0.5	③ かぼちゃは3〜4cm角に切り，皮をところどころむいて面とりをし，かために下ゆでする．Cにかぼちゃを入れ，落し蓋をして弱火で煮る．		
にんじん	10			
B だし	25	④ 干ししいたけは水で戻し，軸をとる．Dに干ししいたけを入れて弱火で煮る．		
B 砂糖	1			
B しょうゆ（淡）	1	⑤ きぬさやえんどうは筋をとり，塩少々を加えた熱湯でゆでる．		
かぼちゃ	25	⑥ ①〜⑤を器に盛り，松花堂弁当に入れる．		
C だし	25	＊ 面とりはp.14参照．		
C みりん	2			
C しょうゆ（淡）	1			
C 塩	0.2			
干ししいたけ	2			
D だし	20			
D しょうゆ	2			
D 砂糖	1			
D みりん	0.5			
きぬさやえんどう	2			

上用（薯蕷）饅頭

材料名	1人分(g)
上新粉	10
やまのいも（つくねいも）	4
砂糖	8
練りあん（あずき）	20
経木	1枚
上新粉（打ち粉用）	適量

作り方

① 練りあんを丸める．
② やまのいもは皮を厚めにむき，酢水にさらしてアクを抜く．水気をふき，すりおろして分量を計りとり，すり鉢で空気を含むようによくする．
③ 砂糖をふるい入れ，さらによくする．
④ ボウルに上新粉を入れ，その上に③をのせ，折りたたむように粉を混ぜ込み，打ち粉をしながら耳たぶより少しやわらかめの生地にする．
⑤ 打ち粉をした台の上で④を丸め，厚めの円形に広げる．
⑥ ①のあんをのせて包み，閉じ口をしっかりつまんで経木をつける．
⑦ 蒸し器にぬれ布巾を敷き，間をあけて⑥を並べ，上から霧を吹く．露止めの布巾を蓋にかけて強火で約12分蒸す．
⑧ 蒸し上がったらうちわであおいで急冷して表面につやを出す．
⑨ 皿に盛り，黒文字を添える．

＊ 練りあんの作り方と栄養価は p.155 参照．

栄養価
E　121 kcal
P　1.6 g
F　0.1 g
食塩　0 g

> **メモ**　黒文字は，黒文字（クスノキ科の落葉低木）の枝からつくられる楊枝で，和菓子に添えられる．

コラム

＜長寿を祝う行事＞

日本には，奇数が重なる日に邪気を祓い，無事を祈る5つの節句「五節句」がある．そのなかに，長寿を祈る「重陽」と呼ばれる節句があり，さまざまな習わしを行う．この節句の起源は中国にあり，6世紀中頃に書かれた中国の文献『荊楚歳時記』をみると，「9月9日に茱萸嚢を腰に下げ，山に上り，菊酒を飲むと，災いが祓われ，長寿になる」と記されている．この習慣が奈良時代に日本へ伝わり，平安時代には「菊の着せ綿」と呼ばれる習慣があったと記録されている．室町時代の宮中行事を記した書物『公事根源』には，「重陽」における習わしとして，菊酒を供したことや，茱萸嚢を飾ったことなどが記されている．江戸時代になると，幕府の主要な節日とされ，五節句（表）のひとつに定められた．重陽の節句は，明治に節日が廃止されたことにより次第に影をひそめてしまったが，日本の文化として伝承していきたい節句である．

五節句と食べ物

月　日	節句名	一般的な呼び方	節句に食べる代表的な食べ物（例）
1月7日	人日の節句	七草の節句	七草粥（七草：芹，薺，御行，繁縷，仏の座，菘，清白）
3月3日	上巳の節句	桃の節句（雛祭り）	ちらしずし，はまぐりの潮汁，菱餅，草餅，ひなあられ，白酒
5月5日	端午の節句	子どもの日	粽，柏餅
7月7日	七夕の節句	七夕	そうめん
9月9日	重陽の節句	菊の節句	菊酒，栗

行事食 4
Happy Christmas !

1人分の栄養価			
エネルギー（E）	タンパク質（P）	脂質（F）	食塩相当量（食塩）
1,203 kcal	44.5 g	62.4 g	5.8 g

- ブルスケッタ 2 種
- コーンクリームスープ
- ローストチキン～ボイルドブロッコリー・にんじんのグラッセ・ベイクドポテト添え～
- えびとアボカドのカクテル
- フルーツパンチ
- ブッシュドノエル

実習のポイント
見た目からも楽しくなるように，器や盛りつけに工夫をしてみましょう．

ブルスケッタ 2 種

材料名	1人分(g)	作り方	栄養価
◆トマトバジルのブルスケッタ		◆トマトバジルのブルスケッタ	◆トマトバジルのブルスケッタ
フランスパン	25	① フランスパンを薄く切って表面がカリッとするくらいに焼き，片面ににんにくを直接すりつけて塗る．	E　95 kcal
にんにく	0.5		P　2.3 g
トマト	20	② 1 cm 角に切ったトマト，バジル（半量）のみじん切り，オリーブ油をボウルに入れてよく混ぜ，塩，こしょうで味をととのえ，冷やす．	F　2.3 g
バジル	2 枚		食塩　0.5 g
オリーブ油	2		
塩	0.1	③ ①の上に②をのせ，残りのバジルを飾る．	
こしょう	少々		
◆スモークサーモンチーズのブルスケッタ		◆スモークサーモンチーズのブルスケッタ	◆スモークサーモンチーズのブルスケッタ
フランスパン	25	① フランスパンを薄く切って表面がカリッとするくらいに焼き，片面ににんにくを直接すりつけて塗る．	E　156 kcal
にんにく	0.5		P　5.7 g
スモークサーモン（薄切り）	10	② たまねぎをみじん切りにして水にさらし，しっかり水気を絞る．	F　6.7 g
クリームチーズ	10	③ じゃがいもは 1 cm 角に切ってゆで，熱いうちに粗くつぶす．	食塩　1.0 g
たまねぎ	10	④ ②③とオリーブ油をボウルに入れてよく混ぜ，塩，こしょうで味をととのえる．	
じゃがいも	10		〈合計〉
オリーブ油	3	⑤ ①の上にクリームチーズを塗り，④，スモークサーモンの順にのせ，輪切りにして 6 等分に切ったレモンとディルを飾る．	E　251 kcal
塩	0.2		P　8.0 g
こしょう	少々	◆盛りつけ	F　9.0 g
レモン	3	① 2 種類のブルスケッタを皿に盛る．	食塩　1.5 g
ディル	適量		

コーンクリームスープ

材料名	1人分(g)	作り方	栄養価	
スイートコーン(クリーム缶)	50	① 鍋にバターを入れて溶かし，薄力粉を入れて焦がさないように炒める．	E	95 kcal
スープストック（チキン）	75	② スープストックを加えながら溶きのばし，スイートコーン，ローリエを加えて煮た後，ローリエをとり出し，ミキサーにかけてピューレ状にし，再び鍋に戻して火にかける．	P	2.3 g
バター	2		F	4.0 g
薄力粉	2		食塩	1.0 g
牛乳	20	③ あらかじめ温めておいた牛乳を加え，塩，こしょうで味をととのえる．		
生クリーム	3			
ローリエ	適量	④ 食パンを 8 mm 角に切り，弱火でこんがりと炒め，クルトンをつくる．		
塩	少々			
こしょう	少々	⑤ ③に生クリームを加え，軽く混ぜて温めた器に盛り，④のクルトンをのせる．		
◆クルトン				
食パン	1.5			

えびとアボカドのカクテル

材料名	1人分(g)	作り方	栄養価	
えび	20 (2尾)	① えびは殻と背わたをとり，塩，こしょうをする．	E	121 kcal
塩	少々	② 鍋にAを入れ，①を並べて蓋をし，蒸し煮する．冷めてから2枚にスライスする．	P	3.6 g
こしょう	少々		F	8.9 g
A　白ワイン	10	③ サニーレタスは一口大にちぎる．	食塩	0.4 g
パセリの軸	適量	④ アボカドは皮と種を除き，角切りにし，レモン汁をかける．		
ローリエ	適量	⑤ 調味料を合わせて，カクテルソースをつくる．		
サニーレタス	5	⑥ カクテルグラスに②〜④を盛り，パセリを飾る．		
アボカド	10 (1/5個)	⑦ くし形切りにしたレモンの皮を少しむき，グラスの縁にかけ，⑤のカクテルソースを添える．		
レモン汁	1			
パセリ	適量			
レモン	15			
◆カクテルソース				
マヨネーズ	10			
トマトケチャップ	5			
白ワイン	1.5			
レモン汁	少々			
パプリカパウダー	少々			

ローストチキン〜ボイルドブロッコリー・にんじんのグラッセ・ベイクドポテト添え〜

材料名	6人分(g)	作り方	栄養価
			〈1人分〉
◆ローストチキン		◆ローストチキン	E　365 kcal
丸鶏	1羽 (約840 g)	① 鶏は内臓をとり出して洗い，水気をふきとった後，全体に塩，こしょうをすり込む．	P　25.8 g F　24.6 g
塩	15	② 鶏の腹部にローズマリー，セージ，ローリエ，にんにくを入れる．金串やたこ糸で形を整える（図）．	食塩　2.8 g
こしょう	少々		
ローズマリー	適量	〈鶏の整え方〉	
セージ	適量	手羽先を背中にまわしてひっかける．おしりは皮を伸ばしてふさぎ，金串や楊枝でとめる．足をそろえ，たこ糸で縛る．	
ローリエ	2枚		
にんにく	5（1片）		
油	30		
		③ ②の鶏全体に油を塗り，220℃に予熱したオーブンに入れ，約1時間焼く．	
		④ 天板の焼き汁と鶏の腹部のスープをこして温め，グレービーソースにする．	
◆にんじんのグラッセ		◆にんじんのグラッセ	
にんじん	100	① にんじんは長さ4 cm程度に切ってから縦4〜6等分にして，面とりをしながらシャトー切りにする（図）．鍋ににんじんを入れ，かぶるくらいの水とAを入れ，落し蓋をして火にかける．煮立ったら弱火にし，煮汁が少なくなるまで煮る．	
A｛ バター	6		
砂糖	0.5		
塩	少々		
こしょう	少々		
		縦4〜6等分に切る．　→　それぞれの角の面とりをしながら，ラグビーボール形にする．	
◆ボイルドブロッコリー		◆ボイルドブロッコリー	
ブロッコリー	200	① ブロッコリーはかたい部分を除き，小房に切り分ける．塩少々を加えた熱湯でゆで，ざるで水気を切る．	
◆ベイクドポテト		◆ベイクドポテト	
じゃがいも	300	① じゃがいもは，アルミホイルで包み，鶏といっしょに焼く．	
		◆盛りつけ	
		① 金串やたこ糸をとり，大皿にローストチキンを盛り，パピエ（図，p.91）やリボンで飾る．	
		② 付け合わせのにんじん，ブロッコリー，一口大に切ったじゃがいもと，グレービーソースを添える．	
		ポイント 丸鶏の廃棄率は約30％である．	

ローストチキンのつづき

〈パピエの作り方〉

上から見ると

長方形の白い紙を少しずらして半分に折り，縦に 5 mm 間隔に 2/3 くらいまで切り込みを入れる．紙の折り目を反対に返し，鶏の足の太さに合わせて端から巻いて，巻き終わりをとめる．

ブッシュドノエル

材料名	30 cm 天板 1 枚分 (6 人分)(g)	作り方	栄養価
薄力粉	70	① 天板にオーブンシートを敷く．薄力粉は 2～3 回，砂糖は 1 回ふるう．卵は卵黄と卵白に分けてそれぞれボウルに入れる．	〈1 人分〉
砂糖	90		E　295 kcal
卵	150（3 個）	② 卵黄に半量の砂糖を加え，白っぽくなるまで泡立て器で撹拌し，バニラエッセンスを加える．	P　　4.4 g
バニラエッセンス	適量		F　 15.8 g
◆シロップ		③ 卵白に残りの砂糖を 2～3 回に分けて加えて泡立て，かたいメレンゲをつくる．	食塩　0.1 g
グラニュー糖	15		
水	15	④ ③に②を加えて混ぜ，①の薄力粉を加えてさっくり混ぜる．	
コアントロー酒	5	⑤ 天板に流し入れ，表面を平らにし，180℃に予熱したオーブンで約 10 分焼き，オーブンシートをはがして冷ます．	
◆クリーム			
生クリーム	200	⑥ 鍋でグラニュー糖と分量の水をひと煮立ちさせ，コアントロー酒を加え，シロップをつくる．	
ココア	6		
砂糖	15	⑦ ボウルに生クリーム，ココア，砂糖を入れ，氷水で冷やしながら泡立て，クリームをつくる．	
粉糖	適量		
		⑧ ⑤の巻きはじめと終わりになる端を切りそろえ，オーブンシートをはがした面に⑥のシロップをハケで塗る．	
		⑨ 巻き終わり 2 cm を残して⑦のクリームを薄く塗り，手前から巻く．	
		⑩ ⑨の端を斜めに切り，残りのクリームを塗って切り株のようにのせ，全体にもクリームを塗ってフォークで薪のように模様をつける．飾りをつけ，粉糖をふる．	

メモ　ブッシュドノエルは薪をかたどったフランスの伝統的なクリスマスケーキである．イギリスでは「クリスマスプディング」，イタリアでは「パネトーネ」，ドイツでは「シュトーレン」という名のケーキを食べる．

フルーツパンチ

材料名	1人分(g)	作り方	栄養価	
りんご	15	① りんご，バナナ，キウイフルーツ，黄桃，レモンは薄切りにする（好みの型で抜いてもよい）．	E	76 kcal
バナナ	15		P	0.4 g
キウイフルーツ	15	② 赤ワインに炭酸水，シロップを加えて混ぜる．	F	0.1 g
黄桃（缶）	15	③ 器に①と②を入れてミントの葉を飾る．	食塩	0 g
レモン	5			
赤ワイン	40			
炭酸水	80			
シロップ（黄桃缶）	5			
ミントの葉	適量			

8. 料理集

8.1 主食

日本料理

麦飯

材料名	1人分(g)	作り方	栄養価
米 押し麦 水	60 10 約110	① 米は手早くとぎ洗いした後，ざるにあげて水気を切る． ② 押し麦と水を加えて浸漬し，30分程度吸水させて炊飯する． ③ 混ぜて器に盛る． **ポイント** 押し麦に対する加水量は押し麦の種類によって異なるので注意する．	E　230 kcal P　3.1 g F　0.4 g 食塩　0 g

全粥

材料名	1人分(g)	作り方	栄養価
米 水	40 約250	① 米は手早くとぎ洗いした後，ざるにあげて水気を切る． ② 水を加えて浸漬し，30分程度吸水させる． ③ 中火にかけ，沸騰したら弱火にして40分程度煮，火を止めて5分程度蒸らす． ④ 器に盛る．	E　130 kcal P　1.8 g F　0.2 g 食塩　0 g

粥の種類と加水量（1人分）

粥の種類	米の必要量	加水量（米の容量に対する比率）	エネルギー
全粥	40 g（約50 ml）	約250 g（5倍）	130 kcal
七分粥	30 g（約35 ml）	約245 g（7倍）	103 kcal
五分粥	20 g（約25 ml）	約250 g（10倍）	66 kcal
三分粥	10 g（約12 ml）	約240 g（20倍）	34 kcal

しそご飯

材料名	1人分(g)	作り方	栄養価
米	60	① 米は手早くとぎ洗いした後，ざるにあげて水気を切る．水を加えて浸漬し，30分程度吸水させた後，塩を加えて軽く混ぜ，炊飯する．	E 197 kcal
水	90		P 2.6 g
塩	0.7		F 0.3 g
青じそ	2 （2枚）	② 青じそはかたい軸をとり，細いせん切りにする．塩少々でもみ，水で洗い，かたく絞る．	食塩 0.7 g
		③ ①の飯に②の青じそを混ぜ込み，器に盛る．	
		ポイント 青じそは，食べる直前に混ぜ込む．	

ひじきご飯

材料名	1人分(g)	作り方	栄養価
米	50	① 米は手早くとぎ洗いした後，ざるにあげて水気を切り，だしを加えて浸漬し，30分程度吸水させる．	E 225 kcal
だし	58		P 4.8 g
A しょうゆ（淡）	7.5	② 干しひじきは水で戻す．	F 2.6 g
A みりん	7.5	③ にんじんは長さ3cmのせん切り，油揚げは油抜きをした後，あられ切りにする．	食塩 1.3 g
A 酒	2.5	④ ①にAを加えて軽く混ぜ，水気を切った干しひじき，にんじん，油揚げを加えて炊飯する．	
干しひじき	1.7	⑤ 混ぜて器に盛る．	
にんじん	8		
油揚げ	8		

しめじご飯

材料名	1人分(g)	作り方	栄養価
米	50	① 白飯を炊く（p.44参照）．	E 194 kcal
水	75	② 鍋にAを入れて煮立て，ほぐしたしめじを加えて汁気がなくなるまで煮る．	P 3.3 g
しめじ	50		F 0.6 g
A だし	15	③ 白飯に②のしめじを加えて混ぜ込み，器に盛ってごまを散らす．	食塩 0.7 g
A しょうゆ	5		
A みりん	5		
白ごま（いり）	0.5		

たけのこご飯

材料名	1人分(g)	作り方	栄養価
米	60	① 米は手早くとぎ洗いした後，ざるにあげて水気を切り，だしを加えて浸漬し，30分程度吸水させる．	E 247 kcal
だし	84		P 5.8 g
A しょうゆ（淡）	3	② たけのこは長さ2cmの短冊切りに，油揚げは油抜きをした後，長さ2cmの短冊切りにする．	F 3.3 g
A 酒	3		食塩 1.1 g
A 塩	0.5	③ ①にAを加えて軽く混ぜ，たけのこと油揚げを加えて炊飯する．	
たけのこ（ゆで）	20	④ 混ぜて器に盛り，木の芽を天盛りにする．	
油揚げ	10		
木の芽	1枚		

巻きずし

材料名	1本分(g)	作り方	栄養価
米	100	① 米は手早くとぎ洗いした後，ざるにあげて水気を切る．水を加えて浸漬し，30分程度吸水させ，炊飯する．	〈1本分〉
水	140		E　559 kcal
◆合わせ酢		② 調味料を合わせて，合わせ酢をつくる．	P　15.8 g
酢	15	③ ①の飯をすし桶に移し，熱いうちに②の合わせ酢を加え，うちわであおぎながらしゃもじで切るように手早く混ぜ，すし飯をつくる．具を巻くまで，かたく絞ったぬれ布巾をかけておく．	F　5.2 g
砂糖	5		食塩　3.4 g
塩	1.5		
干ししいたけ	3（1枚）	④ 干ししいたけは水で戻して軸をとり，せん切りにする．鍋にAを合わせて煮立て，干ししいたけを加えて汁気がなくなるまで煮る．	
A ┌ 干ししいたけの戻し汁	30		
├ 砂糖	4.5		
└ しょうゆ	3		
かんぴょう	3	⑤ かんぴょうは水で戻し，塩少々でもんで下ゆでしたのち，Bで煮る．	
B ┌ だし	30	⑥ たらは熱湯でゆでて冷水にとる．皮と骨をとり除いて身をほぐし，さらし布巾に包んで流水で洗い，水気を絞る．鍋にたらの身とC，水で溶いた少量の食紅を入れ，弱火で水分がなくなるまで煎り，桜でんぶをつくる．	
├ 砂糖	3		
└ しょうゆ（淡）	3		
たら	25（1/4切れ）		
C ┌ 砂糖	4		
├ 酒	2.5	⑦ 卵を溶きほぐし，Dを加えて混ぜ，厚焼き卵をつくる．のりの幅に合わせて棒状に切る．	
├ みりん	1.5		
└ 塩	0.1	⑧ きゅうりは塩少々で板ずりし，棒状に切る．	
食紅	少々	⑨ みつばは熱湯でさっとゆで，冷水にとり，水気を絞る．	
卵	50（1個）	⑩ 焼きのりはさっとあぶる．	
D ┌ だし	10	⑪ 巻きずしを巻く（図）．	
├ 砂糖	4		
├ みりん	4		
└ 塩	0.4		
きゅうり	30（1/4本）	巻きすの上に裏を上にしてのりを置き，酢水（酢と水を同量合わせたもの）を手につけて③のすし飯をとり，向こう3 cm程度を残してのりの上全体に広げる． 飯の中央に④～⑨の具をのせる． 具を指で押さえながら巻きすの手前を両手で持ち上げ，飯の手前と向こうの端を合わせるように一気に巻く． 巻きすを回転させてのりの合わせ目を真下にしたら，両手で上から軽く押さえ形を整える．	
みつば	10		
焼きのり	3（1枚）		
しょうがの甘酢漬け	5		

⑫ ぬれ布巾で包丁をぬらしながら切り分けて皿に盛り，しょうがの甘酢漬けを添える．

＊ すし桶の扱い方は p.83 参照．
＊ しょうがの甘酢漬けは p.145 参照．

茶巾ずし・ふくさずし

材料名	1個分(g)
ちらしずしの飯	60
卵	50（1個）
砂糖	2
塩	0.4
かたくり粉	2
水	5
油	少々
みつば	1（1本）

作り方
① 卵を溶きほぐし，砂糖，塩，分量の水に溶いたかたくり粉を加えて混ぜる．
② 油をひいたフライパンに流し入れ，厚めの薄焼き卵を焼く．
③ みつばは熱湯でさっとゆで，冷水にとり，水気を絞る．
④ ちらしずしの飯を②の薄焼き卵で包んで，みつばで結ぶ（図）．

〈茶巾ずし〉　〈ふくさずし〉

* ちらしずしの飯は p.83 参照．

ポイント p.83の1人分量で約4個分のちらしずしの飯ができる．ちらしずしの飯の具を小さめに切ると包みやすい．

メモ 茶巾は，茶道で茶を点てる際に使用する茶巾に由来しているといわれている．上左図のようにふっくらと包んだものや真ん中の図のように口をしばるものがある．また，祝儀袋などを包む包み方（袱紗包み）で包んだものをふくさずし（上右図）という．

栄養価
〈1個分〉
E　166 kcal
P　6.7 g
F　4.7 g
食塩　1.1 g

いなりずし

材料名	2個分(g)
米	30
水	42
◆合わせ酢	
酢	4.5
砂糖	2
塩	0.45
黒ごま（いり）	3
すし揚げ	14（1枚）
A　だし	100
砂糖	4
しょうゆ（淡）	3
みりん	2.4
紅しょうが	2

作り方
① 米は手早くとぎ洗いした後，ざるにあげて水気を切る．水を加えて浸漬し，30分程度吸水させ，炊飯する．
② 調味料を合わせて，合わせ酢をつくる．
③ ①の飯をすし桶に移し，熱いうちに②の合わせ酢を加え，うちわであおぎながらしゃもじで切るように手早く混ぜ，黒ごまを混ぜる．すし揚げに詰めるまで，かたく絞ったぬれ布巾をかけておく．
④ まな板の上にすし揚げを置いて菜箸を転がし，開きやすくする．2等分に切り，指先で丁寧に開いて袋状にした後，油抜きをする．鍋にすし揚げとAを入れ，落し蓋をして汁気がなくなるまで煮る．
⑤ ④のすし揚げの汁気を軽く絞る．③のすし飯を2等分し，手に酢水（酢と水を同量合わせたもの）をつけて軽く握り，すし揚げに詰めて形を整える．
⑥ 皿に盛り，紅しょうがを添える．

* すし桶の扱い方は p.83 参照．

メモ 関東では油揚げを横2つに切って四角形に，関西では対角線に切って三角形に仕上げたものが主流である．

〈関東〉　〈関西〉

栄養価
〈2個分〉
E　205 kcal
P　5.7 g
F　5.9 g
食塩　1.1 g

栗おこわ

材料名	1人分(g)	作り方	栄養価	
うるち米	20	① うるち米ともち米は手早く洗ってざるにあげて水気を切り，水を加えて浸漬し，30分程度吸水させる．	E	245 kcal
もち米	40		P	3.8 g
水	78	② くりは湯に30分程度浸して，皮がやわらかくなったら鬼皮と渋皮をむく．水にさらしてアクを抜き，2つに切る．	F	0.5 g
塩	0.9		食塩	0.9 g
くり	30	③ ①に塩を加えて軽く混ぜ，くりを加えて炊飯する．		
		④ 混ぜて，器に盛る．		

応用 くりの代わりにさつまいもを用いて，いもおこわにしてもよい．

メモ もち米の炊飯に必要な水の量は，一般に，もち米重量の1.2倍（容量の場合は1.0倍）である．

三色そぼろ丼

材料名	1人分(g)	作り方	栄養価	
米	80	① 白飯を炊く（p.44参照）．	E	456 kcal
水	120	② 鍋にひき肉とAを入れて火にかけ，かき混ぜながら汁気がなくなるまで煎り煮する．	P	16.8 g
鶏肉（ひき肉）	50		F	10.5 g
A しょうゆ（淡）	6	③ 卵を溶きほぐし，Bを混ぜ合わせて鍋に入れる．箸で手早くかき混ぜながら火にかけ，細かい炒り卵をつくる．	食塩	1.7 g
A 酒	3			
A しょうが汁	3	④ さやいんげんは塩少々を加えた熱湯でゆで，ざるにあげて広げて冷まし，斜めせん切りにする．		
A 砂糖	2			
卵	50	⑤ 器に白飯を盛り，②〜④を彩りよく盛る．		
B だし	5			
B 砂糖	5			
B 塩	0.5			
さやいんげん	10			

親子丼

材料名	1人分(g)	作り方	栄養価	
米	80	① 白飯を炊く（p.44参照）．	E	437 kcal
水	120	② 鶏肉は幅2cmのそぎ切りにする．たまねぎはせん切りに，みつばは長さ2cmに切る．	P	15.1 g
鶏肉（もも）	30		F	9.0 g
たまねぎ	30	③ 親子鍋（または小さめの浅鍋）にAを合わせて煮立て，鶏肉，たまねぎを入れて煮る．火が通ったら溶き卵を流し入れ，みつばを散らして蓋をし，卵が半熟状になったら火を止める．	食塩	2.2 g
卵	50（1個）			
みつば	2（2本）			
A だし	50	④ 器に白飯を盛り，③をすべらせるようにのせ，さんしょうをふる．		
A しょうゆ（淡）	12			
A みりん	12			
さんしょう（粉）	適量			

素麺

材料名	1人分(g)	作り方	栄養価
そうめん	80 (1.5束)	① 干ししいたけは水で戻し，軸をとり，せん切りにする．鍋にAを合わせて煮立て，干ししいたけを加えて汁気がなくなるまで煮る．	E 309 kcal
干ししいたけ	2 (小1枚)		P 11.5 g
A〔干ししいたけの戻し汁	30	② えびは背わたをとり，身が曲がらないように爪楊枝を刺して塩少々を加えた熱湯でゆでる．冷めたら尾の一節を残して殻をむき，腹開きにする．	F 0.8 g
砂糖	2		食塩 1.7 g
しょうゆ	2	③ きゅうりは塩少々で板ずりした後，厚さ5 mmの輪切りにし，中心をくり抜いて蛇の目に切り，輪つなぎ（図）にする．	
えび	20 (2尾)		
きゅうり	12		
◆つゆ			
だし	40		
みりん	18	④ ◆つゆ 鍋にだしと調味料を合わせてひと煮立ちさせ，冷やす．	
しょうゆ	12	⑤ ◆薬味 ねぎは小口切りに，青じそはかたい軸をとりせん切りにし，しょうがはすりおろす．	
◆薬味		⑥ そうめんはたっぷりの熱湯でゆでる．ゆであがったらすぐにざるにあげ，流水でもみ洗いし，ぬめりをとる．	
万能ねぎ	5	⑦ 氷水をはった器にそうめんを盛り，①〜③を彩りよく盛る．つゆと薬味を添える．	
しょうが	3		
青じそ	1 (1枚)		

西洋料理

パエリア

材料名	1人分(g)	作り方	栄養価
米	60	① はまぐりは砂出しをしてきれいに洗う．	E 398 kcal
はまぐり	12 (1個)	② たまねぎとにんにくはみじん切りにする．ピーマンは1 cmの色紙切りにする．	P 14.8 g
たまねぎ	30		F 14.0 g
にんにく	0.5	③ 鶏肉は一口大に切り，塩，こしょうをふり，いかは短冊切りにし，えびは背わたをとる．	食塩 1.4 g
鶏肉（もも）	35		
塩	0.2	④ スープストックを煮立ててAを加え，火を止める．	
こしょう	少々	⑤ パエリア鍋（またはフライパン）にオリーブ油を熱して，たまねぎ，にんにくを炒め，鶏肉を加えて色づくまで炒め，えび，いか，ピーマンの順に加えて炒め，さらに米を炒める．	
いか	20		
えび	15 (1尾)		
ピーマン	7	⑥ ④を加え，①のはまぐりをのせて炊飯する．	
オリーブ油	9	⑦ 器に盛り，くし形切りにしたレモンを添える．	
スープストック（チキン）	85		
A〔トマトピューレー	4		
塩	0.4		
サフラン	適量		
レモン	10 (1/16個)		

えびピラフ

材料名	1人分(g)	作り方	栄養価	
米	70	① 米はさっと洗ってざるにあげ，水気を切る．	E	326 kcal
むきえび	25（5尾）	② えびは背わたをとる．	P	8.6 g
たまねぎ	10	③ たまねぎとロースハムはみじん切りに，マッシュルームは薄切りにする．	F	6.4 g
ロースハム	5		食塩	1.1 g
マッシュルーム	15	④ 鍋に油をひき，たまねぎを炒め，米を炒める．えびと白ワインを加え，バター（半量），ロースハム，マッシュルームを加えて炒める．		
油	4			
白ワイン	5			
バター	2	⑤ A を加えて炊飯する．		
A ┌ スープストック（チキン）	95	⑥ 残りのバターを混ぜ，器に盛り，みじん切りにしたパセリを散らす．		
├ トマトケチャップ	1			
├ 塩	0.3			
└ こしょう	少々			
パセリ	1			

> **メモ** ピラフとは，炒めた米に調味料や具を加え，スープストックで炊いた飯である．

きのこと鶏肉のリゾット

材料名	1人分(g)	作り方	栄養価	
米	60	① 鶏肉は食べやすい大きさに切る．	E	413 kcal
鶏肉（もも）	50	② たまねぎとにんにくはみじん切り，しめじは適当な長さに切り，マッシュルームとまいたけはみじん切りにする．	P	16.7 g
たまねぎ	10		F	14.7 g
にんにく	1	③ フライパンにオリーブ油とたまねぎ，にんにくを入れて炒め，鶏肉を加えて炒める．	食塩	1.7 g
しめじ	20			
マッシュルーム	15	④ しめじ，マッシュルーム，まいたけを加えて炒め，白ワインを加える．		
まいたけ	10			
オリーブ油	6	⑤ 米はさっと洗ってざるにあげ，すぐに④に入れて炒める．		
白ワイン	5	⑥ スープストックを8割程度入れて蓋をして煮る．沸騰後，アクをとり，塩を加え，ときどき混ぜながら加熱する．残りのスープストックを適宜加えてちょうどよい水分に調節する．		
スープストック（チキン）	約400			
塩	0.2			
パルメザンチーズ（粉）	6	⑦ 米に少し芯が残る程度になったら火を止め，蓋をしたまま約2分蒸らす．		
パセリ	0.5			
あらびきこしょう	適量	⑧ パルメザンチーズを混ぜて器に盛り，みじん切りにしたパセリとあらびきこしょうをふる．		

> **メモ** リゾットとは，炒めた米をスープストックで煮たものである．

スパゲッティトマトソース

材料名	1人分(g)	作り方	栄養価
スパゲッティ	80	① ◆トマトソース	E 363 kcal
◆トマトソース		・たまねぎ，にんにくはみじん切りにする．	P 10.8 g
トマト（水煮）	150	・鍋にオリーブ油を入れて，中火でたまねぎとにんにくをよく炒める．	F 8.3 g
たまねぎ	10	・トマトの水煮をつぶしながら入れ，ローリエ，塩，こしょうを加えて弱火で最初の約 3/5 量になるまで煮込む．	食塩 2.1 g
にんにく	1.2	② 1%の塩を加えたたっぷりの熱湯でスパゲッティを少し芯が残る程度（アルデンテ）にゆでる．	
オリーブ油	7	③ ゆであがったスパゲッティを温めておいたトマトソースとあえる．	
ローリエ	適量	④ 器に盛る．	
塩	0.7		
こしょう	少々		

ロールパン

材料名	6個分(g)	作り方	栄養価
強力粉	200	① ボウルにAを入れて軽く混ぜ，湯を加えてよく混ぜる．	〈1個分〉
砂糖	10	② 台の上に①をとり出し，15分程度よくこねる．	E 154 kcal
A スキムミルク	10	③ 室温でやわらかくしたバターを加え，混ぜ込む．	P 4.7 g
塩	4	④ バターがなじんだらなめらかに丸め，ラップをして30℃で約40分発酵させる（一次発酵）．	F 3.2 g
ドライイースト	4	⑤ 2倍程度の大きさになったら台の上にとり出し，6分割する．	食塩 0.8 g
湯（約35℃）	140	⑥ 丸めなおして約10分ベンチタイムをとる．	
バター	20	⑦ めん棒で生地を伸ばし，成形する（図）．	
卵	15		

生地を棒状に伸ばし，片側を広く，片側を狭くする．　めん棒を前後に動かし，幅7 cm，長さ20 cm程度に伸ばす．　幅の広いほうから巻く．　端まで巻き，巻き終わりを下にする．

⑧ オーブンシートを敷いた天板に並べ，30℃で約30分発酵させる（二次発酵）．
⑨ 溶き卵を薄く塗り，180℃に予熱したオーブンで10〜15分焼く．

> **メモ**　パンの膨化に使用するイーストには，ドライイーストと生イーストがある．生イーストは，あらかじめ湯に入れて発酵させておく「予備発酵」を要するが，ドライイーストには，予備発酵を要するものと，直接強力粉に混ぜ込むことができる予備発酵が不要なものがある．
> 　予備発酵の場合は，イーストの約10倍の湯(35〜40℃)に砂糖とイーストを加えてよく混ぜ，10〜15分おく．パンをこねる際には，予備発酵に使用した水，砂糖を差し引いて使用する．予備発酵を行うことで発酵力が強まるが，製品によって使用方法が異なるため，パッケージの記載等の確認が必要である．

サンドイッチ

材料名	2人分(g)		作り方	栄養価
				〈1人分〉
				*耳つきの場合
◆卵サンド			◆卵サンド	◆卵サンド
食パン（8枚切り）	80	（2枚）	① 食パンにバターを塗る.	E　194 kcal
バター	5		② 卵はかたゆでにして粗く刻み，マヨネーズであえる.	P　6.5 g
卵	60	（1個）	③ きゅうりは斜め薄切りにする.	F　9.8 g
マヨネーズ	10		④ ①に，②と③を挟む.	食塩　0.7 g
きゅうり	15			
◆ハムチーズサンド			◆ハムチーズサンド	◆ハムチーズサンド
食パン（8枚切り）	80	（2枚）	① 食パンにバターを塗る.	E　162 kcal
バター	5		② きゅうりは斜め薄切りにする.	P　6.2 g
きゅうり	15		③ ①に，ハム，チーズ，②を挟む.	F　6.6 g
ロースハム	15	（1枚）		食塩　1.0 g
スライスチーズ	18	（1枚）		
◆B.L.Tサンド			◆B.L.Tサンド	◆B.L.Tサンド
食パン（8枚切り）	80	（2枚）	① 食パンを軽くトーストし，バターを塗る.	E　160 kcal
バター	5		② ベーコンは半分に切り，こんがり焼く.	P　4.2 g
ベーコン	20	（1枚）	③ レタスは食べやすい大きさにちぎり，トマトは薄切にする.	F　7.2 g
レタス	10		④ ①に，②と③を挟む.	食塩　0.7 g
トマト	30			
			サンドイッチはラップなどに包んでしばらくおき，好みでパンの耳を落とし，切り分けて皿に盛る.	〈合計〉
				E　516 kcal
				P　16.8 g
				F　23.5 g
				食塩　2.4 g

〈サンドイッチの切り方（例）〉

8.1 主食

ロールサンドイッチ

材料名	1人分(g)	作り方	栄養価
◆薄焼き卵サンド		◆薄焼き卵サンド	◆薄焼き卵サンド
食パン（8枚切り）	30（1枚）	① 食パンは耳を切り落とし，めん棒で薄くし，バターを塗る．	E　　158 kcal
バター	5	② 卵に牛乳，塩を混ぜ，油を熱した卵焼き器に流し入れ，四角形の薄焼き卵をつくる．	P　　5.7 g
卵	30（1/2個）		F　　8.7 g
牛乳	5	③ 広げたラップの上に①をのせ，レタス，②をのせて端から巻く．	食塩　0.6 g
塩	0.1		
油	1		
レタス	10		
◆ツナサンド		◆ツナサンド	◆ツナサンド
食パン（8枚切り）	30（1枚）	① 食パンは耳を切り落とし，めん棒で薄くし，バターを塗る．	E　　160 kcal
バター	5	② きゅうりは薄切りにする．	P　　5.3 g
きゅうり	10	③ たまねぎをみじん切りにし，ツナとマヨネーズを混ぜ合わせる．	F　　8.8 g
ツナ（水煮缶）	20	④ 広げたラップの上に①をのせ，②と③をのせて端から巻く．	食塩　0.7 g
たまねぎ	10		
マヨネーズ	5		
◆いちごサンド		◆いちごサンド	◆いちごサンド
食パン（8枚切り）	30（1枚）	① 食パンは耳を切り落とし，めん棒で薄くする．	E　　163 kcal
クリームチーズ	18	② クリームチーズを室温でやわらかくし，いちごジャムと混ぜ合わせる．	P　　3.8 g
いちごジャム	10		F　　6.5 g
いちご	45（3個）	③ いちごはへたをとる．	食塩　0.5 g
		④ 広げたラップの上に①をのせ，全体に②を塗り，端に③をのせて端から巻く．	〈合計〉
			E　　482 kcal
		ロールサンドイッチはラップをしたまま半分に切り，皿に盛る．	P　　14.7 g
			F　　24.0 g
			食塩　1.8 g

ピッツア

材料名		1枚分(g)	作り方	栄養価
A	薄力粉	50	① Aをボウルに入れて軽く混ぜ，湯とオリーブ油を加えて10分程度よくこねる．	〈1枚分〉
	強力粉	50		E 807 kcal
	砂糖	10	② 表面をなめらかにして丸め，ラップをして30℃で約30分発酵させる．	P 27.7 g
	塩	2		F 34.2 g
	ドライイースト	2	③ 2倍程度の大きさになったらガスを抜き，丸めなおして約10分ベンチタイムをとる．	食塩 4.2 g
湯（約35℃）		60		
オリーブ油		10	④ ③の生地をめん棒で丸く伸ばし，天板にのせる．	
◆ピザソース			⑤ ◆ピザソース にんにく，たまねぎをみじん切りにし，オリーブ油でしんなりするまで炒める．トマトの水煮をつぶしながら入れ，塩，こしょう，オレガノを加えてとろみがつくまで煮る．	
にんにく		2		
たまねぎ		40		
オリーブ油		4	⑥ ◆トッピング たまねぎ，マッシュルームは薄切り，サラミソーセージは小口切り，ピーマンは薄い輪切りにする．	
トマト（水煮）		60		
塩		0.6	⑦ ④に⑤のピザソースを塗り，⑥をのせ，チーズを全体に散らす．	
こしょう		少々		
オレガノ（乾燥）		適量	⑧ 220℃に予熱したオーブンで10〜12分焼く．	
◆トッピング				
たまねぎ		40		
マッシュルーム		20		
サラミソーセージ		20		
ピーマン		20		
ピザ用チーズ		50		

中国料理

油飯　ヨウファン（もち米のかやくめし）

材料名		1人分(g)	作り方	栄養価
もち米		70	① もち米は一晩水に浸漬し，使用前にざるにあげる．Aを加え，炊飯する．	E 359 kcal
A	水	40		P 7.0 g
	干ししいたけの戻し汁	15	② 豚肉は細切りにし，水で戻した干しえびは粗く刻む．	F 10.8 g
	干しえびの戻し汁	10		食塩 1.4 g
豚肉（ばら）		20	③ 干ししいたけは水で戻して軸をとり，みじん切り（米）にする．しょうがもみじん切りにする	
干しえび		1		
干ししいたけ		1	④ 鍋に油を熱し，②③を炒め，Bを加えて調味する．	
しょうが		1		
油		1.2	⑤ ①を加えて混ぜ込み，最後に油葱酥で香りづけをし，器に盛る．	
B	しょうゆ	6		
	酒	3		
	砂糖	1		
	塩	0.5		
	こしょう	少々		
油葱酥		2		

> **メモ** 油葱酥は長ねぎの白い部分を乾燥させてみじん切りにし，150℃の油で1分程度揚げたもので，風味づけに用いる．

> **メモ** 油飯とは台湾のおこわのことで，「油」は醤油をさす．台湾では男の子が生後1か月経ったときにふるまう．
> 台湾料理の特徴は，調理工程が単純で手早く仕上げるものが多く，味つけは淡泊である．また，漢方薬を入れた薬膳料理も有名である．

粽子　ツォンヅ（ちまき）

材料名	1人分(g)	作り方	栄養価
もち米	50	① もち米は一晩水に浸漬し，使用前にざるにあげる．竹の皮は水につけてやわらかくし，包む前に水気をふきとる．	E　229 kcal
豚肉（ばら）	15		P　6.5 g
たけのこ（ゆで）	15	② 干ししいたけは水で戻して軸をとり，にんにくはつぶす．	F　2.9 g
干ししいたけ	1	③ 豚肉は1 cm角（丁（ティン））に切り，たけのこ，②の干ししいたけ，たまねぎは5 mm角（小丁（シャオティン）），にんじんは3 mm角程度に切る．	食塩　1.0 g
たまねぎ	15		
にんじん	6	④ 鍋に油を熱し，にんにくを炒める．香りがついたら，にんにくをとり出し，③を加えて炒める．	
にんにく	0.5		
油	2	⑤ ①のもち米とAを加え，汁気がなくなるまで炒める．	
A ┌ 干ししいたけの戻し汁	30	⑥ 竹の皮で包み（下図），たこ糸で縛る（竹の皮がない場合はアルミホイルなどで代用する）．	
├ しょうゆ	3		
├ 酒	2.5	⑦ 強火で20〜25分蒸し，皿に盛る．	
├ 塩	0.5		
└ 砂糖	0.3		

竹の皮の根元をまるめて円錐状にポケットをつくる．

⑤を入れる．

上からかぶせる．

ひっくり返す．

余っている皮を上に折り返し沿うように巻く．

炒米粉　チャオミーフェン（焼きビーフン）

材料名	1人分(g)	作り方	栄養価
ビーフン	40	① ビーフンは熱湯で戻し，水気を切る．	E　223 kcal
えび	35	② えびは殻と背わたをとり，一口大に切る．	P　9.3 g
干ししいたけ	1.5	③ 干ししいたけは水で戻して軸をとり，せん切り（絲（スー））にする．にんじんも長さ5 cmのせん切りにし，にらは長さ5 cmに切る．	F　2.8 g
にんじん	30		食塩　1.4 g
にら	15		
もやし	35	④ 鍋にごま油を熱し，②③ともやしを炒め，Aを加えて1〜2分加熱する．	
ごま油	2	⑤ ①のビーフンを加えて汁気を吸わせ，器に盛る．	
A ┌ 干ししいたけの戻し汁	30		
├ 湯（タン）	30		
├ 酒	5		
├ しょうゆ	5		
├ 塩	0.5		
└ こしょう	少々		

メモ　ビーフンは，米を加工した麺で，漢字では米粉と表す．中国南部が発祥とされる．水に浸したうるち米を挽き，加水・加熱しながら練った生地を穴のあいた容器から麺状に押し出し，加熱して乾燥させたものである．

涼拌麺　リヤンバンミエン（冷やし中華そば）

材料名	1人分(g)	作り方	栄養価
中華めん（生）	80	① めんは熱湯でゆでてざるにあげ，流水でもみ洗いし，ぬめりをとる．水気を切り，ごま油であえる．	E　347 kcal
ごま油	1		P　19.0 g
鶏肉（ささ身）	25	② ささ身はすじをとり，熱湯でゆで，細かくさく．	F　5.4 g
焼き豚	20	③ 焼き豚，きゅうりはせん切り（絲）にし，もやしはゆでる．	食塩　3.6 g
きゅうり	20	④ 卵に塩と砂糖を加えて混ぜ，油をひいて薄焼き卵にし，せん切りにする．	
もやし	20		
卵	20	⑤ トマトはくし形切りにする．	
塩	0.1	⑥ 湯（タン）と調味料を合わせてかけ汁をつくり，冷やす．	
砂糖	0.5	⑦ ①のめんを器に盛り，②～⑤を彩りよく盛り，⑥のかけ汁を添える．	
油	適量		
トマト	40		
◆かけ汁			
湯（タン）	40		
しょうゆ	14		
酢	10		
砂糖	5		

担担麺　タンタンミエン（辛味具入りそば）

材料名	1人分(g)	作り方	栄養価
中華めん（生）	60	① ◆たれ　ねぎと水で戻した干しえびをみじん切り（米）にし，Bと混ぜ合わせ，器に入れる．	E　355 kcal
豚肉（ひき肉）	50		P　18.0 g
A｛しょうゆ	3	② フライパンを熱し，ひき肉を炒め，Aを加えて肉みそをつくる．	F　15.0 g
甜麺醤（ティエンミエンヂャン）	3	③ チンゲンサイは熱湯でゆで，縦に切る．	食塩　3.4 g
豆板醤（トウバンヂャン）（またはラー油）	適量	④ めんは熱湯でゆでてざるにあげ，水気を切る．	汁を半分摂取した場合
チンゲンサイ	40（1/4株）	⑤ ①の器に煮立てた湯（タン）を注ぎ入れて混ぜ合わせる．④のめんを入れ，②の肉みそとチンゲンサイを盛る．	
湯（タン）	300		
◆たれ			
長ねぎ	15		
干しえび	3		
B｛しょうゆ	27		
練りごま	15		
酢	5		
ラー油	3		

8.2 汁物

日本料理

たいの赤だし

材料名	1人分(g)	作り方	栄養価
たいのあら	20	① たいのあらは椀種(わんだね)の大きさに切って，熱湯にくぐらせてから水にとり，血合いやうろこなどをとり除く．みつばは長さ2cmに切る．	E 45 kcal
豆みそ（八丁みそ）	9		P 4.9 g
水	190	② 分量の水にこんぶとたいのあらを入れて火にかけ，沸騰直前にこんぶをとり出す．	F 1.8 g
こんぶ	適量		食塩 1.0 g
みつば	3	③ アクをとりながら弱火で15分程度煮る．	
さんしょう（粉）	適量	④ みそをみそこしを使って，または少量の吸い地でのばして加える．	
		⑤ 椀に盛り，みつばを散らし，さんしょうをふる．	
		ポイント たいのあらの廃棄率は約45％である．	

鶏のくずうち汁

材料名	1人分(g)	作り方	栄養価
鶏肉（ささ身）	18	① ささ身はすじをとり，そぎ切りにする．くず粉（またはかたくり粉）をまぶしてめん棒などでたたき，薄く伸ばす．	E 30 kcal
くず粉（またはかたくり粉）	2		P 4.0 g
かいわれな	5	② 熱湯で①をゆで，椀に入れる．	F 0.1 g
一番だし	150	③ かいわれなは熱湯でさっとゆでて冷水にとり，水気を切って椀に入れる．	食塩 1.3 g
塩	0.9		
しょうゆ（淡）	1.5	④ だしを温め，塩としょうゆで調味し，椀に注ぎ，へぎゆずを添える．	
ゆずの皮	適量	＊ へぎゆずはp.85参照．	

メモ 汁物の中身は椀種(わんだね)，椀妻(わんつま)，吸い口の3種類で構成される．椀種は主体となる具のことで，魚介類や鶏肉，豆腐，湯葉などが用いられる．椀妻は椀種を引き立てるもので，彩りのある野菜類やきのこ類，海藻類などが用いられる．吸い口は季節の香りを添えるもので，しょうがや木の芽，みつばなどの香味野菜，ゆずやすだちなどのかんきつ類が用いられる．

若竹汁

材料名	1人分(g)	作り方	栄養価
たけのこ（ゆで）	20	① たけのこは短冊切り，わかめはかたい部分を切り落として3cm程度に切る．	E 12 kcal
わかめ（水戻し）	8		P 1.0 g
一番だし	160	② だしにたけのこを入れて2～3分煮，塩としょうゆで調味する．	F 0 g
塩	1	③ わかめを加えてひと煮立ちさせ，椀に盛り，木の芽を添える．	食塩 1.4 g
しょうゆ（淡）	1.4		
木の芽	1枚		

菊花豆腐

材料名	1人分(g)
絹ごし豆腐	50
しゅんぎく	10
一番だし	120
塩	0.8
しょうゆ（淡）	0.8
ゆずの皮	適量

作り方
① 豆腐は3cm角程度に切り，下から1cm程度を残して縦横に3mm程度の間隔で切り込みを入れ，菊花切りにする．
② 穴じゃくしに①をのせ，熱湯のなかで静かに温め，水気を切って椀に盛る．
③ しゅんぎくは塩少々を加えた熱湯でさっとゆで，冷水にとって水気を絞り，長さ3cmに切って豆腐の横に添える．
④ だしを温め，塩としょうゆで調味し，椀に注ぎ，豆腐の中心にへぎゆずを添える．
＊ 菊花切りはp.14参照．
＊ へぎゆずはp.85参照．

栄養価
E　33 kcal
P　3.1 g
F　1.6 g
食塩　1.1 g

たいの潮汁

材料名	1人分(g)
たいのあら	20
塩	0.4
水	190
こんぶ	適量
酒	2
塩	1
しょうゆ（淡）	0.5
ゆずの皮	適量

作り方
① たいのあらは椀種の大きさに切り，塩をふって30分程度おいたのち，熱湯にくぐらせて水にとり，血合いやうろこなどをとり除く．
② 分量の水にこんぶとたいのあらを水に入れて火にかけ，沸騰直前にこんぶをとり出す．
③ 酒を加えて，アクをとりながら弱火で15分程度煮る．
④ 塩としょうゆで調味し，椀に盛り，へぎゆずを添える．
＊ たいの廃棄率はp.106参照．
＊ へぎゆずはp.85参照．

栄養価
E　28 kcal
P　3.6 g
F　0.9 g
食塩　1.4 g

メモ 潮汁とは，魚介類本来の味を活かして塩味で調味し，うま味を引き出した汁物のことをいう．

けんちん汁

材料名	1人分(g)
木綿豆腐	30
さといも	30
だいこん	20
にんじん	10
しいたけ	10
ごぼう	10
青ねぎ	10
ごま油	4
だし	130
塩	0.9
しょうゆ	1.2

作り方
① 豆腐は布巾に包んでしばらくおいて水気を切り，一口大にくずす．
② さといもは半月切り，だいこんとにんじんはいちょう切りにする．しいたけは軸をとり，せん切りにする．
③ ごぼうはささがきにして水にさらす．
④ ねぎは斜め切りにする．
⑤ 鍋にごま油を熱し，①～③を炒め，だしを加えてやわらかくなるまで煮る．
⑥ 塩としょうゆで味をととのえ，ねぎを加えて火を止め，椀に盛る．

栄養価
E　94 kcal
P　3.3 g
F　5.4 g
食塩　1.2 g

とろろ汁

材料名	1人分(g)	作り方	栄養価
やまのいも（つくねいも） 一番だし 塩 しょうゆ（淡） 青のり	50 約100 1 2.5 適量	① やまのいもは皮をむき，酢水にさらす． ② やまのいもをすり鉢の目にこすりつけるようにしてすりおろし，さらにすりこぎですり，なめらかにする． ③ だしを塩としょうゆで調味し，②に少しずつ加えて適度なかたさになるまですりのばし，冷やす． ④ 器に注ぎ，青のりをふる．ポイント とろろに熱いだしを混ぜるとタンパク質が凝固して粘性が低下するため，あら熱のとれただしを混ぜる．麦飯（p.93参照）と組み合わせて「麦とろ飯」として食べることが多い． メモ やまのいもはやまいもとも呼ばれ，形によって，ながいも，いちょういも，つくねいも（やまといも）などの種類がある．特有の粘質物（ムチン）をもち，すりおろしたとろろの粘り気は，つくねいも＞いちょういも＞ながいもの順で強い．やまのいもを調理する際に生じるかゆみは，シュウ酸カルシウムの針状結晶が皮膚を刺激することによる．	E　36 kcal P　1.1 g F　0.1 g 食塩　1.5 g

土瓶蒸し

材料名	1人分(g)	作り方	栄養価
まつたけ はも えび 　塩 生麩（もみじ麩） ぎんなん みつば 一番だし A ┌ 酒 　├ 塩 　└ しょうゆ（淡） すだち	10 30 10 （中1尾） 0.1 3 4（2粒） 3 150 4.5 1 1 1/6個	① まつたけは石づきを削りとり，ぬれ布巾で軽くふいて汚れを落とす．大きさに合わせて6〜8つ割りにする． ② 骨切りしたはもは熱湯にくぐらせて霜ふりにする． ③ えびは尾の一節を残して殻と背わたをとり，塩をふる． ④ 生麩は厚さ5 mm程度に切る． ⑤ ぎんなんは鬼皮をとり，塩少々を加えたひたるくらいの熱湯でゆでながら玉じゃくしの底でこすり，薄皮をむく． ⑥ みつばは長さ2 cmに切り，すだちはくし形切りにする． ⑦ ①〜⑤を土瓶に入れ，Aで調味した熱いだしを注ぎ，蓋をして強火で約10分蒸す． ⑧ 出来上がり直前にみつばを加えて仕上げ，すだちを添える（図）．	E　72 kcal P　8.4 g F　1.4 g 食塩　1.5 g

つみれ汁

材料名	1人分(g)	作り方	栄養価
いわし	40	① いわしは頭と内臓をとり水洗いする．手びらきにして骨を除き，包丁で細かくたたいて，すり鉢でなめらかになるまでする．Aを加え，さらにすり混ぜる．	E 81 kcal
A しょうが（すりおろし）	3	② ねぎは白髪ねぎにし，しょうがは繊維に平行に細いせん切り（針しょうが）にし，水にさらす．	P 7.5 g
A 赤みそ	3	③ ①を団子にして熱湯でゆでる．	F 3.1 g
A 薄力粉	2	④ だしを温め，塩としょうゆで調味し，③を加えて火を止める．	食塩 1.7 g
一番だし	140	⑤ 椀に盛り，白髪ねぎと針しょうがを天盛にする．	
塩	0.9	* 手びらきは p.15 参照	
しょうゆ（淡）	1.4	* 白髪ねぎの作り方は p.71 参照．	
長ねぎ（白髪ねぎ）	3	応用 みそ仕立てにしてもよい．	
しょうが	1		

西洋料理

かぼちゃのスープ

材料名	1人分(g)	作り方	栄養価
かぼちゃ	70	① かぼちゃは皮をむいて均等な厚さになるように適当に切り，たまねぎは薄切りにする．	E 153 kcal
たまねぎ	20	② 鍋にバターを熱し，たまねぎをしんなりするまで炒め，かぼちゃを加えて軽く炒める．	P 3.2 g
バター	3	③ スープストックを加え，アクをとりながらやわらかくなるまで煮，裏ごす．	F 9.9 g
スープストック（チキン）	90	④ 鍋に戻し，牛乳と生クリーム（少量を仕上げ用に残す）を加えて温め，塩とこしょうで味をととのえる．	食塩 1.2 g
牛乳	50	⑤ 温めた器に注ぎ，残しておいた生クリームで円を描く．	
生クリーム	15		
塩	0.6		
こしょう	少々		

ビシソワーズ

材料名	1人分(g)	作り方	栄養価
じゃがいも	50	① じゃがいもは薄切りにして水にさらす．たまねぎ，ポアロー（または長ねぎ）は，薄切りにする．あさつきは小口切りにする．	E 180 kcal
たまねぎ	25	② 鍋にバターを熱し，たまねぎ，ポアローをしんなりするまで炒め，じゃがいもを加えて軽く炒める．	P 3.4 g
ポアロー（または長ねぎ）	10	③ スープストックを加え，アクをとりながらやわらかくなるまで煮，裏ごす．	F 11.9 g
バター	3	④ 鍋に戻し，牛乳を加えて温める．生クリームを加えて火を止め，塩とこしょうで味をととのえ，冷やす．	食塩 1.2 g
スープストック（チキン）	100	⑤ 器に盛り，あさつきを散らす．	
牛乳	50		
生クリーム	20		
塩	0.6		
こしょう	少々		
あさつき	0.4		

クラムチャウダー

材料名	1人分(g)
あさり（水煮）	15
たまねぎ	15
ベーコン	10
じゃがいも	30
にんじん	10
バター	3
薄力粉	3
スープストック（チキン）	80
牛乳	60
生クリーム	10
塩	0.6
こしょう	少々
パセリ	0.2
クラッカー	7 （2枚）

作り方
① たまねぎは粗いみじん切り，ベーコン，じゃがいも，にんじんは1cm角に切り，パセリはみじん切りにする．
② 鍋にバターを熱し，たまねぎ，ベーコン，にんじんをしんなりするまで炒め，薄力粉を加えて炒める．
③ じゃがいもを加えて軽く炒め，スープストックを少しずつ加え，アクをとりながらやわらかくなるまで煮る．
④ あさり，牛乳，生クリームを加えて温め，塩とこしょうで味をととのえる．
⑤ 温めた器に盛り，パセリを散らし，クラッカーを添える．

ポイント 殻付きのあさりを使用する場合は，砂出しした後，熱湯でゆで，ゆで汁をこしてスープストックとして使ってもよい．

栄養価
E 228 kcal
P 7.2 g
F 13.8 g
食塩 1.6 g

コンソメジュリエンヌ

材料名	1人分(g)
にんじん	5
たまねぎ	5
セロリ	5
きぬさやえんどう	5
スープストック（チキン）	200
塩	0.9
こしょう	少々

作り方
① にんじん，たまねぎは繊維に平行にせん切り（ジュリエンヌ）にする．
② セロリ，きぬさやえんどうは筋をとり，せん切りにする．
③ 鍋にスープストックを入れて，にんじん，たまねぎ，セロリ，きぬさやえんどうの順に加えてゆで，野菜をとり出す．
④ ③のスープに塩とこしょうを加えて味をととのえ，温めた器に注ぐ．
⑤ ③の野菜を浮き実にする．

栄養価
E 18 kcal
P 1.4 g
F 0 g
食塩 1.9 g

オニオングラタンスープ

材料名	1人分(g)
たまねぎ	80
フランスパン	15
グリュイエールチーズ	10
にんにく	1
油	8
スープストック（チキン）	180
塩	0.5
こしょう	少々
パセリ	0.2

作り方
① たまねぎは薄切りにし，にんにくとパセリはみじん切りにする．
② フランスパンは厚さ1.5cm程度に切って軽く焼く．
③ 鍋に油を熱し，にんにくとたまねぎを弱火で飴色になるまで30分程度炒める．
④ スープストックを加え，アクをとりながら半量程度になるまで煮詰め，塩とこしょうで味をととのえる．
⑤ ④を耐熱容器に注ぎ，②のフランスパンをのせ，おろしたグリュイエールチーズをふる．
⑥ 220℃に予熱したオーブンで約10分焼き，パセリを散らす．

栄養価
E 193 kcal
P 5.7 g
F 10.9 g
食塩 1.8 g

ミネストローネスープ

材料名	1人分(g)	作り方	栄養価	
たまねぎ	15	① たまねぎ, じゃがいも, にんじん, キャベツ, ベーコンは1cm角に切り, じゃがいもは水にさらす.	E	125 kcal
じゃがいも	15	② セロリは筋をとり, 1cm角に切る.	P	4.0 g
トマト	15	③ トマトは湯むきして種をとり, 1cm角に切る. にんにく, パセリはみじん切りにする.	F	6.6 g
にんじん	8		食塩	1.7 g
セロリ	8	④ ショートパスタは熱湯でかためにゆでる.		
キャベツ	8	⑤ 鍋にオリーブ油とにんにくを入れて熱し, 香りが出たら, たまねぎ, にんじん, セロリ, キャベツ, ベーコンを加えて軽く炒める. スープストックとトマトを加え, アクをとりながらやわらかくなるまで煮る.		
ベーコン	8			
ショートパスタ	8			
にんにく	1			
オリーブ油	3			
スープストック(チキン)	160	⑥ じゃがいもを加えて煮, やわらかくなったら④のパスタを加え, 塩とこしょうで味をととのえる.		
塩	0.5			
こしょう	少々	⑦ 温めた器に盛り, パセリとパルメザンチーズを散らす.		
パセリ	0.2			
パルメザンチーズ(粉)	1.5			

ショートパスタの種類

名前	形状	特徴
マッケローニ (*maccheroni*)		直径3〜5mmの円筒状のショートパスタ. いわゆるマカロニ.
リガトーニ (*rigatoni*)		表面にすじの入った直径8〜15mmの筒状のショートパスタ. 表面に溝があるため, ソースが絡みやすい.
ペンネ (*penne*)		円筒状の両端をペン先のように斜めにカットしたもの. 表面に溝があるものは, ペンネ・リガーテ (*penne rigate*) という.
ファルファッレ (*farfalle*)		蝶の形をしたショートパスタ. 両端と真ん中で違う食感を楽しめる.
コンキッリェ (*conchiglie*)		イタリア語で貝殻の意.
フジッリ (*fusilli*)		らせん状の形をしたショートパスタ. スピラーレ (*spirale*) ともいう. 野菜を練り込んで色をつけたカラーパスタが豊富.
カヴァタッピ (*cavatappi*)		筒状のパスタをらせん状にねじった形をしている.
ルオーテ (*ruote*)		車輪の形状をしたパスタ.
ルマキーネ (*lumachine*)		イタリア語の「かたつむり (*lumaca*)」が語源.
オレッキエッテ (*orecchiette*)		耳たぶのような小さいドーム形をしたパスタ.

中国料理

蛋花湯　タンホワタン（卵のスープ）

材料名	1人分(g)	作り方	栄養価	
かに身	15	① かに身はほぐし，卵は溶きほぐす．	E	57 kcal
卵	20	② ねぎは白髪ねぎにする．	P	5.1 g
長ねぎ（白髪ねぎ）	2.5	③ 湯に①のかに身を加えて火にかけ，ひと煮立ちしたらAで調味する．水溶きかたくり粉を加えてとろみをつける．卵を細く流し入れ，卵が浮き上がってきたら火を止める．	F	2.5 g
湯（タン）	150		食塩	1.3 g
A ┌ 酒	1.5	④ 器に盛り，白髪ねぎをのせる．		
├ 塩	1	＊ 白髪ねぎの作り方は p.71 参照．		
└ こしょう	少々			
かたくり粉	2			

蕃茄蛋花湯　ファンチエタンホワタン（トマトと卵のスープ）

材料名	1人分(g)	作り方	栄養価	
たまねぎ	25	① たまねぎは薄切り（片ピエン）に，トマトは湯むきして種をとり1cm角（丁ティン）に切る．卵は溶きほぐす．	E	83 kcal
トマト	25	② 鍋に油を熱し，たまねぎを炒め，トマトを加えてさらに炒める．	P	3.7 g
卵	20	③ 湯を加えてひと煮立ちしたら塩としょうゆで調味し，水溶きかたくり粉を加えてとろみをつける．卵を細く流し入れ，卵が浮き上がってきたら火を止め，器に盛る．	F	5.3 g
油	3		食塩	1.4 g
湯（タン）	130			
塩	1			
しょうゆ（淡）	1.3			
かたくり粉	1.5			

川粉条　チュワンフェンティヤオ（春雨のスープ）

材料名	1人分(g)	作り方	栄養価	
鶏肉（むね）	10	① 鶏肉は繊維に平行に細切りにし，卵白とかたくり粉をもみ込む．	E	47 kcal
卵白	3	② 春雨は熱湯で戻し，長さ5cm程度に切り，えのきだけは半分に切り，ほぐす．	P	3.6 g
かたくり粉	1.5	③ 湯（タン）を煮立て，①をほぐして入れ，沸騰したらアクをとる．	F	0.8 g
春雨	4	④ 春雨，えのきだけを加えてひと煮立ちしたら，Aで調味し，器に盛る．	食塩	1.3 g
えのきだけ	5			
湯（タン）	150			
A ┌ 酒	2			
├ しょうが汁	1.5			
├ 塩	1			
├ しょうゆ（淡）	1			
└ 砂糖	0.3			

酸辣湯　スワンラータン（酸味と辛味のスープ）

材料名	1人分(g)	作り方	栄養価	
鶏肉（ささ身）	10	① ささ身はすじをとり，繊維に平行に細切りにし，酒としょうが汁で下味をつけ，かたくり粉をまぶす．	E	65 kcal
酒	1		P	5.6 g
しょうが汁	0.5	② 干ししいたけ，きくらげは水で戻し，軸をとり，せん切り（絲）にする．	F	2.1 g
かたくり粉	0.5		食塩	1.6 g
干ししいたけ	1	③ たけのこは縦にせん切り，豆腐は厚めの拍子木切り（条）にし，熱湯を通す．		
きくらげ（乾）	0.8			
たけのこ（ゆで）	8	④ 香菜は長さ3 cmに切り，卵は溶きほぐす．		
絹ごし豆腐	15	⑤ 湯を煮立て，①をほぐして入れ，沸騰したらアクをとる．		
卵	10			
香菜	2	⑥ 干ししいたけ，きくらげ，たけのこを加えて2～3分煮，Aで調味し，豆腐を加える．		
湯	150			
A｛酒	2	⑦ 水溶きかたくり粉を加えてとろみをつけ，酢を加え，卵を細く流し入れる．		
しょうゆ（淡）	1.4			
塩	1.2	⑧ 卵が浮き上がってきたら香菜を加え，こしょうととうがらしをふり火を止め，器に盛る．		
かたくり粉	2			
酢	4			
こしょう	少々			
とうがらし（粉）	適量			

白菜肉丸子湯　パイツァイロウワンヅタン（白菜と肉団子のスープ）

材料名	1人分(g)	作り方	栄養価	
はくさい	40	① はくさいの軸は長さ3 cm程度の細切りにし，葉は4 cm角に切る．	E	109 kcal
春雨	6		P	6.3 g
豚肉（ひき肉）	30	② 春雨は熱湯で戻して長さ5 cm程度に切り，ねぎとしょうがはみじん切り（米）にする．	F	5.5 g
A｛長ねぎ	2		食塩	1.5 g
しょうが	1	③ ボウルにひき肉とAを入れ，粘りが出るまでよくこね，肉団子にする．		
水	5			
かたくり粉	2	④ 湯を煮立て，③の肉団子を加えて3～4分煮，はくさいの軸，葉，春雨を順に加えて煮る．		
塩	0.4			
湯	150	⑤ Bで調味し，器に盛る．		
B｛酒	1.6			
しょうゆ	1			
塩	0.8			
こしょう	少々			

8.3 主菜

日本料理

肉じゃが

材料名	1人分(g)	作り方	栄養価
牛肉（薄切り）	60	① 牛肉は食べやすい大きさに切る．	E　335 kcal
じゃがいも	80	② じゃがいもは大きさをそろえて切り，水にさらす．	P　10.5 g
たまねぎ	25	③ たまねぎはくし形切りにし，にんじんは乱切りにする．	F　18.7 g
にんじん	20	④ きぬさやえんどうは筋をとって塩少々を加えた熱湯でゆで，斜め半分に切る．	食塩　1.5 g
きぬさやえんどう	5	⑤ 鍋に油を熱し，牛肉を色が変わるまで炒め，たまねぎ，じゃがいも，にんじんを加える．	
油	4	⑥ 軽く炒めたら，だし，酒，砂糖を加えて中火でしばらく煮る．	
だし	150	⑦ アクをとって，みりんとしょうゆを加え，落し蓋をして煮汁が少なくなるまで煮る．	
酒	15	⑧ 器に盛り，④のきぬさやえんどうを散らす．	
砂糖	3		
みりん	9		
しょうゆ	9		

> **メモ**　じゃがいもは多くの品種が栽培されているが，食感のちがいにより大きく2種類に分けられる．男爵に代表されるホクホクとした食感をもつ粉質いもと，メークインに代表される煮くずれしにくい粘質いもである．粉質いもはマッシュポテトや粉ふきいも，粘質いもは煮込み料理に適している．

牛肉の八幡巻き

材料名		1人分(g)	作り方	栄養価
牛肉（もも，薄切り）		40	① ごぼうとにんじんは，長さ10 cmに切り，太さをそろえて縦に切り，ごぼうは水にさらす．	E　170 kcal
ごぼう		20		P　7.4 g
にんじん		20	② Aを鍋に入れ，沸騰したらごぼうを加え，途中でにんじんを加えて，煮汁が1/3程度になるまで煮る．	F　6.1 g
A	だし	30		食塩　1.4 g
	しょうゆ	6	③ 牛肉を広げ，②のごぼうとにんじんを角を合わせるように並べ，巻く．	
	酒	3		
	みりん	3	④ フライパンに油を熱し，③を巻き終わりを下にして並べて焼く．	
	砂糖	2		
油		1	⑤ 全体に焼き色がついたらBを加え，転がしながら煮汁が1/4程度になるまで煮詰めて照りをつける．	
B	水	15		
	みりん	9	⑥ 食べやすい大きさに切り，器に盛り，煮汁をかける．	
	酒	5		
	砂糖	3		
	しょうゆ	3		

> **メモ**　八幡巻きは，本来は下調理したごぼうにうなぎやどじょうを巻きつけた後，煮るまたはたれをつけて焼き上げる料理である．ごぼうの産地である京都府八幡でつくられたことからこの名がついたとされる．現在では，牛肉を使って巻くことも多い．

コロッケ 2 種

材料名	1人分(g)	作り方	栄養価
じゃがいも	100	① じゃがいもは皮つきのまま水からゆでる．熱いうちに皮をむき，つぶす．	E 379 kcal
牛肉（ひき肉）	30	② たまねぎはみじん切りにして油で飴色になるまでじっくり炒める．ひき肉を加えて塩，こしょうをして，さらに炒める．	P 9.0 g
たまねぎ	30		F 24.1 g
油	1		食塩 1.9 g
塩	0.8	③ ①に②を加えて牛乳でかたさを調整する．	
こしょう	少々	④ 2等分にし，一方にカレー粉を混ぜる．	
牛乳	約5	⑤ ④を成形する（1人2種を1個ずつ）．	
カレー粉	0.2	⑥ 薄力粉，溶き卵，パン粉の順に衣をつけ，170〜180℃の油で揚げる．	
薄力粉	3		
卵	10	⑦ ケチャップとウスターソースを混ぜてソースをつくる．	
パン粉	6	⑧ キャベツをせん切りにし，水に放ち，よく水気を切る．	
揚げ油	適量	⑨ きゅうりは塩少々で板ずりし，斜め薄切りにする．	
◆ソース		⑩ ミニトマトを花かごに成形し，マヨネーズを入れパセリを飾る（図）．	
ケチャップ	10		
ウスターソース	6		
◆付け合わせ			
キャベツ	30		
きゅうり	20		
ミニトマト	20（2個）		
マヨネーズ	4		
パセリ	3		

ミニトマトのへたを下にして，中央に3本の切り込みを半分くらいまで入れる．

左右から水平に包丁を入れ，中央を切らないように切りとる．

なかをくり抜いてマヨネーズを詰め，パセリを飾る．

⑪ 付け合わせとともに2種類のコロッケを器に盛り，⑦のソースを添える．

メモ コロッケはとんかつ，カレーライスとともに大正時代に広まった家庭料理である．

梅しそかつ

材料名	1人分(g)	作り方	栄養価
豚肉（もも，薄切り）	60	① 青じそはかたい軸をとって縦半分に切り，梅干しは種をとって刻む．	E 259 kcal
梅干し	5（1個）		P 12.3 g
青じそ	2（2枚）	② 豚肉の上に青じそを置いて梅干しを塗り，巻く．	F 17.7 g
薄力粉	3	③ 薄力粉，溶き卵，パン粉の順に衣をつけ，170℃の油で揚げる．	食塩 0.5 g
卵	10	④ キャベツはせん切りにし，水に放ち，よく水気を切る．	
パン粉	6	⑤ ③のかつを斜め半分に切って器に盛り，キャベツとミニトマトを添える．	
揚げ油	適量		
◆付け合わせ			
キャベツ	30		
ミニトマト	20（2個）		

8.3 主菜

鶏の酒蒸し

材料名	1人分(g)	作り方	栄養価
鶏肉（むね）	80 (1/2枚)	① 鶏肉は両面に数か所フォークで穴をあける．肉に塩と酒をまぶし，ぶつ切りにしたねぎと薄切りにしたしょうがといっしょに耐熱皿に入れて5分程度おく．	E　148 kcal
塩	0.8		P　14.5 g
酒	10	② 蒸し器に①を入れる．強火で15〜20分蒸した後，そのまま冷ます．	F　6.4 g
長ねぎ	20		食塩　1.5 g
しょうが	2	③ 調味料を合わせて，和風だれをつくる．	
◆和風だれ		④ ②の鶏肉を食べやすい大きさに切り，サラダ菜を敷いた皿に盛って，③の和風だれをかける．	
しょうゆ	4		
酢	2		
ごま油	2		
サラダ菜	10		

鶏の照り焼き

材料名	1人分(g)	作り方	栄養価
鶏肉（もも）	80 (1/2枚)	① 鶏肉は皮目にフォークで数か所穴をあけ，塩，こしょうで下味をつける．	E　222 kcal
塩	0.8		P　14.3 g
こしょう	少々	② フライパンに分量の油を少し入れて熱し，軸の先を切り落としたししとうをさっと焼き，とり出す．	F　12.8 g
ししとう	6（2本）		食塩　2.3 g
油	2	③ 同じフライパンに残りの油を熱し，①を皮目から焼く．皮がパリっとしたら裏返し，蓋をして弱火で火を通し，Aを加え，からめる．	
A｛酒	10		
みりん	9	④ 肉を食べやすい大きさに切って器に盛り，②のししとうを添え，フライパンに残ったたれをかける．	
しょうゆ	9		
砂糖	3		

あじの南蛮漬け

材料名	1人分(g)	作り方	栄養価
あじ（豆あじ）	70（2尾）	① あじはうろこと内臓，えら，ぜいごをとり除き，水洗いして水気をふき，斜めに切り目を入れる．	E　246 kcal
薄力粉	7		P　13.4 g
揚げ油	適量	② たまねぎは薄切りに，にんじんとピーマンはせん切りにする．	F　11.3 g
たまねぎ	40		食塩　1.5 g
にんじん	30	③ Aを合わせてバットに入れ，②を漬ける．	
ピーマン	10	④ ①に薄力粉を薄くまぶして170℃の油で揚げ，熱いうちに③にしばらく漬ける．	
A｛酢	25	⑤ 器に盛る．	
しょうゆ	9		
砂糖	6		
赤とうがらし	1/4本		

> **メモ**　南蛮漬けは，魚を油で揚げて，とうがらしやねぎなどといっしょに合わせ酢に漬け込んだ料理である．魚はあじ，わかさぎなどがよく使われる．

ひりょうずの煮物

材料名	1人分(g)	作り方	栄養価
木綿豆腐	90 (1/3丁)	① 豆腐は布巾に包み，重しをして水気を切る．	E 198 kcal
やまのいも（つくねいも）	8	② やまのいもは皮をむき，酢水にさらした後すりおろす．	P 7.5 g
にんじん	5	③ にんじんは長さ1cmのせん切りに，ごぼうはささがきにして，水にさらし，水気を切る．	F 12.4 g
ごぼう	4	④ ぎんなんは殻をむいてゆで，薄皮をとって2つに切る．	食塩 1.8 g
ぎんなん	1.5（1個）	⑤ ①をすり鉢ですり，②を加えてさらによくする．塩とみりんで下味をつけ，③④を入れ，1人2個に丸める．中央を少しへこませて黒ごまをのせ，冷蔵庫でしばらく休ませる．	
塩	0.3		
みりん	1	⑥ 160℃の油で揚げ，最後に高温で揚げる．	
黒ごま（いり）	適量	⑦ ⑥に熱湯をかけて油抜きをする．	
揚げ油	適量	⑧ 鍋にだしと砂糖と⑦を入れて中火にかけ，煮立ったらしょうゆの半量を入れ，落し蓋をして煮る．みりんと残りのしょうゆで味をととのえる．	
こんぶだし	100		
砂糖	3		
しょうゆ	9	⑨ 器に⑧を盛り，木の芽を添える．	
みりん	6		
木の芽	1枚		

> **メモ**　ひりょうずは，卵を混ぜた小麦粉生地を油で揚げたポルトガルの菓子「フィリョース(filhos)」が語源とされている．関西では「ひりょうず」「ひろうす」，関東では「がんもどき」と呼ばれている．「飛竜頭」「飛竜子」とも書く．

> **メモ**　精進料理は，殺生を戒める仏教の考え方に基づいて魚介類や肉類を用いず，穀物・野菜など植物性食品のみを使った料理である．淡白な味を補うために食品・調理法・調味に工夫がなされ，ひりょうずもそのひとつである．

豆腐田楽2種

材料名		1人分(g)	作り方	栄養価
木綿豆腐		90 (1/3丁)	① 豆腐は布巾に包み，重しをして水気を切り，1人2切れに切る．	E 92 kcal
A	赤みそ	3	② 鍋にAを入れてよく混ぜ合わせ，火にかけて練り，ゆっくり流れ落ちるくらいのかたさになるまで練る．	P 6.6 g
	だし	2		F 4.3 g
	みりん	2	③ Bも②と同様につくる．	食塩 0.6 g
	砂糖	1	④ 200℃に予熱したオーブンで，①を表面が乾く程度まで約10分焼く．	
B	白みそ	3		
	だし	2	⑤ 2種類のみそを塗り，表面に焼き色がつくまで再度オーブンで焼く．	
	砂糖	1		
	みりん	1	⑥ 田楽串を刺して，それぞれ木の芽，けしの実をのせ，皿に盛る．	
木の芽		1枚		
けしの実		適量		

さんまの風味揚げ

材料名	1人分(g)	作り方	栄養価
さんま	80 (1尾)	① さんまはうろこをとり除き，胸びれごと頭を落とす．腹を切り，内臓を出して洗い，水気をふきとり，大名おろし（下図）にする．食べやすい大きさに切る．	E 415 kcal
A ┌ しょうが（すりおろし）	5		P 14.3 g
┝ 酒	15	② Aに①のさんまを浸し，5分程度おく．	F 27.0 g
┝ しょうゆ	9	③ かぼちゃは厚さ1 cmに，パプリカとピーマンは縦に幅1 cmに切る．ししとうは軸の先を切り落とし，竹串で数か所穴をあける．	食塩 1.6 g
└ みりん	9		
七味とうがらし	適量	④ 油を170℃に熱し，水気をふいたかぼちゃ，パプリカ，ピーマン，ししとうを素揚げする．	
（またはさんしょう（粉））			
かたくり粉	8	⑤ ②のさんまの水気をふき，七味とうがらし（またはさんしょう）をふってかたくり粉をまぶし，170℃の油で揚げる．	
かぼちゃ	30		
パプリカ（赤）	20	⑥ 揚げた野菜とさんまを器に盛る．	
ピーマン	10		
ししとう	6 (2個)		
揚げ油	適量		

〈大名おろし〉

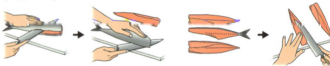

上身をおろす．頭側から中骨の上に包丁を入れ，包丁を引くようにしてすべらせ，身を押さえながら一気におろす．

下身をおろす．中骨を下にして，背中側から包丁を入れ，三枚にする．

腹骨をとり除く

> **メモ** 大名おろしは，魚を三枚におろす方法のひとつ．魚を三枚におろす際，通常の「三枚おろし」では，頭を落とした後，中骨に沿って腹側，背側とに包丁を入れるが，大名おろしは中骨の外側に包丁を入れ，そのまま尾のほうに片身を一気に切り離す．三枚おろしよりも中骨に身が多く残るので，贅沢なおろし方になることからこの名前がつけられている．さんまやさより，きすなどの細長く小さめの魚や，身割れしやすい魚をおろす際に用いられる．

いわしの梅煮

材料名	1人分(g)	作り方	栄養価
いわし	90 (中2尾)	① いわしは頭を切り落とし，腹に切り込みを入れ，内臓を出す．水洗いし，水気を切る．	E 169 kcal
しょうが	2	② しょうがは薄切りにする．	P 15.1 g
梅干し	5 (1個)	③ 鍋にAとしょうが，梅干しを入れて中火にかけ，煮立ったら①のいわしを入れる．	F 6.6 g
A ┌ だし	50		食塩 1.0 g
┝ 酒	5	④ 落し蓋をして，中火で10〜15分煮る．	
┝ しょうゆ	3	⑤ しょうが，梅干しとともに皿に盛る．	
┝ みりん	3		
└ 砂糖	2		

さばの味噌煮

材料名	1人分(g)	作り方	栄養価
さば	80 （1切れ）	① さばは皮目に斜め十文字の飾り包丁を入れ，酒をふる． ② しょうがは少量を針しょうがにし，残りは薄切りにする． ③ ねぎはぶつ切りにして油で焼き，焼き色をつける． ④ 鍋にAと薄切りのしょうがを入れて煮立ったら，さばを重ならないように皮目を上にして入れ，③も入れる． ⑤ 落し蓋をして10～15分煮る． ⑥ 器に盛り，煮汁をかけ，針しょうがを天盛りにする．	E　223 kcal P　15.7 g F　11.7 g 食塩　1.7 g
酒	2		
長ねぎ	20		
油	1		
しょうが	3		
A［だし	50		
赤みそ	9		
酒	5		
砂糖	3		
しょうゆ	1.5		

メモ 魚を調理する際に，盛るときに表になる側に十文字や斜めに数本切り込みを入れる操作を飾り包丁（化粧包丁）という．調理中に皮がはじけるのを防ぎ，味をしみ込みやすくし，美しく見せるなどの効果がある．
　また，1尾丸ごと調理する場合は，火の通りをよくするなどのために，目立たないところに隠し包丁（忍び包丁）を入れることもある．

かれいの煮つけ

材料名	1人分(g)	作り方	栄養価
かれい	80 （1切れ）	① かれいは皮目に斜め十文字の飾り包丁を入れる． ② ししとうは軸の先を切り落とす． ③ しょうがは少量を針しょうがにし，残りは薄切りにする． ④ 鍋にAと薄切りのしょうがを加え，火にかける．煮立ったらかれいを重ならないように皮目を上にして入れ，落し蓋をして煮汁をときどきかけながら7～8分煮る． ⑤ ししとうを入れ，さらに4～5分煮る． ⑥ 器にかれいを盛り，煮汁をかける．ししとうを前盛りにし，針しょうがを天盛りにする（図）．	E　109 kcal P　13.4 g F　1.1 g 食塩　1.6 g
ししとう	10（3本）		
しょうが	5		
A［だし	100		
酒	10		
しょうゆ	9		
砂糖	3		
みりん	2		

8.3　主菜

あまだいのホイル焼き

材料名	1人分(g)	作り方	栄養価
あまだい	70 (1切れ)	① あまだいに塩と酒をふる.	E 127 kcal
塩	0.7	② しいたけは軸をとり,大きめのそぎ切りにする.	P 13.1 g
酒	5	③ ぎんなんは殻をむいてゆで,薄皮をむく.	F 5.5 g
しいたけ	10 (1枚)	④ アルミホイル (20 cm角) に①〜③をのせて包み,グリルに入れ,強火で10〜13分焼く.	食塩 0.8 g
ぎんなん	4.5 (3個)	⑤ 包みのまま器に盛り,くし形切りにしたゆずを添える.	
ゆず	1/6個	応用 あまだいの代わりに,すずき,たら,さわらなどの白身魚を用いてもよい.	

さんまの蒲焼き

材料名	1人分(g)	作り方	栄養価
さんま	80	① さんまはうろこをとり除き,胸びれごと頭を落とす.腹を切り,内臓を出して洗い,水気をふきとり大名おろしにし,半分に切る.	E 339 kcal
A { しょうゆ	4	② Aに15分程度つける.	P 13.8 g
酒	1	③ Bを鍋に入れてひと煮立ちさせる.	F 24.0 g
かたくり粉	8	④ ②のさんまの水気をふき,両面にかたくり粉を薄くまぶす.フライパンに油を熱し,さんまの皮目を上にして入れる.焼き色がついたら裏返し,皮目も焼く.	食塩 1.8 g
油	6		
B { だし	30	⑤ ③を回しかけ,煮詰めながらからめる.	
しょうゆ	6	⑥ 器に青じそを敷き,⑤のさんまを盛り,さんしょうをふる.	
みりん	6	* 大名おろしは p.118 参照.	
酒	5		
青じそ	1 (1枚)		
さんしょう(粉)	適量		

だし巻き卵

材料名	1人分(g)	作り方	栄養価
卵	50 (1個)	① 卵は泡立てないようによく溶きほぐし,Aを加えて混ぜ,こす.	E 101 kcal
A { だし	15	② 卵焼き器に油をひき,何回かに分けて①の卵液を流し入れ,焼き色をつけずに焼く.	P 5.8 g
みりん	3		F 6.6 g
しょうゆ(淡)	1	③ 熱いうちに巻きすで形を整え,切り分け,器に盛る.	食塩 0.6 g
塩	0.2	④ だいこんをすりおろし,軽く水気を絞って添える.	
油	2	* 卵の焼き方は p.45 参照.	
だいこん	25		

卵豆腐

材料名	流し缶1個分(g)	作り方	栄養価
卵	200 (4個)	① 卵を溶きほぐし，Aを加えて混ぜ，こし，流し缶に入れる．	〈流し缶1個分〉
A だし	200	② 蒸し器に入れ，最初の2～3分は強火，残りは弱火で15～20分蒸す．	E 327 kcal
A しょうゆ（淡）	4	③ 蒸し器からとり出してあら熱をとった後，冷やす．	P 24.2 g
A みりん	4	④ Bを鍋に入れ，ひと煮立ちさせて冷やす．	F 18.6 g
A 塩	1	⑤ ③を切り分けて器に盛り，④をかけ，かたい軸をとってせん切りにした青じそとわさびを添える（図）．	食塩 5.5 g
B だし	100		
B しょうゆ（淡）	12		
B みりん	6		
B 塩	0.8		
青じそ	4 (4枚)		
練りわさび	2		

茶碗蒸し

材料名	1人分(g)	作り方	栄養価
卵	25 (1/2個)	① 卵を溶きほぐし，Aを加えて混ぜ，こす．	E 53 kcal
A だし	75	② ささ身はすじを除いてそぎ切りにし，塩と酒をふる．	P 4.7 g
A みりん	1	③ かまぼこはいちょう切りに，しいたけは軸をとりそぎ切りにする．	F 2.4 g
A 塩	0.6	④ ぎんなんは殻をむいてゆで，薄皮をむく．	食塩 0.9 g
A しょうゆ（淡）	0.5	⑤ みつばは長さ2 cmに切る．	
鶏肉（ささ身）	5	⑥ 蒸し茶碗に②～④を入れ，①を注ぎ入れる．	
塩	少々	⑦ 蒸し器に入れ，強火で2分，弱火で12～13分蒸す．最後の1～2分のところでみつばを加える．	
酒	少々		
かまぼこ	5		
しいたけ	5 (1/2枚)		
ぎんなん	1.5 (1個)		
みつば	2		

卵の希釈倍率

	卵	希釈液
だし巻き卵	1	0.1～0.3
卵豆腐	1	1～1.5
カスタードプディング	1	2～3
茶碗蒸し	1	3～4

卵にだしや牛乳などを加えて希釈し，加熱すると，卵の熱凝固性によりさまざまな料理ができる（表）．
＊カスタードプディングの作り方はp.57参照．

ぎせい豆腐

材料名	1人分(g)	作り方	栄養価
木綿豆腐	75	① 豆腐は布巾に包んで重しをし，水気を切る．	E 212 kcal
鶏肉（ひき肉）	25	② にんじんは長さ2 cmのせん切りにする．しいたけは軸をとり，半分に切ってからせん切りにする．きぬさやえんどうは筋をとり，斜めせん切りにする．	P 12.4 g
にんじん	25		F 11.4 g
しいたけ	5		食塩 1.7 g
	（1/2枚）	③ フライパンに油を熱し，ひき肉をほぐしながら炒め，色が変わったらにんじん，しいたけ，きぬさやえんどうを加えて炒める．	
きぬさやえんどう	5 （5枚）		
油（炒め用）	1	④ 野菜がしんなりしたら，①の豆腐を加えてくずしながら炒め，Aで調味し，水分を飛ばすように炒め，あら熱をとる．	
A 酒	10		
A しょうゆ	9	⑤ 卵を溶きほぐし，塩と④を加えてよく混ぜ合わせる．	
A 砂糖	4.5	⑥ 卵焼き器に油を熱して⑤を流し入れ，混ぜながら弱めの中火で半熟になるまで火を通し，表面を平らにする．アルミホイルをかぶせて5～6分焼く．裏返し，焼き色がつくまで4～5分焼く．	
卵	25		
	（1/2個）		
塩	0.2（少々）	⑦ 食べやすい大きさに切って器に盛り，すりおろして軽く水気を絞っただいこんを添える．	
油	2		
だいこん	50		

西洋料理

ビーフストロガノフ

材料名	1人分(g)	作り方	栄養価
牛肉（ヒレ）	50	① 牛肉は幅1 cmの棒状に切り，塩，こしょう，パプリカパウダーをふりかける．マッシュルームは5 mmの薄切りにする．パセリはみじん切りにする．	E 367 kcal
塩	0.5		P 10.8 g
こしょう	少々		F 19.4 g
パプリカパウダー	1	② ◆ソース　たまねぎは薄切りにし，厚手の鍋にバターを溶かしてよく炒め，Aを加えて2～3分煮，生クリームを加える．	食塩 1.0 g
マッシュルーム	30（2個）		
バター	4	③ フライパンに1/2量のバターを熱し，牛肉を強火で炒めてとり出す．同じフライパンに残りのバターを加え，マッシュルームを炒める．	
◆ソース			
たまねぎ	15		
バター	2	④ ソースに③の牛肉，マッシュルームを加え，混ぜ合わせる．	
A スープストック(チキン)	15	⑤ ◆バターライス　米はさっと洗ってざるにあげ，水気を切る．鍋にバターを溶かして米を軽く炒めて分量の水を入れ，塩，こしょうをし，沸騰したら弱火にして15分炊き，火を止めて10分蒸らし，パセリを混ぜる．	
A トマトピューレー	10		
A 白ワイン	10		
A こしょう	少々		
生クリーム	15	⑥ ④を皿に盛り，ライス型で抜いたバターライスを添える．	
◆バターライス			
米	30		
バター	2		
水	40		
塩	0.2		
こしょう	少々		
パセリ	1		

ビーフシチュー

材料名	1人分(g)	作り方	栄養価
牛肉（かたロース）	100	① 牛肉は4cm角に切り，塩，こしょうをし，薄力粉をつける．たまねぎは薄切り，にんにくはみじん切りにする．	E 540 kcal
塩	1	② 鍋に1/2量の油を熱し，牛肉をこんがり焼いてとり出す．	P 15.7 g
こしょう	少々	③ 同じ鍋に残りの油を加え，にんにくを入れて弱火で炒める．にんにくの香りが立ったらたまねぎを加え，きつね色になるまでよく炒める．	F 34.1 g
薄力粉	2		食塩 1.6 g
たまねぎ	50		
にんにく	3		
油	6	④ ③にAと②の牛肉を入れ，沸騰したらアクをとり，蓋をして弱火にし，ときどき混ぜながら約1.5時間煮込む．	
A { 水	80		
赤ワイン	70	⑤ 小たまねぎは根元に十文字に切り目を入れる．マッシュルームは縦4つに切り，バターで炒める．さやいんげんは塩少々を加えた熱湯でゆでて，半分に切る．	
フォンドヴォー（缶）	30		
トマトペースト	5		
ローリエ	適量	⑥ 約1.5時間煮込んだら，④に小たまねぎを加え，約20分煮る．マッシュルームも加えて約10分煮て，さやいんげんを加える．	
小たまねぎ（ペコロス）	40（2個）		
マッシュルーム	40	⑦ 皿に盛る．	
バター	5		
さやいんげん	10		

ポークソテーのロベールソース

材料名	1人分(g)	作り方	栄養価
豚肉（かたロース）	90（1枚）	① 豚肉はすじを切り，塩，こしょうをし，薄力粉をつける．	E 308 kcal
塩	0.9	② たまねぎ，にんにく，パセリはみじん切りにする．	P 16.2 g
こしょう	少々	③ 鍋に油を熱して①の豚肉を入れ，両面を焼いてとり出す．同じ鍋にバターを加え，たまねぎ，にんにくをよく炒める．Aを入れ，混ぜながら少し煮て豚肉を戻し入れ，落し蓋をし，弱火で5～6分煮込む．	F 20.4 g
薄力粉	4		食塩 1.2 g
油	2		
たまねぎ	10		
にんにく	1		
バター	2	④ アスパラガスは，根元の皮をむき，はかまをとり，長さ4cmの斜め切りにする．鍋にスープストックとともに入れ，火にかけ，火が通ったらこしょうをふる．	
A { 水	30		
白ワイン	10		
フレンチマスタード	2	⑤ 皿に③の豚肉を盛り，鍋に残ったソースをかけてパセリをふり，④のアスパラガスを添える．	
こしょう	少々		
パセリ	1		
◆付け合わせ		**メモ**　ロベールソースは，細かく切ったたまねぎをバターで焼き色がつかないように炒め，白ワインを加えて煮詰め，ブイヨン（フォンドヴォーやドミグラス）を加えて軽く煮込み，マスタードを加えたソースである．	
アスパラガス	30		
スープストック（チキン）	20		
こしょう	少々		

ロールキャベツ

材料名	1人分(g)	作り方	栄養価	
キャベツ	100 (2枚)	① キャベツは1枚ずつはずして皿に並べ，ラップをして電子レンジで2分加熱する．芯のかたい部分は包丁でそぎとり，みじん切りにする．たまねぎをみじん切りにし，油で炒める．	E	209 kcal
あいびき肉	60		P	10.4 g
たまねぎ	20		F	12.4 g
油	2	② ボウルにひき肉，炒めたたまねぎ，みじん切りにしたキャベツの芯，塩，こしょうを入れて混ぜ，1人2個に分ける．	食塩	1.0 g
塩	0.6			
こしょう	少々	③ ①のキャベツを広げ，②の1個分を縦に平らに細長く伸ばし，手前から巻いて右側のキャベツをかぶせるようにして折り，続けて巻く．巻き終わったら左側のキャベツをなかに押し込む．		
トマトピューレー	20			
スープストック（チキン）	60	④ 鍋に③のロールキャベツを隙間なく並べ，トマトピューレー，スープストックを加え，約20分煮込む．		
		⑤ 器に盛り，鍋に残ったソースをかける．		

チキンカツレツ

材料名	1人分(g)	作り方	栄養価	
鶏肉（ささ身）	80	① ささ身はすじをとり，塩，こしょうをし，ラップに挟んで肉たたきで2倍程度に薄く伸ばす．半分に切り，一方にマスタードを塗り，もう一方を重ねる．	E	314 kcal
塩	0.8		P	19.5 g
こしょう	少々		F	18.8 g
フレンチマスタード	3		食塩	1.2 g
薄力粉	4	② 薄力粉，溶き卵，パン粉の順に衣をつける．		
卵	10	③ フライパンにオリーブ油を熱して②を並べ，きつね色になったら，上下を返して揚げ焼きにする．		
パン粉	10	④ パルメザンチーズをおろし，オレガノと混ぜる．		
オリーブ油	12			
パルメザンチーズ	2	⑤ ◆トマトのマリネ　トマトは1cm角に切り，ボウルに入れ，砂糖を混ぜてから塩を加え，オリーブ油を混ぜる．		
オレガノ（乾燥）	少々			
◆トマトのマリネ		⑥ 皿に③のチキンカツレツを盛り，④をふり，トマトのマリネを添える．		
トマト	30			
砂糖	少々			
塩	少々			
オリーブ油	4			

ポイント きめが粗いパン粉の場合は，ミキサーで細かくして使うとよい．きめが粗いと，油を吸いすぎたり，焦げやすくなる．

チキンのトマト煮マレンゴ風

材料名	1人分(g)	作り方	栄養価
鶏肉（もも）	100	① 鶏肉は1人2切れに切り，塩，こしょう，薄力粉をつける．	E　314 kcal
塩	1	② たまねぎ，にんにく，パセリはみじん切りにする．小たまねぎは根元に十文字に切り目を入れる．マッシュルームは縦4つに切る．	P　18.1 g
こしょう	少々		F　18.7 g
薄力粉	2		食塩　1.4 g
たまねぎ	20	③ 鍋に油をひいて，鶏肉の皮目を下にして並べ，両面を焼いてとり出す．	
にんにく	1		
油	3	④ 同じ鍋にたまねぎ，にんにくを入れてよく炒め，Aを入れ，鶏肉を戻して煮込む．	
A［スープストック（チキン）	40	⑤ フライパンにバターを溶かし，小たまねぎを転がしてバターをからめ，④に入れる．同じフライパンで，マッシュルームも炒める．	
白ワイン	20		
トマトピューレー	20		
小たまねぎ（ペコロス）	40（2個）	⑥ 小たまねぎがやわらかくなったら④にマッシュルームも加え，約10分煮る．	
マッシュルーム	30（2個）		
バター	3	⑦ 器に盛り，パセリを散らす．	
パセリ	1		

> **メモ**　マレンゴは，イタリア北西部にある村の名前である．

すずきのポワレ～ラタトゥイユ添え～

材料名	1人分(g)	作り方	栄養価
すずき	80（1切れ）	① すずきは塩をして約10分おく．水気をふきとり，こしょうをする．フライパンにオリーブ油を温め，片面約3分ずつ焼く．	E　224 kcal
塩	0.8	② ◆ラタトゥイユ	P　14.5 g
こしょう	少々	・たまねぎ，ピーマン，ズッキーニ，なすは1cm角に切り，にんにくはみじん切りにする．	F　11.8 g
オリーブ油	3		食塩　1.9 g
◆ラタトゥイユ		・鍋にオリーブ油を熱し，にんにく，たまねぎを炒める．しんなりしたらピーマン，ズッキーニ，なすを加えて軽く炒め，トマトの水煮を加えて混ぜ合わせ，塩，こしょうをし，弱火で約20分ときどき混ぜながら煮る．	
たまねぎ	40		
ピーマン	20		
ズッキーニ	30		
なす	30	③ 皿にラタトゥイユを敷き，皮目を上にしてすずきを盛り，チャービルを飾る．	
トマト（水煮）	50		
にんにく	2		
オリーブ油	6		
塩	1		
こしょう	少々		
チャービル	適量		

> **メモ**　ラタトゥイユは，プロヴァンス地方の代表的な野菜の煮込み料理である．冷製で一品料理にしたり，温製で付け合わせにする．

たこのマリネ

材料名	1人分(g)	作り方	栄養価	
たこ（ゆで）	50	① たこは薄く切る．きゅうりは5 mmの輪切り，セロリは筋をとって薄切り，ミニトマトはくし形切りにする．にんにく，パセリはみじん切りにする．	E	153 kcal
きゅうり	20		P	7.9 g
セロリ	10		F	10.0 g
A にんにく	0.5	② ボウルにAを入れて混ぜ，たこ，きゅうり，セロリを加えて約30分冷やす．	食塩	0.6 g
A オリーブ油	10			
A レモン汁	5	③ 皿にベビーリーフを敷き，②のマリネとミニトマトを盛り，パセリを散らす．		
A 塩	0.3			
A こしょう	少々			
ミニトマト	10（1個）			
ベビーリーフ	10			
パセリ	1			

あさりのワイン蒸し

材料名	1人分(g)	作り方	栄養価	
あさり	50	① あさりは砂出しをした後，殻をこすり合わせて洗う．	E	65 kcal
にんにく	1	② にんにくはみじん切り，パセリは葉をつまむ．赤とうがらしは種を出す．パプリカはそれぞれ長さ3 cmのせん切りにする．	P	2.5 g
赤とうがらし	1/5本		F	3.1 g
オリーブ油	3	③ 鍋ににんにく，赤とうがらし，オリーブ油を入れて中火にかける．にんにくが色づいたら赤とうがらしをとり出し，あさりを加えて軽く混ぜる．白ワインと分量の水を加えて蓋をする．沸騰したら弱火にし，あさりの上下を返しながら，口が開いたものからとり出す．途中でパプリカを加え，あさりの口が全部開いたら火を止める．	食塩	1.1 g
白ワイン	20			
水	20			
パプリカ（赤）	10			
パプリカ（黄）	10			
パセリ	2	④ 器にあさりとパプリカをスープとともに盛り，パセリを散らす．		

ほたてがいのフランス風刺身

材料名	1人分(g)	作り方	栄養価	
ほたてがい（貝柱，刺身）	40（2個）	① ほたてがいは1個を4枚に薄切りに，パセリはみじん切りにする．	E	73 kcal
塩	0.4	② ほたてがいを皿に並べて塩，こしょうをし，オリーブ油とレモン汁を混ぜて全体にかけ，パセリを散らす．	P	4.9 g
こしょう	少々		F	4.0 g
オリーブ油	4		食塩	0.5 g
レモン汁	3			
パセリ	1			

えびクリームコロッケ

材料名	1人分(g)	作り方	栄養価
むきえび	30	① えびは背わたをとり，5 mm角に切る．たまねぎはみじん切り，マッシュルームは粗いみじん切りにする．	E 416 kcal
たまねぎ	20		P 11.0 g
マッシュルーム	10	② フライパンに油を入れてたまねぎを炒め，マッシュルーム，えびも加えて炒め，塩，こしょうをする．	F 28.1 g
油	3		食塩 1.4 g
塩	0.4	③ ◆ホワイトソース　鍋にバターを弱火で溶かし，火からおろしてふるった薄力粉を入れ，ヘラでよく混ぜてから火にかけ，焦がさないようにさらっと流れるようになるまで炒める．火を止めて，冷たい牛乳を一度に注ぎ，塩，こしょう，ナツメグを加えて泡立て器で混ぜる．火にかけて全体を混ぜ，とろみがついたら火を止める．	
こしょう	少々		
◆ホワイトソース			
バター	10		
薄力粉	10		
牛乳	70	④ ホワイトソースに②を混ぜてバットに広げ，冷やす．	
塩	0.4	⑤ 1人2個に分け，俵形に成形し，薄力粉，溶き卵，パン粉の順に衣をつける．	
こしょう	少々		
ナツメグ	少々	⑥ 180℃の油で衣がカリッとなるまで揚げる．	
薄力粉	3	⑦ 皿にコロッケを盛り，パセリとくし形切りにしたレモンを添える．	
卵	10		
パン粉	10		
揚げ油	適量		
パセリ	2		
レモン	1/5個		

スパニッシュオムレツ

材料名	1人分(g)	作り方	栄養価
じゃがいも	50	① じゃがいもは厚さ3 mmのいちょう切りにし，塩少々を加えた水からゆでてざるにあげる．パセリはみじん切りにする．	E 137 kcal
パセリ	1		P 3.8 g
卵	30	② ボウルに卵を溶きほぐし，塩，こしょうをして，①のじゃがいもとパセリを混ぜる．	F 8.5 g
塩	0.4		食塩 0.5 g
こしょう	少々	③ フライパンに1/2量のオリーブ油を熱し，②を流し入れ，大きく3～4回混ぜる．火を弱め，ときどきゆり動かす．きれいな焼き色がついたらフライパンからとり出す．	
オリーブ油	6		
		④ 同じフライパンに残りのオリーブ油を入れて，③のオムレツを裏返して戻し，両面をこんがり焼く．	
		⑤ 皿に盛る．	

> **メモ**　スパニッシュオムレツは，じゃがいもと卵でつくるシンプルなスペインの代表的なオムレツである．小さめのフライパンで，ケーキのような分厚い形に焼き上げる．

中国料理

八宝溜菜　パーパオリュウツァイ（五目あんかけ）

材料名	1人分(g)
えび	5
卵白	6
かたくり粉	1
豚肉（もも，薄切り）	25
A ｛ しょうゆ	2.4
酒	2
かたくり粉	1
いか	20
B ｛ 酒	1
しょうが汁	1
かたくり粉	1
うずら卵	20（2個）
きくらげ（乾）	1.2
草菇（ふくろたけ）（缶）	20
たけのこ（ゆで）	10
はくさい	24
長ねぎ	15
にんじん	8
きぬさやえんどう	8
しょうが	2
にんにく	2
油	5
◆合わせ調味料	
湯（タン）	50
酒	4
しょうゆ	2.5
塩	1
砂糖	0.6
かたくり粉	1.5
ごま油	2.5

作り方

① えびは殻と背わたをとり，卵白とかたくり粉をもみ込む．
② 豚肉は食べやすい大きさに切って，Aで下味をつける．
③ いかは3〜4cm角に切って仏手切り（オショウ）（下左図）にし，Bで下味をつける．
④ うずら卵はゆでて殻をむく．
⑤ きくらげは水で戻して軸をとり，一口大に切り，草菇（ツァオグゥ）は縦2つに切る．たけのこ，はくさい，にんじんは薄切り（片）（ピエン）にする．ねぎは1cmの小口切り（段）（トワン）にする．
⑥ きぬさやえんどうは筋をとって塩少々を加えた熱湯でゆでる．しょうがとにんにくはみじん切り（米）（え）にする．
⑦ 湯と調味料を合わせて，合わせ調味料をつくる．
⑧ 中華鍋に油を熱し，しょうがとにんにくを焦がさないように炒める．①〜③を炒め，⑤を加えてさらに炒める．
⑨ 野菜が少ししんなりしたら，うずら卵，きぬさやえんどう，⑦の合わせ調味料を加えて軽く煮，水溶きかたくり粉でとろみをつける．最後にごま油を加えて香りをつける．
⑩ 器に盛る．

栄養価

E	203 kcal
P	11.8 g
F	10.6 g
食塩	2.0 g

〈いかのさばき方〉

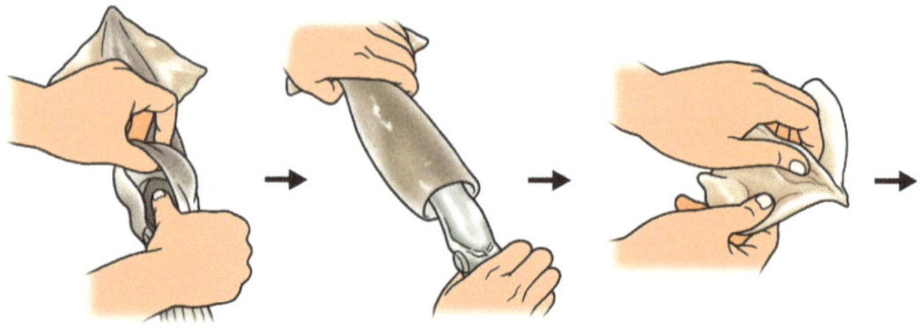

胴のなかに指を入れ，わたと胴を少しずつはずす．→ エンペラを片手でもち，わたと足を引き抜く．→ エンペラのついているほうを下にし，つけ根に指を入れてはずす．→

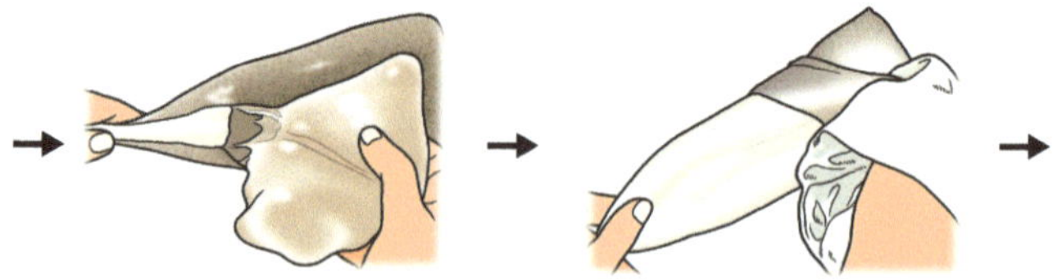

ひっくり返し，エンペラを引っぱりながら皮をとる．→ 皮をきれいにはがす．→

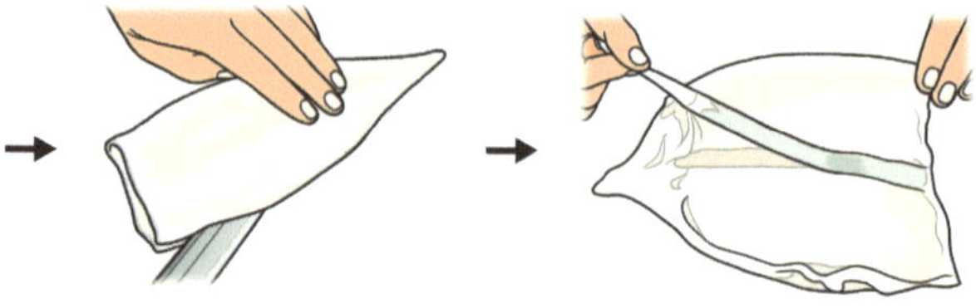

胴のなかに包丁の刃を入れ，切り開く．→ 軟骨をつまみ，とりはずす．

｜｜｜｜｜をゆでると

ひとつの辺に切り込みを4本入れる．これに火を通すと，指が5本ある手のようになる．これを「仏手」（フォショウ）という．

古老肉　グゥラオロウ（酢豚）

材料名	1人分(g)	作り方	栄養価
豚肉（もも，塊）	80	① 豚肉は2cm角に切り，Aに約15分つける．かたくり粉をつけ，170℃の油で揚げる．	E　352 kcal
A ┌ しょうゆ	6	② たけのこ，たまねぎ，にんじん，ピーマンは乱切り（馬耳(マーアル)）にし，にんじんは下ゆでする．	P　17.2 g
├ 酒	6	③ 干ししいたけは水で戻し，軸をとり，半分に切る．	F　15.3 g
└ しょうが汁	少々	④ 湯と調味料を合わせて，合わせ調味料をつくる．	食塩　2.7 g
かたくり粉	8	⑤ 中華鍋に油を熱し，②③を炒め，①の豚肉を加えて炒める．	
揚げ油	適量	⑥ ④の合わせ調味料を加えて1分程度煮，水溶きかたくり粉を入れてとろみをつける．	
たけのこ（ゆで）	25	⑦ 器に盛る．	
たまねぎ	35		
にんじん	12		
ピーマン	12		
干ししいたけ	3　（1枚）		
油	5		
◆合わせ調味料			
湯(タン)	30		
しょうゆ	12		
砂糖	12		
酢	12		
酒	1.2		
かたくり粉	2		

叉焼肉　チャーシャオロウ（焼き豚）

材料名	1本分(g)	作り方	栄養価
豚肉（ロース，塊）	300	① ねぎはぶつ切り，しょうがは薄切り（片(ピェン)）にする．	〈1本分〉
長ねぎ	6	② 豚肉はたこ糸で形を整える．	E　944 kcal
しょうが	6	③ Aに①②を加えて1時間以上つけ込む．	P　56.0 g
A ┌ しょうゆ	70	④ ③の豚肉を200℃に予熱したオーブンで30〜40分焼く．途中で数回③のつけ汁を塗る．	F　60.4 g
├ 砂糖	20	⑤ 肉を冷まし，たこ糸を外し，薄切りにして器に盛る．	食塩 10.5 g
├ 酒	18	⑥ ③のつけ汁を煮詰め，たれにして添える．	
├ ごま油	5		
├ こしょう	少々		
├ 花椒(ホワヂャオ)	適量		
├ 八角(バーヂャオ)	適量		
└ 桂皮(クェイピー)	適量		

8.3　主菜

乾炸里脊　ガンチャーリーチィ（豚ロース肉の衣揚げ）

材料名	1人分(g)	作り方	栄養価
豚肉（ロース，薄切り）	60	① 豚肉は食べやすい大きさに切り，塩，こしょうをする．	E　190 kcal
塩	0.2	② Aの材料をボウルに入れてよく混ぜ，衣をつくる．	P　11.9 g
こしょう	少々	③ ①の豚肉に②の衣をつけ，170℃の油で揚げる．	F　12.1 g
A｛卵	10 (1/5個)	④ 皿にサラダ菜を敷き，③を盛り，花椒塩（ホワヂヤオイエン）を添える．	食塩　0.8 g
かたくり粉	4		
しょうゆ	3.5		
薄力粉	3		
揚げ油	適量		
サラダ菜	4		
花椒塩（ホワヂヤオイエン）	適量		

白片肉　パイピエンロウ（ゆで豚）

材料名	1人分(g)	作り方	栄養価
豚肉（もも，塊）	25	① ねぎはぶつ切りにし，しょうがは薄切り（片（ピエン））にし，にんにくはすりおろす．	E　87 kcal
長ねぎ	5	② 鍋に水と豚肉，ねぎ，しょうがを入れ，火が通るまでゆで，ゆで汁につけたまま冷ます．	P　5.0 g
しょうが	2	③ きゅうりは縦に薄切りにする．	F　4.3 g
きゅうり	40	④ にんにくと調味料を合わせてかけ汁をつくる．	食塩　0.9 g
◆かけ汁		⑤ 器に③のきゅうりを敷き，その上に②の豚肉を薄く切ってのせ，④のかけ汁をかける．もしくは，器に豚肉を薄く切って並べ，かけ汁をかけ，きゅうりを盛る（図）．	
にんにく	1		
しょうゆ	6		
酢	3		
砂糖	3		
ごま油	2		

焼売 シャオマイ（しゅうまい）

材料名	5個分(g)	作り方	栄養価
豚肉（ひき肉）	35	① ひき肉とAを混ぜ合わせ，粘りがでるまで練る．	〈5個分〉
A 酒	3	② 干ししいたけは水で戻して軸をとり，みじん切り（米ミー）にする．ねぎ，しょうがもみじん切りにする．	E 143 kcal
砂糖	2	③ ①に②とかたくり粉を加えて混ぜ合わせ，5等分にする．	P 6.8 g
ごま油	1.2	④ 焼売の皮の中心に③をのせ，皮になじませるように包む．	F 7.0 g
塩	0.5	⑤ 蒸籠チョンロン（蒸し器）で強火で15分蒸す．	食塩 0.5 g
こしょう	少々	⑥ 皿に盛る．	
干ししいたけ	1		
長ねぎ	20		
しょうが	2		
かたくり粉	1.5		
焼売の皮（市販品）	12（5枚）		

棒棒鶏 バンバンチィ（蒸し鶏のごまソースあえ）

材料名	1人分(g)	作り方	栄養価
鶏肉（むね）	40	① 鶏肉に酒をふり，青い部分をぶつ切りにしたねぎと薄切り（片ピェン）にしたしょうがをのせ，蒸し器で20分程度蒸す．	E 102 kcal
酒	5	② 冷めてから①の鶏肉を食べやすい大きさに切る，または身をほぐす．	P 9.4 g
長ねぎ（青い部分）	2	③ きゅうりはせん切り（絲スー）にし，トマトは薄切り，ねぎは白髪ねぎにする．	F 3.5 g
しょうが	2	④ 調味料を合わせて，かけ汁をつくる．	食塩 0.8 g
きゅうり	30	⑤ 器にトマトを敷き，きゅうりを盛り，その上に②をのせ，④のかけ汁をかけ，白髪ねぎをのせる（図）．	
トマト	30		
長ねぎ（白髪ねぎ）	8		
◆かけ汁			
練りごま（白）	5		
しょうゆ	5		
酢	3		
砂糖	1		
ラー油	少々		

* 白髪ねぎの作り方は p.71 参照．

> **メモ** 棒棒鶏バンバンチィの名前は，蒸した鶏肉を棒でたたいてやわらかくしたことに由来する．

腰果鶏丁　ヤオグオチティン（鶏肉とカシューナッツの炒め物）

材料名	1人分(g)	作り方	栄養価
鶏肉（むね）	50	① カシューナッツは170℃の油で少し色づく程度に揚げる．	E　272 kcal
A｛ 酒	1	② 鶏肉は2cm角に切り，Aで下味をつけ，160℃の油でさっと揚げる．	P　15.8 g
かたくり粉	0.6		F　14.5 g
塩	0.3	③ しいたけ，たけのこ，ヤングコーン，ピーマンは1cm角に切る．	食塩　1.9 g
カシューナッツ	20	④ 赤とうがらしは種をとって輪切り（輪子片 ルンツピエン），ねぎ，しょうが，にんにくはみじん切り（米 ミー）にする．	
揚げ油	適量	⑤ 湯（タン）と調味料を合わせて，合わせ調味料をつくる．	
しいたけ	20	⑥ 中華鍋に油を入れ，温度が上がらないうちに④を加え，油に香りを移す．③を加えて炒め，①②を加えて軽く炒めたら⑤の合わせ調味料を加え，水溶きかたくり粉でとろみをつける．	
たけのこ（ゆで）	20		
ヤングコーン	20（2本）		
ピーマン	20	⑦ 器に盛る．	
赤とうがらし	0.2		
長ねぎ	6		
しょうが	1		
にんにく	2		
油	4		
◆合わせ調味料			
湯（タン）	15		
しょうゆ	6		
オイスターソース	5		
酒	5		
砂糖	3		
かたくり粉	2		

煨芋頭鶏　ウェイユィトウチィ（さといもと鶏肉のうま煮）

材料名	1人分(g)	作り方	栄養価
鶏肉（骨付き）	100	① 鶏肉はぶつ切りにする．	E　314 kcal
さといも	80	② さといもは一口大に切り，ゆでこぼし，ぬめりをとる．	P　17.8 g
しょうが	2	③ しょうがはせん切り（絲 スー），ねぎは2cmの小口切り（段 トワン）にする．	F　15.2 g
長ねぎ	20		食塩　1.4 g
ごま油	3	④ 鍋にごま油を熱し，しょうが，ねぎ，鶏肉を炒める．	
A｛ 水	40	⑤ 鶏肉の色が変わったら②のさといもとAを加え，落し蓋をして30分程度煮込む．	
しょうゆ	8		
砂糖	2	⑥ 器に盛る．	
酒	2		

メモ　ゆでこぼしとは，材料の下処理方法のひとつで，材料をゆで，沸騰したゆで汁をいったん捨てることである．強いアクやぬめり，臭みなどがある食材に用いられる．

香酥魚　シヤンスゥユィ（魚の香り揚げ）

材料名	1人分(g)	作り方	栄養価
白身魚	80 (1切れ)	① 鍋にAを入れて火にかける．沸騰したら火を止めて冷ます．	E　211 kcal
A［水	50	② 魚は幅2 cmに切る．	P　13.7 g
しょうゆ	50	③ ①に②を入れ，約20分つける．	F　9.8 g
紹興酒	8	④ パプリカは縦に幅1 cmに切り，水気をふきとる．	食塩　1.3 g
砂糖	5	⑤ 160℃に油を熱し，パプリカを素揚げする．	
花椒（ホワヂヤオ）	適量	⑥ 卵白を軽く泡立て，かたくり粉と塩を入れて衣をつくる．	
八角（バーヂヤオ）	適量	⑦ ③の魚の水気をふきとり，⑥の衣をつけて180℃の油で揚げる．	
桂皮（クェイピー）	適量	⑧ 器に魚とパプリカを盛り，花椒塩（ホワヂヤオイエン）を添える．	
◆衣		**ポイント**　白身魚は，たい，たら，ひらめなどを使うとよい．	
卵白	20		
かたくり粉	5		
塩	0.2		
パプリカ（黄）	20		
揚げ油	適量		
花椒塩（ホワヂヤオイエン）	適量		

清蒸鮮魚　チンチョンシエンユィ（魚の蒸し物）

材料名	1尾分(g)	作り方	栄養価
たい	800 (1尾)	① たいは，うろこ，えら，内臓をとり除いて水洗いし，水気を切り，塩，こしょうをすり込み，酒をふりかける．	〈1尾分〉
塩	10		E　1,564 kcal
こしょう	少々	② ねぎは白髪ねぎにし，青い部分はぶつ切りにする．しょうがは薄切り（片（ピエン））にする．	P　149.1 g
酒	30		F　77.1 g
長ねぎ（青い部分）	10	③ 器に①のたいとねぎの青い部分，しょうがをのせて約20分蒸す．	食塩　19.5 g
しょうが	10	④ ねぎとしょうがをとり除き，ひと煮立ちさせたAをたいにかけ，白髪ねぎを盛る．	
A［しょうゆ	60		
酒	15	⑤ ごま油を熱し，白髪ねぎの上からかける．	
砂糖	10	＊白髪ねぎの作り方はp.71参照．	
長ねぎ（白髪ねぎ）	50		
ごま油	15		

茶葉蛋　チャーイエタン（卵の紅茶煮）

材料名	1人分(g)	作り方	栄養価
卵	25 （1/2個）	① 卵はゆでて，殻にまんべんなくひびを入れる．	E　50 kcal
◆煮汁（卵1～5個分）		② 鍋に煮汁の材料を入れ，①のゆで卵を中弱火でころがしながら10分程度煮る．	P　3.4 g
紅茶（葉）	4	③ 卵の殻をむき，冷めてから1個を縦8つ割りにする．	F　2.3 g
水	200	④ 調味料を合わせて，甘酢をつくる	食塩　1.8 g
しょうゆ	36	⑤ きゅうりはせん切り（絲）にし，④の甘酢をからめる．	
塩	2	⑥ 皿の中央に⑤のきゅうりを盛り，まわりに卵を並べる．	
八角（パージャオ）	適量		
きゅうり	25		
◆甘酢			
酢	5		
砂糖	1		
塩	0.3		

蒸蛋黄花　チョンタンホワンホワ（中華風茶碗蒸し）

材料名	1人分(g)	作り方	栄養価
卵	25 （1/2個）	① 卵を溶きほぐし，湯（タン）を加え，塩で調味し，こす．	E　42 kcal
湯（タン）	75	② きぬさやえんどうは斜めせん切り（絲）にする．	P　3.5 g
塩	0.6	③ 器のなかに油（分量外）を薄く塗り，①を入れ，中火で10～15分蒸す．途中，卵の表面が固まったら②を上にのせ，さらに蒸す．	F　2.6 g
きぬさやえんどう	4		食塩　0.8 g

麻婆豆腐　マーポートウフ（豆腐と豚ひき肉の辛味炒め）

材料名	1人分(g)	作り方	栄養価
木綿豆腐	100	① 豆腐は1.5～2cm角に切り，さっと熱湯に通し，水気を切る．	E　267 kcal
豚肉（ひき肉）	50	② にんにく，ねぎ，しょうがはみじん切り（米）にする．	P　15.3 g
にんにく	2	③ 豆鼓（トウチー）は刻む．	F　17.1 g
長ねぎ	7	④ 鍋に油と②を入れて熱し，ひき肉を炒める．	食塩　1.7 g
しょうが	1	⑤ 豆板醤（トウバンヂャン），豆鼓を加えて炒め，湯（タン）と酒を加えて5分程度煮る．	
油	3	⑥ 甜麺醤（ティエンミエンヂャン），しょうゆを加えて混ぜ，①の豆腐を加えて2分程度煮る．	
豆板醤（トウバンヂャン）	1.5	⑦ 水溶きかたくり粉を加えてとろみをつけ，ごま油と花椒（ホワヂヤオ）を香りづけに加える．	
豆鼓（トウチー）	1	⑧ 器に盛る．	
湯（タン）	30		
酒	5		
甜麺醤（ティエンミエンヂャン）	10		
しょうゆ	4.5		
かたくり粉	2.2		
ごま油	1.5		
花椒（ホワヂヤオ）	適量		

蝦仁豆腐　シャーレントウフ（小えびと豆腐の煮物）

材料名	1人分(g)	作り方	栄養価
むきえび	25	① えびは背わたをとる．	E　138 kcal
絹ごし豆腐	100	② 豆腐は3 cm角程度に切り，さっと熱湯に通す．	P　9.9 g
にら	5	③ にらは長さ3 cmに切り，しょうがはみじん切り（米）にする．	F　8.4 g
しょうが	1	④ 鍋にごま油としょうがを入れて熱し，香りをつけ，えびとにらを加えて炒める．	食塩　0.6 g
ごま油	5	⑤ 湯と酒を加えて煮，塩，こしょうで調味し，水溶きかたくり粉を加えてとろみをつける．	
湯(タン)	50	⑥ ②の豆腐を入れて弱火で煮，器に盛る．	
酒	5		
塩	0.5		
こしょう	少々		
かたくり粉	2		

炒三鮮　チャオサンシエン（海鮮三種炒め）

材料名	1人分(g)	作り方	栄養価
ほたてがい（貝柱）	15（1個）	① ほたてがいは2～3枚にそぎ切り（片(ピエン)）にし，いかはかのこに切り目を入れ，幅5 cmのそぎ切りにする．えびは背わたをとる．	E　134 kcal
いか	50	② ①にAで下味をつけ，かたくり粉をまぶす．	P　14.3 g
むきえび	30	③ 草菇(ツァオグゥ)は縦に2等分に切り，パプリカはそれぞれ乱切り（馬耳(マーアル)）にする．	F　2.6 g
A ┌ 卵白	7	④ ブロッコリーは小房に分けて，塩少々を加えた熱湯でかためにゆでる．	食塩　1.1 g
├ 酒	3	⑤ 湯(タン)と調味料を合わせて，合わせ調味料をつくる．	
├ 塩	0.3	⑥ 鍋に油を熱し，②を炒めてとり出す．	
└ こしょう	少々	⑦ 同じ鍋でみじん切り（米）にしたねぎとしょうがを炒め，③④を加えてさらに炒め，⑤の合わせ調味料を加える．	
かたくり粉	3	⑧ 沸騰したら，⑥を戻して混ぜ，器に盛る．	
草菇(ツァオグゥ)（ふくろたけ）（缶）	20	* いかのさばき方はp.128参照．	
パプリカ（赤）	10	* かのこいかはp.14参照．	
パプリカ（黄）	10		
ブロッコリー	30		
長ねぎ	5		
しょうが	1		
油	2		
◆合わせ調味料			
湯(タン)	20		
酒	3		
酢	1.5		
かたくり粉	1.5		
砂糖	0.5		
塩	0.3		

高麗蝦仁　ガオリーシャーレン（えびの卵白揚げ）

材料名	1人分(g)	作り方	栄養価
えび	60 （大5尾）	① えびは尾の一節を残して殻と背わたをとり，しょうが汁，塩で下味をつける．	E　163 kcal
しょうが汁	1	② 卵白をしっかり泡立て，かたくり粉，薄力粉，塩を加えて衣をつくる．	P　10.6 g
塩	0.5		F　5.9 g
かたくり粉	5	③ ①のえびにかたくり粉をまぶし，②の衣をつけて160℃の油で揚げる．	食塩　1.3 g
◆衣		④ 皿にえびを盛り，サラダ菜とミニトマト，花椒塩（ホワデヤオイエン）を添える．	
卵白	12		
かたくり粉	9		
薄力粉	0.5		
塩	0.5		
揚げ油	適量		
サラダ菜	4		
ミニトマト	30（2個）		
花椒塩（ホワデヤオイエン）	適量		

乾焼蝦仁　ガンシャオシャーレン（えびのチリソース）

材料名	1人分(g)	作り方	栄養価
えび	100	① えびは殻をむき，背に切り込みを入れて背わたをとる．酒，塩で下味をつける．	E　282 kcal
酒	5	② ①に卵白とかたくり粉を加えて手早く混ぜ，160℃の油で揚げる．	P　19.4 g
塩	0.1	③ 湯（タン）と調味料を合わせて，合わせ調味料をつくる．	F　13.9 g
卵白	10	④ 鍋に油を熱し，みじん切り（米（ミー））にしたにんにく，しょうが，ねぎを炒め，豆板醤（トウバンヂャン）を加えてさらに炒める．	食塩　2.2 g
かたくり粉	2	⑤ ③の合わせ調味料を加え，煮立ってきたら水溶きかたくり粉を加える．	
揚げ油	適量	⑥ ②を加えて全体を混ぜ，仕上げにごま油を香りづけに加える．	
にんにく	0.5	⑦ 器に盛る．	
しょうが	0.5		
長ねぎ	7		
豆板醤（トウバンヂャン）	1.3		
油	2		
◆合わせ調味料			
湯（タン）	20		
トマトケチャップ	25		
酒	5		
砂糖	1.3		
塩	0.5		
かたくり粉	3		
ごま油	2		

芙蓉蟹　フゥロンシエ（かに玉）

材料名	1人分(g)	作り方	栄養価
卵	50（1個）	① かに身をほぐす．	E　187 kcal
かに身	12	② ねぎ，軸をとったしいたけ，たけのこはせん切り（絲）にし，ごま油で炒め，塩，こしょうで調味する．	P　7.8 g
長ねぎ	8		F　13.6 g
しいたけ	1	③ ボウルに卵を溶きほぐし，①②とＡを加えて混ぜる．	食塩　1.6 g
たけのこ（ゆで）	10	④ 中華鍋に油を熱し，③を入れ，大きく混ぜ，半熟状で中央に丸くまとめる．焦げないうちに裏返して焼き，器に盛る．	
ごま油	3		
塩	0.2	⑤ 鍋にあんの材料を入れ，混ぜながら煮立たせ，薄くとろみがついたら④の上にかける．	
こしょう	少々		
A ｛ 酒	2		
砂糖	1		
塩	0.5		
油	6		
◆あん			
湯（タン）	35		
しょうゆ	4		
砂糖	1.5		
かたくり粉	1.5		
しょうが汁	1		

青豆蝦仁　チントウシャーレン（グリンピースとえびのうま煮）

材料名	1人分(g)	作り方	栄養価
むきえび	60	① えびは背わたをとり，Ａで下味をつける．	E　180 kcal
A ｛ 酒	3	② グリンピースは莢からとり出し，熱湯でゆでる．	P　13.5 g
しょうが汁	1	③ ねぎは斜めせん切り（絲）にする．	F　6.9 g
かたくり粉	1	④ 湯（タン）と調味料を合わせて，合わせ調味料をつくる．	食塩　0.9 g
こしょう	少々	⑤ 鍋に油を熱し，①とねぎを炒め，②を加える．	
グリンピース	60	⑥ ④の合わせ調味料を加え，煮る．	
長ねぎ	15	⑦ 水溶きかたくり粉を加え，仕上げに蝦油（シャーヨウ）（またはごま油）を加える．	
油	6		
◆合わせ調味料		⑧ 器に盛る．	
湯（タン）	20		
しょうゆ	5		
酒	3		
砂糖	1		
こしょう	少々		
かたくり粉	0.3		
蝦油（シャーヨウ）（またはごま油）	0.7		

炒墨魚 チャオモーユィ（いかの炒め物）

材料名	1人分(g)
いか	50
塩	1.5
酒	2.5
キャベツ	100
たまねぎ	30
きぬさやえんどう	10
干ししいたけ	2
きくらげ（乾）	0.5
しょうが	1
油	10
湯（タン）	7.5
塩	0.5
こしょう	少々
かたくり粉	2

作り方

① いかは花切り（花 ホワ）にする（図）．塩と酒をふりかける．

厚みの2/3程度まで縦に切り込みを入れる．　5cm幅くらいで切り離して横にし，包丁を寝かせて斜めに2本切り込みを入れ，3本目で切り離す．

② キャベツは色紙切り（方 ファン），たまねぎは幅1cmに切り，きぬさやえんどうは塩少々を加えた熱湯でゆでて半分に切る．干ししいたけときくらげは水で戻して軸をとり，干ししいたけはそぎ切り（片 ピエン），きくらげは色紙切りにする．しょうがはみじん切り（半 ミー）にする．

③ 鍋に半量の油としょうがを入れて熱し，①のいかを強火でさっと炒め，とり出す．

④ 同じ鍋に残りの油を加えて熱し，キャベツとたまねぎを炒め，火が通ったら干ししいたけ，きくらげ，きぬさやえんどうと③を加え，炒める．

⑤ 湯（タン）を加え，塩，こしょうで味をととのえる．

⑥ 水溶きかたくり粉を加えてとろみをつけ，器に盛る．

＊ いかのさばき方はp.128参照．

栄養価

E	178 kcal
P	8.4 g
F	10.1 g
食塩	3.7 g

8.4 副菜

日本料理

小松菜のおひたし

材料名	1人分(g)	作り方	栄養価	
こまつな	70	① こまつなは塩少々を加えた熱湯でゆでる．冷水にとって冷まし，水気を絞り，長さ4 cmに切る．	E	13 kcal
◆割りじょうゆ		② だしとしょうゆを混ぜて割りじょうゆをつくり，①をあえる．	P	1.4 g
だし	3	③ 器に盛り，かつお節を天盛りにする．	F	0.1 g
しょうゆ	3		食塩	0.4 g
かつお節	0.5			

えびとながいもの酢の物

材料名	1人分(g)	作り方	栄養価	
えび	20	① えびは殻，背わたをとり，熱湯でゆでる．長さ3 cm程度のそぎ切りにし，酢洗いする．	E	44 kcal
やまのいも（ながいも）	30	② やまのいもは皮をむき，酢水にさらす．繊維に平行に長さ4 cmのせん切りにする．	P	4.2 g
きゅうり	20	③ きゅうりは縦2つに切り，長さ4 cmの斜め薄切りにする．塩をふってしばらくおき，水気を絞る．	F	0.1 g
塩	0.1		食塩	0.7 g
◆二杯酢		④ だしと調味料を合わせて，二杯酢をつくる．		
だし	2.5	⑤ ①～③を④の二杯酢であえて器に盛り，せん切りにした焼きのりを天盛りにする．		
酢	5			
塩	0.5			
焼きのり	0.2			

> **メモ** 二杯酢は，酢と塩（しょうゆ）を合わせた合わせ酢である．
> 　天盛りは，料理の上に，かつお節，木の芽，針しょうがなど，風味のあるものを少しのせることをいう．香りを添えるとともに，盛りつけてだれも箸をつけていないことを表す．

菊の酢の物

材料名	1人分(g)	作り方	栄養価	
菊（食用菊）	20	① 菊の花びらは酢少々を加えた熱湯でゆで，冷水にとって冷まし，水気を絞る．	E	13 kcal
えのきだけ	20	② えのきだけは長さ4 cm程度に切って，①と同様にゆで，水気を絞る．	P	0.4 g
◆ゆず酢			F	0 g
ゆず搾り汁	3	③ ゆず搾り汁，だし，調味料を混ぜてゆず酢をつくる．	食塩	0.5 g
だし	3	④ ①②を③のゆず酢であえ，器に盛る．		
しょうゆ（淡）	3			
酢	2			
砂糖	0.5			

> **メモ** 食用の黄色や紫色の菊は苦味が少なく，花びらが大きい．

いかの黄身酢あえ

材料名	1人分(g)
いか（こういか）	20
きゅうり	40
塩	0.1
◆黄身酢	
卵黄	10
	(1/2個分)
だし	10
砂糖	3
みりん	3
塩	0.5
酢	10
芽じそ	1

作り方

① いかは唐草いか（図）に切り，熱湯でさっとゆでる．

5mm 間隔に厚みの半分くらいまで斜めに切り込みを入れる．

いかの向きを変え，1cm 幅に縦に切る．

加熱すると唐草模様のようになる．

② きゅうりは蛇腹切りにして長さ1cmに切る．塩をふってしばらくおき，水気を絞る．

③ 鍋に黄身酢の材料を入れてよく混ぜ合わせ（酢は最後に入れる），湯煎にかけ，粘りが出たら冷ます．

④ 器に①②を盛り，③の黄身酢をかけ，芽じそを天盛りにする．

＊ 蛇腹切りは p.14 参照．

ポイント 黄身酢は新鮮な卵黄を使い，加熱しすぎないようにする．

栄養価
E　81 kcal
P　3.7 g
F　2.8 g
食塩　0.8 g

白あえ

材料名	1人分(g)
にんじん	10
みつば	5
こんにゃく	20
A　だし	10
しょうゆ（淡）	1
砂糖	0.5
干ししいたけ	1.5
B　干ししいたけの戻し汁	30
みりん	1
しょうゆ	1
◆あえ衣	
木綿豆腐	20
白ごま（いり）	4
砂糖	2
しょうゆ（淡）	0.5
塩	0.1

作り方

① にんじんは長さ4cmのせん切りにし，熱湯でゆでる．

② みつばは熱湯でゆで，冷水にとり，水気を絞って長さ4cmに切る．

③ こんにゃくは長さ4cmのせん切りにし，熱湯でゆでて，Aで汁気がなくなるまで煮る．

④ 干ししいたけは水で戻して軸をとり，せん切りにし，Bで汁気がなくなるまで煮る．

⑤ 豆腐は熱湯でさっとゆで，布巾に包んで軽く絞って水気を切る．

⑥ 白ごまをすり鉢ですり，⑤の豆腐を入れてすり混ぜ，調味料を入れて，あえ衣をつくる．

⑦ ①〜④を⑥のあえ衣であえ，器に盛る．

ポイント 豆腐はゆでて水切りした後に裏ごすと，なめらかなあえ衣になる．

応用 白あえは精進料理のあえ物によく用いられる．しゅんぎく，さやいんげん，えだまめ，ひじき，果物（柿，なし，りんご）などを使ってもよい．しょうゆの代わりにみそを使うこともある．

栄養価
E　62 kcal
P　2.4 g
F　2.9 g
食塩　0.5 g

さやいんげんのピーナッツあえ

材料名	1人分(g)	作り方	栄養価	
さやいんげん	40	① さやいんげんは塩少々を加えた熱湯でゆで,ざるにあげて冷まし,長さ3 cmの斜めせん切りにする.	E	49 kcal
◆あえ衣		② ピーナッツは薄皮をとって粗く刻み,すり鉢ですり,だしと調味料を加え,あえ衣をつくる.	P	1.8 g
ピーナッツ	5		F	2.6 g
だし	2.5	③ ①を②のあえ衣であえ,器に盛る.	食塩	0.5 g
しょうゆ(淡)	3			
砂糖	2	**ポイント** 塩味がついたピーナッツを使う場合はあえ衣のしょうゆを減らす.		
		応用 ピーナッツの代わりにピーナッツバター,くるみを用いてもよい.		

みぞれあえ

材料名	1人分(g)	作り方	栄養価	
卵	25	① 卵は塩で調味し,油をひいた卵焼き器で薄焼き卵にし,長さ4 cmの短冊切りにする.	E	79 kcal
塩	少々		P	3.1 g
油	2	② しいたけは軸をとり,網で焼いてせん切りにし,みりんとしょうゆで煎り煮にする.	F	4.1 g
しいたけ	15		食塩	0.8 g
	(中1枚)	③ みつばは熱湯でゆで,冷水にとり,水気を絞り長さ4 cmに切る.		
みりん	1	④ だいこんをすりおろして,軽く水気を絞って調味料と合わせ,あえ衣をつくる.		
しょうゆ(淡)	1			
みつば	10	⑤ ①〜③を④のあえ衣であえ,器に盛る.		
◆あえ衣				
だいこん	40	**メモ** すりおろしたかぶやだいこんをみぞれに見立てていることから「みぞれあえ」という.「おろしあえ」ともいう.		
酢	5			
砂糖	3			
塩	0.5			

切干しだいこんのごま酢あえ

材料名	1人分(g)	作り方	栄養価	
切干しだいこん(乾)	5	① 切干しだいこんは水で戻して水気を絞り,長さ4 cmに切り,熱湯でゆでる.	E	25 kcal
にんじん	10		P	0.7 g
みつば	5	② にんじんは長さ4 cmのせん切りにし,熱湯でゆでる.みつばは熱湯でゆでて,冷水にとり,水気を絞って長さ4 cmに切る.	F	0.8 g
◆ごま酢			食塩	0.4 g
白ごま(いり)	1.5	③ ごまをすり鉢ですり,調味料を混ぜてごま酢をつくる.		
酢	3	④ ①②を③のごま酢であえ,器に盛る.		
しょうゆ(淡)	2			
砂糖	1			
塩	0.1			

卯の花（おからの煎り煮）

材料名	1人分(g)	作り方	栄養価	
おから	30	① 油揚げは油抜きをして長さ3cmのせん切りにする．	E	101 kcal
油揚げ	5	② にんじんは長さ3cmのせん切り，ごぼうはささがきにして水にさらす．	P	2.6 g
にんじん	5		F	4.6 g
ごぼう	5	③ 干ししいたけは水で戻して軸をとり，みじん切り，ねぎもみじん切りにする．	食塩	0.5 g
干ししいたけ	1（0.5枚）			
青ねぎ	2	④ 鍋に油を熱し，ごぼう，にんじん，干ししいたけ，油揚げの順に炒め，最後におからを加えて炒める．		
油	3			
だし	50	⑤ だしを加え，途中で砂糖としょうゆを加えて中火で混ぜながら煮る．煮汁が少なくなったらねぎを加え，しっとりさが少し残るまで煮る．		
砂糖	2			
しょうゆ（淡）	3	⑥ 器に盛る．		

きんぴらごぼう

材料名	1人分(g)	作り方	栄養価	
ごぼう	35	① ごぼうとにんじんは長さ4cmのせん切りにし，ごぼうは水にさらす．	E	53 kcal
にんじん	5		P	0.6 g
油	2	② 鍋に油を熱し，水気を切ったごぼうとにんじんを炒め，だしと砂糖を加えて煮，途中でしょうゆを加える．ときどき混ぜながら煮汁が少なくなるまで煮る．	F	2.0 g
だし	15		食塩	0.5 g
砂糖	2			
しょうゆ	3	③ 器に盛り，とうがらしをふる．		
とうがらし（粉）	適量			

ひじきと油揚げの炒め煮

材料名	1人分(g)	作り方	栄養価	
ひじき（乾）	5	① ひじきは水で戻し，水気を切る．	E	58 kcal
にんじん	10	② にんじんは長さ3cmのせん切りにする．	P	1.9 g
油揚げ	5	③ 油揚げは油抜きをして長さ3cmのせん切りにする．	F	3.5 g
油	2	④ 鍋に油を熱し，①〜③を炒め，だしと砂糖を加えて煮る．途中でしょうゆを加え，ときどき混ぜながら煮汁が少なくなるまで煮る．	食塩	0.7 g
だし	30			
砂糖	2			
しょうゆ	4	⑤ 器に盛る．		

応用 ひじきの代わりに，あらめや切干しだいこんなどの乾物を用いてもよい．

ふきの青煮

材料名	1人分(g)
ふき	40
だし	40
砂糖	1.5
塩	0.5
しょうゆ（淡）	0.2

作り方
① ふきは適量の塩で板ずりをし，熱湯でゆでる．冷水にとって冷まし，皮をむき，長さ4cmに切る．
② 鍋にだしと調味料を煮立て，①を入れてさっと煮る．
③ ふきを煮汁からとり出し，煮汁と別々に冷ます．冷めたらふきを煮汁にしばらく浸して味を含ませ，器に盛る．

栄養価
E 10 kcal
P 0 g
F 0 g
食塩 0.6 g

メモ 青煮は，材料の緑色が退色しないように，煮汁でさっと煮た後，材料と煮汁を別々に冷まし，材料を煮汁に戻して味を含ませる．さやいんげん，そらまめ，オクラなども青煮にする．

かぼちゃのそぼろ煮

材料名	1人分(g)
かぼちゃ	80
鶏肉（ひき肉）	20
しょうが	2
だし	80
砂糖	2
しょうゆ（淡）	3
酒	3
かたくり粉	1

作り方
① かぼちゃは3cm角程度に切り，皮をところどころむき，面とりをする．
② しょうがは少量を針しょうがにし，残りはすりおろしてしょうが汁にする．
③ かぼちゃとだしを鍋に入れ，中火にかける．煮立ったら，砂糖，しょうゆを加え，落し蓋をし，弱火でかぼちゃがやわらかくなるまで煮る．
④ ③のかぼちゃを鍋からとり出して器に盛り，煮汁にひき肉，酒，②のしょうが汁を加え，煮る．
⑤ ひき肉に火が通ったら水溶きかたくり粉でとろみをつける．
⑥ かぼちゃに⑤をかけ，針しょうがを天盛りにする．
＊ 面とりはp.14参照．

栄養価
E 128 kcal
P 4.0 g
F 2.4 g
食塩 0.6 g

大豆の五目煮（五目豆）

材料名	1人分(g)
大豆	20
こんにゃく	10
にんじん	5
ごぼう	5
れんこん	5
こんぶ	1
砂糖	5
酒	5
しょうゆ（淡）	6

作り方
① 大豆はたっぷりの水に一晩（8～10時間）つける．
② 鍋に①の大豆とたっぷりの水を入れ，弱火でやわらかくなるまで煮る（1～2時間）．
③ こんにゃくはさいの目切りにし，熱湯でゆでる．
④ にんじんはさいの目切り，こんぶは1cm角に切る．
⑤ ごぼう，れんこんはさいの目切りにして水にさらす．
⑥ ②に③～⑤を入れてごぼう，れんこんが少しやわらかくなるまで煮る．砂糖と酒を加え，アクをとりながら弱火で煮，途中でしょうゆを加え，煮汁が少なくなるまで煮る．
⑦ 器に盛る．

栄養価
E 116 kcal
P 6.6 g
F 4.1 g
食塩 1.0 g

ポイント 市販の水煮大豆や圧力鍋を使うと，時間が短縮できる．

メモ いろいろな材料を用いることを「五目」という（五目飯，五目汁など）．

さつまいものレモン煮

材料名	1人分(g)	作り方	栄養価	
さつまいも	50	① さつまいもは皮つきのまま厚さ1cm程度の輪切りにし，水にさらす．	E	88 kcal
砂糖	2	② 鍋にさつまいもを入れ，かぶるくらいの水と砂糖を加えて煮る．	P	0.4 g
レーズン	3	③ 途中でレーズン，レモン汁を加え，さつまいもがやわらかくなるまで煮，器に盛る．	F	0.1 g
レモン汁	5		食塩	0.1 g

ふろふきだいこん

材料名	1人分(g)	作り方	栄養価	
だいこん	150	① だいこんは厚さ4cmの輪切りにし，皮をむき，面とりをする．片面に十文字の隠し包丁を入れる（図）．	E	102 kcal
こんぶ	適量		P	2.7 g
◆練りみそ			F	2.3 g
赤みそ	10		食塩	1.8 g
白みそ	5			
砂糖	5			
酒	5	② 鍋にこんぶを敷き，だいこんを重ならないように並べ，かぶるくらいの水を入れ，落し蓋をしてやわらかくなるまで弱火で煮る．		
だし	10	③ 別の鍋に赤みそ，白みそ，砂糖，酒，だしの順に入れてよく混ぜ，弱火でよく練ったのち，すり鉢ですったごまを混ぜ，練りみそをつくる．		
白ごま（いり）	3	④ 温めた器にだいこんを盛り，煮汁を少しかけ，③の練りみそをかける．ゆずの皮を針ゆずにし，天盛りにする．		
ゆずの皮	適量			

なすの田楽

材料名	1人分(g)	作り方	栄養価	
なす	80（中1本）	① なすは縦半分に切り，水にさらし，水気をふきとる．	E	150 kcal
揚げ油	適量	② なすを170℃の油で揚げる．	P	1.4 g
◆田楽みそ		③ 鍋に調味料とだしを入れて混ぜ，弱火で練り，田楽みそをつくる．	F	11.6 g
赤みそ	6	④ ごまは切りごまにする．	食塩	0.8 g
砂糖	3	⑤ 揚げたなすの切り口を上にして器に盛り，③の田楽みそを塗り，切りごまをふる．		
酒	2.5			
だし	5			
白ごま（いり）	1			

> **メモ** いりごまを包丁で刻んだものを「切りごま」という．刻むことで香りが出る．

ごま豆腐

材料名	1人分(g)	作り方	栄養価
白ごま（いり）	10	① ごまをすり鉢で油が出るまでする．	E　97 kcal
くず粉	10	② くず粉を入れ，分量の水を少しずつ入れてよく混ぜ，こす．	P　2.1 g
水	70	③ 鍋に②を入れ，弱火で練る．	F　5.3 g
◆割りじょうゆ		④ 水でぬらした型に流し入れ，冷やし固める．	食塩　0.5 g
だし	2.5	⑤ だしとしょうゆを混ぜて割りじょうゆをつくる．	
しょうゆ（淡）	3	⑥ ⑤の割りじょうゆを器に入れ，ごま豆腐を型から出して盛り，わさびをのせたきゅうりを天盛にする．	
きゅうり（輪切り）	6（1枚）		
練りわさび	適量		

ちぐさ漬け（即席漬物）

材料名	1人分(g)	作り方	栄養価
キャベツ	30	① キャベツ，きゅうり，にんじん，かたい軸をとった青じそ，こんぶをせん切りにする．	E　18 kcal
きゅうり	10	② ①に塩をふり，よく混ぜて30分〜1時間おく．	P　0.7 g
にんじん	5	③ ごまは切りごまにする．	F　0.6 g
青じそ	0.5（1/2枚）	④ ②の水気を軽く絞り，しょうゆと切りごまを混ぜて，器に盛る．	食塩　0.5 g
こんぶ	1	＊ 切りごまは p.144 参照．	
塩	0.4		
しょうゆ	0.3		
白ごま（いり）	1		

メモ　ちぐさとは「千草」「千種」のことで，多くの材料を使う料理に用いられる．はくさい，だいこん，みょうが，しょうがなどを入れてもよい．

しょうがの甘酢漬け（酢どりしょうが）

材料名	1人分(g)	作り方	栄養価
しょうが（新）	10	① 調味料と分量の水を混ぜて甘酢をつくる．	E　10 kcal
◆甘酢		② しょうがは繊維に平行に薄切りにし，塩少々を加えた熱湯でさっとゆで，水気を切って①の甘酢に1日程度漬ける．	P　0.1 g
酢	5		F　0 g
砂糖	2	③ 器に盛る．	食塩　0.2 g
塩	0.4		
水	2		

メモ　杵しょうが・筆しょうがは，葉しょうが（はじかみ）の茎を長さ6 cm程度に切り，根を杵や筆の形に整え（図），同様に甘酢漬けにしたものである．焼き魚などに添える．
　しょうがの甘酢漬けは冷蔵庫で長期間保存できる．

杵しょうが　　筆しょうが

昆布の佃煮

材料名	1人分(g)	作り方	栄養価	
こんぶ	2	① こんぶは1.5 cm角に切り，たっぷりの水に一晩つける．	E	9 kcal
しょうゆ	2	② 鍋に①を入れて中火にかけ，沸騰したら弱火にし，やわらかくなったら調味料を加え，汁気がなくなるまで煮る．	P	0.2 g
みりん	1		F	0 g
砂糖	0.5	③ 器に盛る．	食塩	0.4 g

> **メモ** 佃煮はだしをとった後のこんぶ，煮干し，かつお節などでつくると食材の無駄がない．

西洋料理

トマトとアスパラガスのサラダ

材料名	1人分(g)	作り方	栄養価	
トマト	50 (小1/2個)	① トマトはくし形切りにする．	E	143 kcal
アスパラガス	30 (中2本)	② アスパラガスは，根元の皮をむき，はかまをとる（図）．長さ4 cmに切り，塩少々を加えた熱湯でゆでる．	P	1.5 g
レタス	15		F	13.3 g
◆下味用ドレッシング			食塩	0.4 g
酢	2			
塩	0.2			
油	2	③ レタスは適当な大きさにちぎる．		
◆マヨネーズシャンティ		④ 酢に塩を溶かし，油を少しずつ加えて混ぜ，下味用ドレッシングをつくる．		
生クリーム	10	⑤ 器にレタスを敷き，中央にアスパラガスを盛り，④の下味用ドレッシングであえたトマトを盛る．		
マヨネーズ	10	⑥ 生クリームを泡立て，マヨネーズを加えて混ぜ合わせたマヨネーズシャンティを添える．		

図：はかまをとる／根元の皮をむく

グリーンサラダ

材料名	1人分(g)	作り方	栄養価	
レタス	20	① レタスは適当な大きさにちぎる．きゅうりは斜め薄切り，トマトはくし形切りにする．赤たまねぎは薄切りにして水にさらし，水気を切る．	E	78 kcal
きゅうり	20		P	0.5 g
トマト	40		F	6.8 g
赤たまねぎ	6		食塩	0.6 g
◆ドレッシング		② 酢に塩を溶かし，油を少しずつ加えて混ぜ，こしょうをふり，ドレッシングをつくる．		
酢	5	③ 器に①の野菜を盛り，②のドレッシングを添える．		
塩	0.6			
油	7			
こしょう	少々			

ミモザサラダ

材料名	1人分(g)	作り方	栄養価
卵	25 (1/2個)	① 卵は固ゆでにし,白身はみじん切り,黄身は裏ごす.	E 138 kcal
キャベツ	30 (1/2枚)	② キャベツときゅうりはみじん切りにする.	P 3.3 g
きゅうり	20	③ 酢に塩を溶かし,油を少しずつ加えて混ぜ,こしょうをふり,ヴィネグレットソースをつくる.ヴィネグレットソースにみじん切りにしたたまねぎとパセリを混ぜてラビゴットソースをつくる.	F 11.8 g
◆ラビゴットソース		④ 器にキャベツ,きゅうりの順に重ね,その上に卵の白身を盛り,中心に黄身をのせる.③のラビゴットソースを添える.	食塩 1.1 g
酢	10		
塩	1.2		
油	10		
こしょう	少々		
たまねぎ	10		
パセリ	1		

メモ ミモザはマメ科アカシア属の常緑樹で,春に小さな黄色い花が満開になると緑の葉に映える美しい植物である.ミモザサラダは卵でミモザの花を表現した料理である.
　ラビゴットソース(Ravi got sauce)とは,酢,油,野菜のみじん切りをベースとしたソースのことで,サラダや魚料理などに用いる.

シーザーサラダ

材料名	1人分(g)	作り方	栄養価
ロメインレタス	10 (2枚)	① ロメインレタスとレタスを適当な大きさにちぎる.	E 194 kcal
レタス	20 (1/2枚)	② フランスパンを1cm角に切り,オリーブ油を塗り,焼き,クルトンをつくる.	P 5.8 g
◆クルトン		③ ボウルにみじん切りにしたアンチョビとにんにく,酢を入れ,オリーブ油,卵黄,粒マスタードを加えながらよく混ぜる.ライム搾り汁(またはレモン搾り汁),パルメザンチーズを混ぜ,チーズドレッシングをつくる.	F 12.5 g
フランスパン	20		食塩 1.0 g
オリーブ油	4	④ ①を器に盛り,③のチーズドレッシングをかける.パルメザンチーズ,あらびきこしょうをかけ,②のクルトンを散らす.	
◆チーズドレッシング			
アンチョビ	3	**応用** 卵黄の代わりにマヨネーズを代用してもよい.	
にんにく	0.2		
酢	1		
オリーブ油	5		
卵黄	5		
粒マスタード	1		
ライム搾り汁（またはレモン搾り汁）	1/4個分 (1/8個分)		
パルメザンチーズ（粉）	5		
パルメザンチーズ（粉,トッピング用）	1		
あらびきこしょう	適量		

かぶとだいこんのサラダ

材料名	1人分(g)	作り方	栄養価	
かぶ	50	① かぶとだいこんは薄いいちょう切りにする．かいわれなは適当な長さに切る．	E	139 kcal
だいこん	30	② ベーコンは幅5 mmに切り，カリっとするまで炒め，油を切る．	P	1.4 g
かいわれな	8	③ 酢に塩を溶かし，油を少しずつ加えて混ぜ，こしょうをふり，ドレッシングをつくる．	F	12.8 g
ベーコン	8	④ ③のドレッシングであえたかぶとだいこんを器に盛り，かいわれなとベーコンを散らす．	食塩	0.7 g
◆ドレッシング				
酢	8			
塩	0.5			
油	10			
こしょう	少々			

コールスロー

材料名	1人分(g)	作り方	栄養価	
キャベツ	40	① キャベツとにんじんはせん切りにして塩をふり，しばらくおき，水気を絞る．	E	62 kcal
にんじん	5	② たまねぎは繊維に直角に薄切りにして水にさらし，よく水気を絞る．	P	0.4 g
塩	0.2		F	5.0 g
たまねぎ	5	③ 酢にレモン汁，砂糖，マスタード，塩を混ぜ合わせ，油を少しずつ加えて混ぜ，こしょうをふり，ドレッシングをつくる．	食塩	0.4 g
◆ドレッシング		④ ①②を③のドレッシングであえ，器に盛る．		
酢	8			
レモン汁	1	応用 酢と油をマヨネーズに置き換えてもよい．		
砂糖	0.5			
マスタード	0.5			
塩	0.2			
油	5			
こしょう	少々			

ポテトサラダ

材料名	1人分(g)	作り方	栄養価	
じゃがいも	60	① じゃがいもは厚さ2 cm程度に切る．	E	92 kcal
塩	0.3	② じゃがいもを水からゆでて水気を切り，熱いうちにつぶし，塩，こしょうで下味をつけ，冷ます．	P	1.6 g
こしょう	少々		F	4.8 g
きゅうり	20	③ きゅうりは輪切りにして塩をふり，しばらくおき，水気を絞る．	食塩	0.6 g
塩	0.2	④ たまねぎは繊維に直角に薄切りにして水にさらし，水気を絞る．		
たまねぎ	5	⑤ ロースハムは細切りにする．		
ロースハム	3	⑥ ②〜⑤をマヨネーズであえ，サラダ菜を敷いた器に盛る．		
マヨネーズ	6			
サラダ菜	4			

粉ふきいも

材料名	1人分(g)	作り方	栄養価	
じゃがいも	50 (中1/2個)	① じゃがいもは一口大に切り，水からゆでる．	E	34 kcal
塩	0.4	② やわらかくなったら湯を捨て，中火にかけながら鍋をゆらし，いもの水気を飛ばす．	P	0.7 g
こしょう	少々	③ いもの周囲が粉をふいたように白っぽくなったら鍋を火からおろし，塩，こしょうをふる．	F	0 g
		④ 器に盛る．	食塩	0.4 g

マッシュポテト

材料名	1人分(g)	作り方	栄養価	
じゃがいも	50	① じゃがいもは厚さ2 cm程度に切る．	E	111 kcal
バター	10	② じゃがいもを水からゆでて水気を切り，熱いうちにつぶし，裏ごす．	P	1.0 g
牛乳	10	③ ②を鍋に移し，弱火にかけながら水分を飛ばし，火からおろす．	F	7.8 g
塩	0.2		食塩	0.4 g
こしょう	少々	④ ③に小さく切ったバターを加え，よく混ぜる．		
		⑤ 別の鍋で温めておいた牛乳を④に少しずつ加えながらなめらかな状態になるまで混ぜる．		
		⑥ 塩，こしょうで味をととのえ，器に盛る．		

いんげんのソテー

材料名	1人分(g)	作り方	栄養価	
さやいんげん	30 (3本)	① さやいんげんは塩少々を加えた熱湯でゆでてざるにあげ，長さ4 cm程度に切る．	E	16 kcal
油（またはバター）	1		P	0.3 g
塩	0.2	② フライパンに油（またはバター）を中火で熱し，①のさやいんげんを炒め，塩をふる．	F	1.0 g
		③ 器に盛る．	食塩	0.2 g

カリフラワーのオーロラソースあえ

材料名	1人分(g)	作り方	栄養価	
カリフラワー	50 (3〜5房)	① カリフラワーは小房に分ける．	E	83 kcal
		② 酢と塩を少々加えた熱湯でゆで，ざるにあげて冷ます．	P	1.2 g
◆オーロラソース		③ マヨネーズとトマトケチャップを合わせて，オーロラソースをつくる．	F	7.3 g
マヨネーズ	10		食塩	0.3 g
トマトケチャップ	3	④ ②を器に盛り，③のオーロラソースをかける．		

> **メモ** カリフラワーに含まれるフラボノイド色素は，酸性では白色，アルカリ性では黄色に変化する．ゆで水に酢を加えるとカリフラワーが白く仕上がる．

ピクルス

材料名	1人分(g)	作り方	栄養価
にんじん	10	① 鍋にピクルス液の調味料と香辛料を入れてひと煮立ちさせ、清潔な瓶などに移す.	E 20 kcal
かぶ	10		P 0.2 g
きゅうり	10	② セロリは筋をとり，他の野菜とともに食べやすい大きさに切る．それぞれ熱湯で10〜20秒程度加熱し，すぐに①のピクルス液に30分以上漬け込む．	F 0 g
セロリ	5		食塩 1.0 g
パプリカ（赤）	5		
◆ピクルス液			
酢	60		
砂糖	6		
塩	5		
ローリエ	適量		
ディル	適量		
マスタードシード	適量		

メモ　数日漬け込むと酸味がまろやかになり，香辛料の味がなじみ，おいしいピクルスになる．ピクルスは，刻んでハンバーガーやタルタルソースの具にも利用できる．
　野菜の種類や切り方，酢，砂糖，塩の分量は好みや漬け込む時間によって調整する．酢の一部を水に置き換えてもよい．

カナッペ3種

材料名	1人分(g)	作り方	栄養価
食パン（12枚切り）	15 (3/4枚)	① 食パンは耳を切り落とし，バターを塗り，焼いて，1枚を4等分に切る．	E 128 kcal
バター	5	② ◆オイルサーディンとオリーブ　オイルサーディンとスタッフドオリーブの輪切りを①のパンにのせる．	P 3.4 g
◆オイルサーディンとオリーブ			F 9.0 g
オイルサーディン	5 (1尾)	③ ◆生ハムとクリームチーズ　クリームチーズとレモン汁，あらびきこしょうを混ぜたディップを①のパンに塗り，生ハムをのせ，ディルを添える．	食塩 0.6 g
スタッフドオリーブ	1 (1/4粒)		
◆生ハムとクリームチーズ			
生ハム	5 (1枚)	④ ◆トマトとバジル　ミニトマトは縦に4つ切りにし，オリーブ油とガーリックパウダー，バジル，塩であえ，①のパンにのせる．	
クリームチーズ	5		
レモン汁	0.5	⑤ 3種類のカナッペを皿に盛る．	
あらびきこしょう	少々		
ディル	適量		
◆トマトとバジル			
ミニトマト	10		
オリーブ油	1		
ガーリックパウダー	少々		
バジル（乾）	適量		
塩	少々		

野菜のテリーヌ

材料名	30 cm テリーヌ型 1台分(g)
だいこん	160
トマト	160
パプリカ（黄）	100
アスパラガス	65
さやいんげん	65
にんじん	50
レタス	40
◆ゼリー液	
粉ゼラチン	10
水	400
固形コンソメ	5.3（1個）

作り方

① 粉ゼラチンは分量の水の一部にふり入れ，膨潤させる．
② トマトは湯むきし，1 cm角に切る．だいこんとにんじんは型の長さに合わせて幅1 cmの棒状に切る．アスパラガスは根元の皮をむき，はかまをとる．パプリカは1個を縦半分に切り，熱湯で約3分ゆでる．氷水につけて皮をむき，縦半分に切る．
③ 塩少々を加えた熱湯でだいこん，にんじん，アスパラガス，さやいんげん，レタスを1種類ずつゆで，ざるにあげて水気を切る．
④ ①の残りの水と固形コンソメを鍋に入れて火にかける．煮立ったら火からおろし，①のゼラチンを加えて溶かし，ゼリー液をつくる．ゼリー液は室温程度に冷ます．
⑤ テリーヌ型を水でぬらし，型からはみだすようにラップを敷く．
⑥ レタスを⑤の底面に敷き，トマトを並べ，100 g程度のゼリー液を流し込む．
⑦ だいこんをゼリー液にくぐらせてから並べ，だいこんがかぶるくらいまでゼリー液を流す．同様の手順でパプリカ，にんじん，さやいんげん，アスパラガスを並べ，ゼリー液を流す（図）．

⑧ 冷やし固める．
⑨ トマトの面を上にして水でぬらした包丁で切り分け，皿に盛る．

応用 レタスの代わりに，きゅうりをピーラーでスライスして敷き詰めてもよい．

栄養価

〈1台分〉
E　175 kcal
P　13.3 g
F　0.7 g
食塩　2.4 g

ほたてがいのコキール

材料名	1人分(g)	作り方	栄養価	
ほたてがい（貝柱，殻付き）	40（1個）	① ほたてがいは貝殻からとり出し，ウロやヒモ，えら，生殖巣をとり除く（図）．	E	144 kcal
マッシュルーム	10（1個）		P	5.7 g
エシャロット	10		F	9.8 g
（またはたまねぎ）	（1/2個）		食塩	0.6 g
オリーブ油	8			
塩	0.2			
こしょう	少々			
◆ソース				
バター	5			
薄力粉	2			
スープストック（チキン）	50			
生クリーム	5			
パン粉	1			

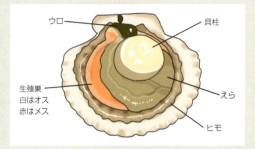

② マッシュルームは薄切り，エシャロット（またはたまねぎ）はみじん切りにする．

③ 鍋にバターを溶かし，薄力粉を炒め，スープストックを加えて混ぜながら加熱する．とろみがついたら生クリームを入れてソースをつくる．

④ フライパンにオリーブ油の半量を熱し，①のほたてがいをソテーする．焼き色がついたら裏返して約1分焼き，いったん皿にとり出す．

⑤ 同じフライパンに残りのオリーブ油を加え，マッシュルームとエシャロットを炒め，塩，こしょうを加え，③のソースと混ぜる．

⑥ ⑤を④のほたてがいと合わせて貝殻に入れ，パン粉をふる．
　※殻がなければ貝の形の耐熱容器（グラタン皿など）に入れる．

⑦ 180℃に予熱したオーブンで焼き色がつくまで焼く．

> **メモ**　フランス料理でコキール（コキーユ）とは貝殻に盛った料理をさす．中身はグラタンとは限らず，ソテーや冷製のあえ物の場合もある．

中国料理

熗黄瓜　チャンホワングワ（きゅうりのあえ物）

材料名	1人分(g)	作り方	栄養価	
きゅうり	40	① きゅうりは塩少々で板ずりし，長さ5 cmの4つ割りにし，種の部分をとり除き，軽くたたく．赤とうがらしは種を除き，輪切り（輪子片(ルンツビエン)）にする．	E	21 kcal
赤とうがらし	適量		P	0.4 g
ごま油	1		F	1.0 g
A ┌ 酢	2.5	② 鍋にごま油を熱し，赤とうがらしを入れ，香りが出たら水気を切ったきゅうりをさっと炒め，Aを加えて混ぜ，火を止める．	食塩	0.2 g
├ しょうゆ	1.5			
└ 砂糖	1	③ 汁とともにボウルにとり出し，冷まして器に盛る．		

涼拌茄子　リヤンバンチエヅ（なすのあえ物）

材料名	1人分(g)	作り方	栄養価
なす	60	① なすはへたをとり，水にさらす．にんにくはみじん切り（米）にする．	E　23 kcal
◆かけ汁			P　0.6 g
にんにく	0.3	② 水気を切ったなすを蒸し器に入れ，強火で10〜15分程度蒸し，冷ます．	F　0.7 g
しょうが汁	0.3		食塩　0.6 g
酢	4	③ 縦に裂き，菊花のように器に盛り（図），冷やす．	
しょうゆ	2		
ごま油	0.7		
砂糖	0.3		
塩	0.3		
豆板醤(トウバンヂャン)	0.3		
		④ にんにく，しょうが汁，調味料を合わせてかけ汁をつくり，なすにかける．	

蠔油青菜　ハオヨウチンツァイ（青菜のオイスターソース炒め）

材料名	1人分(g)	作り方	栄養価
チンゲンサイ	80	① チンゲンサイは長さ5 cmに切り，軸は幅2 cmに切る．ねぎは斜め薄切り（片），しょうが，にんにくはみじん切り（米）にする．	E　38 kcal
油	2		P　1.0 g
塩	0.5	② 調味料を合わせて，合わせ調味料をつくる．	F　2.0 g
長ねぎ	8	③ 中華鍋に油を熱し，チンゲンサイの軸，葉の順に塩を加えて軽く炒め，熱湯を加えて全体を混ぜ，ざるにあげて水気を切る．	食塩　0.6 g
しょうが	1.5		
にんにく	1	④ 中華鍋に油を熱し，しょうが，にんにくを炒め，香りが出たらねぎを加え，さっと炒めたら③のチンゲンサイを入れて全体を混ぜ，②の合わせ調味料を加えて軽く炒め，水溶きかたくり粉でとろみをつける．	
油	2		
◆合わせ調味料			
オイスターソース	3.5		
しょうゆ	0.8	⑤ 器に盛る．	
酒	0.8	**応用** チンゲンサイの代わりに，ほうれんそうやこまつなを用いてもよい．	
塩	少々		
砂糖	少々		
かたくり粉	1		

涼拌蕃茄　リヤンパンファンチエ（トマトの酢醤油あえ）

材料名	1人分(g)	作り方	栄養価
トマト	80	① トマトは一口大に切り，冷やす．	E　38 kcal
◆合わせ調味料		② ねぎはみじん切り（米）にし，しょうがはすりおろす．	P　0.6 g
長ねぎ	2.5	③ ねぎ，しょうが，調味料を合わせて，合わせ調味料をつくる．	F　0.7 g
しょうが	1.5	④ ①のトマトを③の合わせ調味料であえ，器に盛る．	食塩　0.5 g
酢	5		
しょうゆ	3		
砂糖	2.25		
ごま油	0.65		
塩	0.1		

涼拌蝦仁　リヤンパンシャーレン（えびとアスパラガスのあえ物）

材料名	1人分(g)	作り方	栄養価
えび	50　（3尾）	① えびは殻と背わたをとり，酒少々を加えた熱湯でゆで，冷ます．	E　100 kcal
アスパラガス	35	② アスパラガスは根元の皮をむき，はかまをとって長さ3 cmの斜め切りにする．塩少々を加えた熱湯でゆで，冷ます．	P　8.7 g
◆合わせ調味料			F　4.5 g
長ねぎ	10	③ ねぎは半量を白髪ねぎにし，残り半量はみじん切り（米）にする．しょうが，にんにくはみじん切りにする．	食塩　1.0 g
しょうが	2	④ みじん切りにしたねぎ，しょうが，にんにく，調味料を合わせて合わせ調味料をつくり，①②をあえる．	
にんにく	1	⑤ 器に盛り，白髪ねぎを飾る．	
しょうゆ	5	＊ 白髪ねぎの作り方はp.71参照．	
酢	4		
油	3		
ごま油	1.5		
砂糖	0.5		
豆板醤(トウバンヂャン)	0.5		

8.5 菓子類

和菓子

粒あん（あずき）

材料	出来上がり量 約 600 g 分（g）	作り方	栄養価
あずき 白ざらめ糖	200 200	① あずきにたっぷりの水を加え，強火にかけ沸騰させる． ② 沸騰したら湯を半分捨て，水を加えて約40℃まで下げる． ③ 再び沸騰したら湯を捨てる（渋切り）． ④ 再度あずきに水を加えて火にかけ，沸騰したら弱火にし，あずきがやわらかくなるまでさし水をしながら煮て火を止める．圧力鍋の場合，加圧調理20分後，自然放置する． ⑤ あずきが浸る程度まで煮汁を減らし，白ざらめ糖を入れて1時間程度おく． ⑥ ⑤を火にかけ，粒をつぶさないようにあんを煮る（できるだけ混ぜない）． ⑦ ヘラであんをすくって落とし，山になるかたさになったら火を止める．バットなどに入れて冷ます．	〈100 g あたり〉 E　232 kcal P　　5.9 g F　　0.3 g 食塩　0 g

練りあん（あずき）

材料名	出来上がり量 約 500 g 分（g）	作り方	栄養価
あずき 白ざらめ糖	200 200	◆生こしあん ① 粒あんの作り方の①〜④と同様にあずきを煮る． ② こし器をボウルの上にのせて①を入れ，裏ごす．別のボウルに水を入れ，こし器のなかに残った皮を洗うようにしてこす．残った皮は捨てる． ③ ②のボウルに水を入れ，しばらくおく．ボウルの底にあんが沈澱したら，静かに上澄み液を捨てる．これを2回くり返す． ④ こし器の上にかたく絞ったぬれ布巾を広げ，③を入れ，布巾で包んでかたく絞り，生こしあんをつくる（出来上がり量 約330 g）． ◆練りあん ⑤ 鍋に水約150 gを沸騰させ，白ざらめ糖を加えて溶かし，④の生こしあんを加えて混ぜながら，適度なかたさになるまで煮詰める． ⑥ バットなどに入れて冷ます．	〈100 g あたり〉 E　254 kcal P　　5.6 g F　　0.2 g 食塩　0 g

> **メモ** さらしあん（乾燥あん）は，生こしあんを乾燥し，粉末状にしたものである．水と砂糖を加えて練ると練りあんができる．

練りあん（白いんげん豆）

材料名	出来上がり量 約450 g分（g）	作り方	栄養価
白いんげん豆（手亡豆） 白ざらめ糖	200 150	◆生こしあん ① 白いんげん豆を一晩（8～10時間）水につける． ② ①の白いんげん豆を粒あんの作り方①～④と同様に煮る． ③ 煮あがった豆を，そのまま鍋のなかでつぶす． ④ こし器をボウルの上にのせて③を入れ，裏ごす．別のボウルに水を入れ，こし器のなかに残った皮を洗うようにしてこす．残った皮は捨てる． ⑤ ④のボウルに水を入れ，しばらくおく．ボウルの底にあんが沈澱したら静かに上澄み液を捨てる．これを2回くり返す． ⑥ こし器の上にかたく絞ったぬれ布巾を広げ，⑤を入れ，布巾で包んでかたく絞り，生こしあんをつくる（出来上がり量 約350 g） ◆練りあん ⑦ 鍋に水約100 gを沸騰させ，白ざらめ糖を加えて溶かし，⑥の生こしあんを加えて混ぜながら，適度なかたさになるまで煮詰める． ⑧ バットなどに入れて冷ます．	〈100 gあたり〉 E　236 kcal P　　5.8 g F　　0.4 g 食塩　0 g

三色おはぎ

材料名	1人分(g)	作り方	栄養価
もち米 うるち米 水 塩 粒あん（あずき） きな粉 　砂糖 青のり	40 20 70 0.7 70 3 1 2	① もち米とうるち米は手早く洗ってざるにあげて水気を切り，水を加えて浸漬し，30分程度吸水させる．塩を加えて軽く混ぜ，炊飯する． ② ①の飯が熱いうちに湿らせたすりこぎで半つぶしにする．あんのおはぎ用に1/4量をとり分けて丸める．残りをきな粉用と青のり用に2等分し，それぞれ丸める． ③ 粒あんは，あんのおはぎ用に半量をとり分けて丸め，残りをきな粉用と青のり用に2等分し，それぞれ丸める． ④ きな粉に砂糖を混ぜる． ⑤ あんのおはぎ：粒あんを円形にし，その上に飯をのせて包む．きな粉と青のりのおはぎ：飯を円形にし，その上に粒あんをのせて包み，④のきな粉または青のりをまぶす． ⑥ 3種類のおはぎを皿に盛る． ＊　粒あんの作り方はp.155参照．	E　390 kcal P　　8.9 g F　　1.6 g 食塩　0.9 g

> **メモ**　「おはぎ(お萩)」は「ぼたもち(牡丹餅)」とも呼ばれる．粒あん，きな粉，青のりのほかにも，ごまやずんだ(えだまめ)など，さまざまなバリエーションがある．

柏餅

材料名	1個分（g）
上新粉	17
砂糖	1.7
水	15
練りあん（あずき）	20
柏の葉（乾燥）	1枚

作り方
① 柏の葉は熱湯で5分程度ゆでて水にさらす．
② 練りあんを丸める．
③ ボウルに上新粉と砂糖を入れ，分量の水を加えて混ぜ，よくこねる．
④ 蒸し器にさらし布巾を敷き，③を平たくしておき，強火で約15分蒸す．
⑤ さらし布巾ごと蒸し器から出し，もみまとめ，平らにし，水に1〜2分つけてあら熱をとる．
⑥ 手水をつけながら粘りが出て耳たぶくらいのかたさになるまでよくこね，丸める．
⑦ 楕円形に伸ばし，②のあんをのせ，2つ折りにして縁をとじる．
⑧ 再び強火で約5分蒸し，蒸し器のなかであら熱をとり，とり出して冷ます．
⑨ ⑧を柏の葉で包み，皿に盛る．
＊ 練りあんの作り方と栄養価は p.155 参照．

応用 練りあん（あずき）の代わりに，練りあん（白いんげん豆）に白みそを混ぜたみそあんを用いてもよい．

メモ 柏餅は「子どもの日（端午の節句）」に食べる行事菓子であり，江戸時代頃から広まった．柏の木は新芽が出るまで古い葉が落ちないため，子孫繁栄の意味があるといわれる．

栄養価
〈1個分〉
E 116 kcal
P 2.0 g
F 0.1 g
食塩 0 g

どら焼き

材料名	1個分（g）
薄力粉	17
ベーキングパウダー	0.7
卵	13
砂糖	15
水	6.7
油	適量
粒あん（あずき）	25

作り方
① 薄力粉，ベーキングパウダーは合わせてふるう．
② ボウルに卵を入れ，砂糖を加えて泡立てないように混ぜる．
③ ②に①の半量と分量の水の半量を加えて混ぜる．粉気がなくなったら残りの粉と水を加えて混ぜる．
④ ボウルにラップをして約30分おき，生地を休ませる．
⑤ 厚手のフライパン（または鉄板）を熱し，油を薄くひく．
⑥ ④の生地を直径8 cm程度の円形に2枚分流し，弱火できつね色に焼く．
⑦ 表面に穴があいてかたまってきたら裏返し，さっと焼き，冷ます．
⑧ 2枚の皮で粒あんを挟み，皿に盛る．
＊ 粒あんの作り方は p.155 参照．

栄養価
〈1個分〉
E 195 kcal
P 4.3 g
F 1.5 g
食塩 0.2 g

いちご大福

材料名	6個分(g)
白玉粉	75
砂糖	10
水	35
練りあん（あずき）	60
いちご	6個
かたくり粉（打ち粉，手粉用）	適量

作り方

① いちごはへたをとり，水気をふきとる．
② 練りあんを6等分し，いちごを包む．赤い色が透けて見えるよう先を少し残す．
③ 耐熱ボウルに白玉粉と砂糖を入れ，分量の水を少しずつ加え，泡立て器でよく混ぜる．
④ ラップをして電子レンジ（500 W）で3分加熱する．とり出してヘラで混ぜ，さらに電子レンジで2分加熱する．
⑤ バットに打ち粉をし，④の生地をのせ，6等分する．
⑥ 手粉をし，生地を丸く伸ばし，②にきれいな面が外側になるように上からかぶせる．まわりの生地を下に伸ばし，底をつまんで閉じて形を整え，皿に盛る．
＊ 練りあんの作り方と栄養価は p.155 参照．

応用 練りあん（あずき）の代わりに，練りあん（白いんげん豆）を用いてもよい．また，図のように，あんを餅で包み，上部をはさみで切って広げ，いちごをのせてもよい．

栄養価
〈1個分〉
E　76 kcal
P　1.3 g
F　0.1 g
食塩　0 g

豆腐白玉ぜんざい

材料名	1人分(g)
◆豆腐白玉だんご	
絹ごし豆腐	50
白玉粉	40
◆ぜんざい	
粒あん（あずき）	50
水	90
くず粉	3

作り方

◆豆腐白玉だんご
① すり鉢に豆腐と白玉粉を入れ，すりこぎで塊をつぶすように混ぜ，耳たぶくらいのかたさにする．
② 2 cm 程度に丸め，中央を軽く押さえて平たくする．
③ 熱湯に入れ，だんごが浮いてきてから約1分ゆで，冷水にとる．
④ あら熱がとれたらざるにあげて水気を切る．

◆ぜんざい
① 鍋に粒あんと分量の水を入れてあんをのばし，加熱する．
② 水溶きくず粉を加え，とろみをつける．

◆盛りつけ
① 豆腐白玉だんごをぜんざいに加えて温め，器に盛る．
＊ 粒あんの作り方は p.155 参照

栄養価
E　293 kcal
P　7.9 g
F　2.1 g
食塩　0 g

浮島

材料名	流し缶1個分(g)	作り方	栄養価
練りあん（あずき）	90	① 上新粉をふるう．	〈流し缶1個分〉
卵黄	16（1個分）	② ボウルに練りあん，卵黄，砂糖を入れ，混ぜる．	E　619 kcal
砂糖（卵黄用）	35	③ 別のボウルで卵白を泡立てる．卵白が白くなってきたら砂糖を2回に分けて加え，ツノが立つまで泡立て，メレンゲをつくる．	P　12.2 g
卵白	35（1個分）	④ ②に③を2回に分けて加え混ぜ，①の上新粉を入れてさっくりと混ぜ，甘納豆を加えて混ぜる．	F　4.9 g
砂糖（卵白用）	15	⑤ オーブンシートを敷いた流し缶に流し入れ，強火で25〜30分蒸す．	食塩　0.2 g
上新粉	20	⑥ 型から出し，あら熱がとれたら，切り分けて皿に盛る．	
甘納豆	20	＊練りあんの作り方と栄養価はp.155参照．	

栗まんじゅう

材料名	6個分(g)	作り方	栄養価
薄力粉	43	① 薄力粉と重曹を合わせてふるう．	〈1個分〉
重曹	0.5	② 栗の甘露煮はさいの目切りにして練りあんと混ぜ，6等分して丸める．	E　114 kcal
砂糖	20	③ ボウルに砂糖とやわらかくしたバターを入れ，よく混ぜる．	P　2.3 g
食塩不使用バター	6	④ 溶き卵を少しずつ加え，なめらかになるまで全体を混ぜる．	F　1.4 g
卵	18	⑤ 生地用の練りあんを加え，ヘラで混ぜる．	食塩　0 g
練りあん（白いんげん豆，生地用）	4	⑥ ①を加え，ヘラで切るようにしてさっくりと混ぜ，ラップをかけ，冷蔵庫で20〜30分休ませる．	
栗の甘露煮	25	⑦ 打ち粉をしたバットに⑥をのせ，耳たぶくらいのやわらかさになるまで軽くもみまとめ，6等分して丸める．	
練りあん（白いんげん豆）	130	⑧ 手粉をし，⑦を直径5 cmに押し広げ，②のあんを包み，腰高にする．	
卵黄	3	⑨ 天板にオーブンシートを敷き，全体にたっぷりと霧を吹く．	
みりん	2	⑩ ⑧のまんじゅうを並べ，表面がしっとりするまで霧を吹く．	
薄力粉（打ち粉，手粉用）	適量	⑪ まんじゅうの表面が少し乾いたら，みりんでのばした卵黄をハケで塗る．	
		⑫ 180℃に予熱したオーブンで15〜18分焼き，皿に盛る．	
		＊練りあんの作り方と栄養価はp.156参照．	

豆乳かん

材料名	1人分(g)	作り方	栄養価
豆乳	100	① 鍋に豆乳，砂糖，粉寒天を入れてヘラで混ぜる．	E　107 kcal
砂糖	10	② 火にかけ，沸騰したら弱火で約2分煮る．	P　5.1 g
粉寒天	1	③ 水でぬらした型に入れ，あら熱がとれたら冷やし固める．	F　3.0 g
きな粉	5	④ スプーンなどですくって器に盛り，きな粉をかける．	食塩　0 g

芋ようかん

材料名	流し缶1個分（g）	作り方	栄養価
さつまいも	300	① さつまいもは厚めに皮をむき，厚さ2 cmの輪切りにし，水にさらす．	〈流し缶1個分〉
水	130	② 蒸し器で約15分，竹串がすっと通るまで蒸す．	E 581 kcal
砂糖	50	③ 熱いうちに裏ごす．	P 2.4 g
粉寒天	3	④ 鍋に分量の水，砂糖，粉寒天を入れて火にかけ，沸騰したら弱火で約2分加熱する．	F 0.3 g
黒ごま（いり）	適量	⑤ ③のさつまいもを加えて混ぜ合わせる．	食塩 0.3 g
		⑥ 水でぬらした流し缶に入れて表面をならし，冷やし固める．	
		⑦ 切り分けて，ごまをのせ，皿に盛る．	

わらび餅

材料名	1人分(g)	作り方	栄養価
わらびもち粉	20	① 鍋にわらびもち粉と砂糖を入れ，分量の水を少しずつ加えて混ぜる．	E 98 kcal
砂糖	2	② 中火にかけ，生地に粘りが出て透明になるまで絶えずヘラで鍋底をこするように混ぜる．	P 1.7 g
水	90		F 1.2 g
きな粉	5	③ バットにきな粉を広げ，その上に生地をのせる．生地の表面にもきな粉をまぶして平らにし，あら熱がとれたら一口大に切る．	食塩 0 g
		④ 器に盛り，バットに残ったきな粉をかける．	

> **メモ** わらび粉はワラビの根からとったデンプンであるが，一般的にはさつまいもデンプンなどを用いたわらびもち粉が多い．

えびせんべい

材料名	6枚分(g)	作り方	栄養価
白飯	60	① すり鉢にさくらえびを入れてすりこぎでつぶす．	〈1枚分〉
さくらえび（乾）	4	② 半分程度つぶれたら，温かい白飯を加えてさらにすりこぎでつぶしながら混ぜる．	E 18 kcal
塩	1	③ 6等分し，オーブンシートの上に間隔をあけて置く．	P 0.2 g
		④ 上からオーブンシートをかぶせ，手で押さえて直径約6 cmに丸くする．	F 0 g
		⑤ 上のシートをはがして塩をふる．そのまま電子レンジ（500 W）で1分加熱する．	食塩 0 g
		⑥ とり出して再びシートをかぶせて裏返し，少し冷まして上のシートをはがす．	
		⑦ 再び電子レンジで1分加熱し，乾かす．	
		⑧ よく熱したフライパンにのせ，弱火でパリッとするまで焼き，皿に盛る．	

水無月

材料名	流し缶 1個分（g）	作り方	栄養価
くず粉	20	① ボウルにくず粉と白玉粉を入れて，分量の水の1/4程度を加えてよく溶かす．	〈流し缶1個分〉
白玉粉	20	② 薄力粉と砂糖を加え，残りの水を少しずつ加えながらよく練る．	E　796 kcal
薄力粉	80	③ 生地を大さじ2ほど残し，流し缶に入れる．	P　8.8 g
砂糖	60	④ 強火で7〜8分蒸す．	F　1.3 g
水	225	⑤ 甘納豆を表面に散らし，残しておいた生地を流し入れ，さらに15分程度蒸す．	食塩　0.1 g
甘納豆	50	⑥ あら熱がとれたら型から出し，三角形に切り分け，皿に盛る．	

メモ　水無月は6月30日の夏越の祓の日に食べる三角形のういろう生地の上にあずきを散らした行事菓子である．

みたらし団子

材料名	12本分(g)	作り方	栄養価
上新粉	144	① 耐熱ボウルに上新粉，白玉粉，砂糖を入れ，分量の水を少しずつ加えて混ぜる．	〈1本分〉
白玉粉	24	② ラップをかけて電子レンジ（500 W）で2分加熱し，とり出して混ぜる．	E　84 kcal
砂糖	24	③ 再度ラップをして電子レンジで2分加熱し，とり出して混ぜる．もう一度2分加熱する．	P　0.9 g
水	180	④ かたく絞ったぬれ布巾に生地を包み，もみまとめる．生地を平たくして水につけてあら熱をとる．	F　0 g
◆たれ		⑤ 手水をつけながら耳たぶくらいのかたさになるまでもみまとめる．棒状に伸ばし，24等分して丸める．	食塩　0.4 g
水	90	⑥ 水に浸しておいた串に2個ずつ刺す．	
砂糖	72	⑦ 網で焼き，両面に焼き色をつける．	
しょうゆ	36	⑧ 鍋に水，砂糖，しょうゆ，みりんを入れて煮立て，水溶きくず粉でとろみをつけ，たれをつくる．	
みりん	6	⑨ ⑦の団子に⑧のたれをからめて，皿に盛る．	
くず粉	12		

洋菓子

パウンドケーキ

材料名	17 cm パウンド型 1 台分（g）	作り方	栄養価
バター	100	① 薄力粉とベーキングパウダーを合わせてふるう．型にオーブンシートを敷く．	〈1 台分〉
砂糖	100	② バターを室温でやわらかくし，ボウルに入れて泡立て器で撹拌する．	E 1,655 kcal
卵	100	③ ②が白っぽくなったら，砂糖を 4～5 回に分けて加えながら撹拌する．	P 21.0 g
薄力粉	120	④ 溶き卵を 5～6 回に分けて少しずつ加えながら撹拌する．	F 85.4 g
ベーキングパウダー	2	⑤ ①の粉類を一度に入れ，生地がなめらかになるまでヘラで切るようにして混ぜる．	食塩 2.6 g
		⑥ 型に入れ，表面をならして中央を少しくぼませる．	
		⑦ 180℃に予熱したオーブンで 30～40 分焼く．	

デコレーションケーキ

材料名	18 cm 丸型 1 台分（g）	作り方	栄養価
卵	200	① 薄力粉をふるう．型に紙を敷く．	〈1 台分〉
砂糖	100	② ボウルに卵を溶きほぐし，砂糖を加えて湯煎にかけ，撹拌しながら 40℃まで温める．	E 2,009 kcal
薄力粉	100	③ ②を湯煎からはずし，よく泡立てる．	P 36.4 g
牛乳	40	④ ①の薄力粉を加えてさっくり混ぜ合わせ，牛乳を加え，混ぜる．	F 100.7 g
◆クリーム		⑤ 型に流し入れ，160℃に予熱したオーブンで 30 分焼く．型から出して紙をはがし，冷ます．	食塩 1.0 g
生クリーム	200	⑥ 生クリームに砂糖を加え，氷水で冷やしながら泡立て，クリームをつくる．	
砂糖	20	⑦ ⑤が冷めたら横半分に切り，切り口に⑥のクリームを塗る．	
いちご	240 （約 12 個）	⑧ いちご 80 g をスライスし，⑦に並べる．	
		⑨ いちごの上にクリームを塗り，もう一方のスポンジをのせ，側面，上面にもクリームを塗る．	
		⑩ 口金をつけた絞り袋に入れたクリームを上に絞り出し，残りのいちごを飾る．	

アップルパイ

材料名	18 cm パイ皿 1 枚分（g）	作り方	栄養価
◆パイ生地		① 薄力粉をふるう．バターを 1 cm 角に切り，冷やす．	〈1 枚分〉
薄力粉	150	② 薄力粉にバターを入れ，スケッパー（図）で切るように混ぜ合わせる．	E　1,772 kcal
食塩不使用バター	80		P　　15.1 g
冷水	約 60		F　　69.2 g
薄力粉（打ち粉用）	適量		食塩　　0 g
◆フィリング			
りんご	400（小 2 個）	③ 冷水を少しずつ加え，全体がようやくまとまる程度に手早くまとめる．ラップで包み，冷蔵庫でしばらく休ませる．	
砂糖	100	④ ③の生地に打ち粉をしてめん棒で幅 20 cm，長さ 40 cm の四角形に伸ばして 3 つ折りにし，向きを変えてまた伸ばす．この作業を 3 ～ 4 回くり返す．	
レモン汁	10		
シナモン	適量	⑤ 厚さ 4 mm 程度まで伸ばし，パイ皿に敷いて，まわりを切り落とす．	
◆ドリュール		⑥ 切り落とした生地はまとめて再度伸ばし，幅 1.5 cm に切る．	
卵黄	20（1 個分）	⑦ ◆フィリング　りんごは皮をむいて，厚さ 5 mm のいちょう切りにし，砂糖，レモン汁，シナモンとともに鍋に入れ，りんごに透明感が出るまで弱火で煮る．	
水	5	⑧ ⑤に冷ましたフィリングを平らに広げ，⑥の生地で格子状に飾る．	
		⑨ 卵黄と水を混ぜてつくったドリュールをハケで塗り，200℃に予熱したオーブンで 30 分程度焼く．	

シフォンケーキ

材料名	17 cm シフォン型 1 台分（g）	作り方	栄養価
卵黄	60（3 個分）	① 薄力粉をふるう．	〈1 台分〉
砂糖（卵黄用）	20	② 卵黄をボウルに入れてほぐし，砂糖を加え，白っぽくなるまでよく撹拌する．	E　1,028 kcal
コアントロー酒	20		P　　24.3 g
水	20	③ コアントロー酒，分量の水，油を順に加えながら撹拌する．	F　　46.9 g
油	30	④ すりおろしたレモンの皮を加えて混ぜ，①を一度に加えて手早く混ぜる．	食塩　0.7 g
レモンの皮（すりおろし）	少々		
薄力粉	60	⑤ 別のボウルに卵白を入れ，泡立てる．ある程度泡立ったら砂糖を加え，ツノが立つまでしっかり泡立ててメレンゲをつくる．	
卵白	120（4 個分）	⑥ ④に⑤のメレンゲの 1/3 量を加え，よく混ぜる．	
砂糖（卵白用）	40	⑦ メレンゲのボウルに⑥を一度に加え，ヘラで泡を消さないよう下からすくい上げるように混ぜる．	
		⑧ 型に流し入れ，170℃に予熱したオーブンで 30 分焼く．	
		⑨ 焼きあがったら型を逆さにして冷ます．	

チーズケーキ

材料名	15 cm 丸型 1 台分（g）	作り方	栄養価
グラハムクラッカー	80	① グラハムクラッカーをビニール袋に入れ，細かく砕き，室温でやわらかくしたバターとよく混ぜ，型に均等に敷き詰める．	〈1 台分〉
食塩不使用バター	24	② クリームチーズを室温でやわらかくし，泡立て器でなめらかになるまでよく混ぜる．	E 1,804 kcal
クリームチーズ	200	③ 砂糖を 2〜3 回に分けて加えながら撹拌する．	P 29.0 g
砂糖	60	④ 溶き卵を 3〜4 回に分けて加えながら撹拌する．	F 125.0 g
卵	60 （L 1 個）	⑤ 生クリームを加えて，もったりするまでよく混ぜる．	食塩 2.9 g
生クリーム	60	⑥ コーンスターチを加えてよく混ぜ，こして①の型に流し込む．	
コーンスターチ	16	⑦ 160℃に予熱したオーブンで 40〜50 分焼く．	

シュークリーム

材料名	1 個分（g）	作り方	栄養価
バター	5	① バターを小さく切る．薄力粉をふるう．	〈1 個分〉
水	10	② ①のバターと分量の水を鍋に入れて火にかけ，沸騰させる．	E 140 kcal
薄力粉	5	③ バターが完全に溶けたら火からおろし，①の薄力粉を一度に加えて手早く混ぜる．	P 3.6 g
卵	約 12	④ 再度中火にかけて撹拌し，鍋底に薄い膜が張るようになったら火からおろす．	F 7.6 g
◆カスタードクリーム		⑤ ボウルに移し，ヘラですくうと三角形に流れるようなかたさ（図）になるまで溶き卵を少しずつ加えて練る．	食塩 0.2 g
牛乳	35		
卵黄	5		
砂糖	7		
薄力粉	1.5		
バニラエッセンス	適量		

⑥ 直径 1 cm の口金をつけた絞り袋に入れ，オーブンシートを敷いた天板に間隔をあけて絞る．

⑦ 200℃に予熱したオーブンで 15 分焼き，180℃に下げて 5 分焼く．オーブンに入れたまま冷ます．

⑧ ◆カスタードクリーム
- 牛乳を鍋で温める．
- ボウルに卵黄，砂糖を入れて撹拌し，薄力粉を加えてよく混ぜる．温めた牛乳を少しずつ加えて混ぜ，こしながら鍋に戻し入れ，ヘラで混ぜながら弱火にかける．
- とろみがついたら火からおろし，バニラエッセンスを加え，混ぜる．

⑨ ⑦が完全に冷めたら，カスタードクリームを詰め，皿に盛る．

マドレーヌ

材料名	7.5 cm マドレーヌ型 1個分(g)	作り方	栄養価
卵	15	① 薄力粉とベーキングパウダーを合わせてふるう．バターを湯煎で溶かす．	〈1個分〉
砂糖	15	② 卵に砂糖を加え，湯煎しながらよく泡立てる．	E 237 kcal
薄力粉	15	③ ①の粉類，すりおろしたレモンの皮を加え，ヘラで底からすくい上げるように混ぜる．	P 2.9 g
ベーキングパウダー	0.1		F 12.8 g
レモンの皮（すりおろし）	少々	④ ①の溶かしバターをまわし入れ，手早く混ぜる．	食塩 0.4 g
バター	15	⑤ マドレーヌ用グラシン紙を敷いた型に流し，180℃に予熱したオーブンで15分焼く．	
		⑥ 型から出し，皿に盛る．	

絞りだしクッキー

材料名	3枚分(g)	作り方	栄養価
バター	10	① 薄力粉とベーキングパウダーを合わせてふるう．	〈3枚分〉
砂糖	5	② バターを室温でやわらかくし，ボウルに入れて泡立て器で撹拌する．	E 148 kcal
卵	3		P 1.6 g
牛乳	3	③ 白っぽくなったら，砂糖を2～3回に分けて加えながら撹拌する．	F 8.0 g
バニラエッセンス	適量	④ 別のボウルで卵，牛乳を混ぜ合わせ，2～3回にわけて③に少しずつ加えながら撹拌する．バニラエッセンスを加えて混ぜる．	食塩 0.2 g
薄力粉	15		
ベーキングパウダー	0.1	⑤ ①を一度に入れ，生地がなめらかになるまでヘラで切るようにして混ぜ合わせる．	
		⑥ 口金をつけた絞り袋に入れ，オーブンシートを敷いた天板に直径約4 cmに絞り出す．	
		⑦ 180℃に予熱したオーブンで12～15分焼き，皿に盛る．	

型抜きクッキー

材料名	3枚分(g)	作り方	栄養価
バター	10	① 薄力粉とベーキングパウダーを合わせてふるう．	〈3枚分〉
粉糖	5	② バターを室温でやわらかくし，ボウルに入れて泡立て器で撹拌する．	E 164 kcal
卵	3		P 1.9 g
バニラエッセンス	適量	③ 白っぽくなったら，粉糖を2～3回に分けて加えながら撹拌する．	F 8.0 g
薄力粉	20	④ 溶き卵を2～3回にわけて少しずつ加えながら撹拌する．バニラエッセンスを加えて混ぜる．	食塩 0.2 g
ベーキングパウダー	0.1		
薄力粉（打ち粉用）	適量	⑤ ①を一度に入れ，生地がなめらかになるまでヘラで切るようにして混ぜ合わせる．	
		⑥ ひとつにまとめてラップで包み，30分程度冷やす．	
		⑦ 打ち粉をした台の上に生地をのせ，めん棒で厚さ4 mmに伸ばし，型で抜く．	
		⑧ オーブンシートを敷いた天板に並べ，170℃に予熱したオーブンで12～15分焼き，皿に盛る．	

スイートポテト

材料名	1個分(g)	作り方	栄養価
さつまいも	40	① さつまいもの皮をむき，厚さ1cmの輪切りにする．	〈1個分〉
砂糖	4	② 鍋に水と①を入れ，やわらかくなるまでゆで，ざるにあげて水気を切り，裏ごす．	E　110 kcal
バター	4	③ ②を鍋に戻し，砂糖，バター，牛乳を加えて弱火で練る．	P　1.0 g
牛乳	4		F　4.3 g
卵黄	2	④ 好みのかたさになったら火からおろし，卵黄を加えて混ぜる．	食塩　0.1 g
◆ドリュール		⑤ アルミカップに入れて形を整え，表面に卵黄と水を混ぜてつくったドリュールをハケで塗る．	
卵黄	2	⑥ 200℃に予熱したオーブンで5～10分，表面に焼き色がつくまで焼き，皿に盛る．	
水	2		

ワインゼリー

材料名	1人分(g)	作り方	栄養価
水	40	① 粉ゼラチンを分量の水にふり入れ，膨潤させる．	E　51 kcal
砂糖	10	② 鍋に分量の水と砂糖を入れ，煮立ったら弱火にし，赤ワインを入れて1分程度加熱する．	P　0.9 g
赤ワイン	10		F　0 g
粉ゼラチン	1	③ 火からおろし，①を入れて溶かす．完全に溶けたらレモン汁を加えて混ぜる．	食塩　0 g
水（ゼラチン用）	5	④ 氷水を張ったボウルに鍋底をあて，混ぜながら冷やす．	
レモン汁	5	⑤ とろみがつきかけたら水でぬらした型に流し入れ，冷やし固める．	
		⑥ 型から出して，器に盛る．	

フルーツゼリー

材料名	1人分(g)	作り方	栄養価
A｛水	50	① 粉ゼラチンを分量の水にふり入れ，膨潤させる．	E　49 kcal
缶詰のシロップ	10	② 鍋にAを入れて中火にかける．	P　0.9 g
砂糖	6	③ 砂糖が溶け，煮立ったら火からおろし，①を入れて溶かす．	F　0 g
粉ゼラチン	1	④ 氷水を張ったボウルに鍋底をあて，混ぜながら冷やす．	食塩　0 g
水（ゼラチン用）	5	⑤ とろみがつきかけたら水でぬらした型に流し入れ，食べやすい大きさに切ったみかんと白桃を入れて冷やし固める．	
みかん（缶）	10		
白桃（缶）	10	⑥ 型から出して，器に盛る．	
		応用 黄桃やパインアップルなど，他のフルーツ（缶）を用いてもよい．	

パンナコッタ

材料名	1人分(g)	作り方	栄養価
牛乳	60	① 粉ゼラチンを分量の水にふり入れ，膨潤させる．	E 158 kcal
砂糖	5	② 鍋に牛乳と砂糖を入れ，弱火にかける．	P 3.0 g
粉ゼラチン	1	③ 砂糖が溶け，煮立ったら火からおろし，①を入れて溶かし，完全に溶けたら生クリームとバニラエッセンスを加える．	F 10.0 g
水	5		食塩 0.1 g
生クリーム	20	④ 氷水を張ったボウルに鍋底をあて，混ぜながら冷やす．	
バニラエッセンス	適量	⑤ とろみがつきかけたら器に流し入れ，冷やし固める．ブルーベリージャムを添える．	
ブルーベリージャム	10		

ババロア

材料名	1人分(g)	作り方	栄養価
卵黄	4	① 粉ゼラチンを分量の水にふり入れ，膨潤させる．	E 147 kcal
砂糖	8	② 牛乳を鍋で温める．	P 2.6 g
牛乳	30	③ ボウルに卵黄，砂糖を入れ，よく混ぜ，②の牛乳を加え撹拌する．	F 10.1 g
粉ゼラチン	1	④ ③をこしながら鍋に入れて，混ぜながら弱火にかけ，温める．	食塩 0.1 g
水	5	⑤ ①を加えて完全に溶かし，バニラエッセンスを加える．氷水を張ったボウルに鍋底をあて，とろみがつくまで冷やす．	
バニラエッセンス	適量	⑥ 生クリームをとろみがつくまで泡立てる．	
生クリーム	20	⑦ ⑥に⑤を加えて混ぜ，水でぬらした型に入れて冷やし固める．	
		⑧ 型から出して，器に盛る．	

レモンムース

材料名	1人分(g)	作り方	栄養価
牛乳	10	① 粉ゼラチンを分量の水にふり入れ，膨潤させる．	E 162 kcal
砂糖	15	② 鍋に牛乳と砂糖を入れ，弱火で加熱する．	P 2.2 g
粉ゼラチン	1	③ 砂糖が溶け，煮立ったら火からおろし，①を入れて溶かし，完全に溶けたらヨーグルトとレモン汁を加える．氷水を張ったボウルに鍋底をあて，とろみがつくまで冷やす．	F 8.8 g
水	5		食塩 0.1 g
ヨーグルト	20	④ 生クリームを七分立てにする．	
レモン汁	7	⑤ ④に③を加えて混ぜ，器に入れ，冷やし固める．	
生クリーム	20		

ブラマンジェ

材料名	1人分(g)	作り方	栄養価
砂糖	5	① 鍋に砂糖とコーンスターチを入れてよく混ぜ，牛乳を加えて弱火にかける．	E 113 kcal
コーンスターチ	5		P 2.5 g
牛乳	80	② 絶えずかき混ぜながら沸騰させ，とろみがつくまで加熱する．	F 2.9 g
◆イチゴソース		③ あら熱をとり，水でぬらした型に流し入れ，冷やし固める．	食塩 0.1 g
いちご	20	④ ◆イチゴソース　鍋にいちごと分量の水，砂糖，レモン汁を入れ，弱火にかけ，いちごをつぶしながら少し煮詰まるまで加熱し，冷やす．	
水	10		
砂糖	5		
レモン汁	2	⑤ ③を型から出して器に盛り，イチゴソースを添える．	

フルーツのヨーグルトあえ

材料名	1人分(g)	作り方	栄養価	
りんご	20	① りんご，キウイフルーツはいちょう切り，バナナは輪切りにしてレモン汁と合わせる．	E	84 kcal
キウイフルーツ	20	② ヨーグルトとはちみつ，①のフルーツとみかんを混ぜ合わせ，器に盛る．	P	1.2 g
バナナ	20		F	0.8 g
レモン汁	5		食塩	0 g
みかん（缶）	20			
ヨーグルト	25			
はちみつ	5			

中国菓子

炸芝麻元宵　チャーチーマーユアンシャオ（ごま揚げ団子）

材料名	1個分(g)	作り方	栄養価	
白玉粉	7	① 練りあんを丸める．	〈1個分〉	
砂糖	2	② 白玉粉に砂糖を加え，分量の水を少しずつ加えて練り，耳たぶくらいのかたさになるようにこねる．	E	78 kcal
水	約6		P	1.2 g
練りあん（あずき）	7	③ 丸く伸ばし，①のあんをのせて包み，ごまをまぶす．	F	3.0 g
白ごま（いり）	2	④ 油を150℃に熱し，③の団子を静かに入れ，弱火できつね色になるまで揚げ，皿に盛る．	食塩	0 g
揚げ油	適量	＊ 練りあんの作り方と栄養価は p.155 参照．		

椰子布甸　イエヅプゥティエン（ココナッツプリン）

材料名	1人分(g)	作り方	栄養価	
A ｛ ココナッツミルク	50	① 粉ゼラチンを分量の水にふり入れ，膨潤させる．	E	183 kcal
牛乳	50	② 鍋にAを入れ，中火にかけ，煮立たせないようにして砂糖を溶かす．	P	4.7 g
砂糖	10		F	9.2 g
粉ゼラチン	2.5	③ 砂糖が溶けたら火からおろし，①を入れてよく溶かす．	食塩	0.1 g
水	10	④ ③をこし，氷水を張ったボウルにあてて，混ぜながら冷やす．		
◆マンゴーソース		⑤ とろみがつきかけたら器に流し入れ，冷やし固める．		
マンゴージャム	20	⑥ ◆マンゴーソース　マンゴージャムにレモン汁，コアントロー酒を加えてミキサーにかけ，ピューレ状にする．適量の水を加えて火にかけて濃度を調節し，冷やす．		
レモン汁	2			
コアントロー酒	適量	⑦ ⑤のプリンが固まったら，マンゴーソースをかける．		

脆麻花　ツェイマーホワ（中華揚げ菓子）

材料名	8本分(g)	作り方	栄養価
薄力粉	60	① 薄力粉，強力粉，ベーキングパウダーを合わせてふるう．	〈1本分〉
強力粉	60	② ボウルにAを入れて箸などで混ぜ合わせ，まとまってきたらこねる．	E　104 kcal
A ベーキングパウダー	1	③ 粉っぽさがなくなり，生地がなめらかになったら丸くまとめ，ラップをして30分以上休ませる．	P　1.4 g
水	50	④ ③の生地を軽くこね，8等分にして丸め，形を整える（図）．	F　4.6 g
砂糖	25		食塩　0.1 g
ごま油	6		
塩	1		
揚げ油	適量		

平たく円形に伸ばし，真ん中に穴をあける． → 穴に指を入れてゆっくり広げる． → 太さ5 mm，直径30〜40 cm程度の輪をつくる． → 両端をもってねじる． → よくねじる． → 2つ折りにし，片方の端をもう一方の輪に通し，形を整える．

⑤ 150℃程度の油できつね色になるまで揚げ，皿に盛る．

抜絲地瓜　パースーティーグワ（さつまいもの飴煮）

材料名	1人分(g)	作り方	栄養価
さつまいも	40	① さつまいもは皮をむき，一口大の乱切り（馬耳^{マーアル}）にして水にさらす．	E　130 kcal
揚げ油	適量	② さつまいもの水気をふきとり，約160℃の油できつね色になるまで素揚げする．	P　0.4 g
砂糖	12	③ 中華鍋にAを入れて弱火で加熱する．鍋をかき混ぜないでゆすりながら砂糖を溶かし，糸を引くようになったら②を入れ，手早くからめる．	F　3.5 g
A 油	2.4	④ 油（分量外）を薄く塗った皿に盛る．	食塩　0 g
酢	1		

メモ　冷水を入れた小ボウルを添え，いもが熱いうち冷水にくぐらせ，飴を固めて食べる．

8.5　菓子類

杏仁酥 シンレンスゥ（アーモンドクッキー）

材料名	6枚分(g)	作り方	栄養価
ラード	25	① 薄力粉とベーキングパウダーを合わせてふるう．	〈1枚分〉
砂糖	25	② ボウルにラードと砂糖を入れよく混ぜ，卵を加えてクリーム状になるまで混ぜる．	E　100 kcal
卵	15		P　1.4 g
スライスアーモンド	8	③ スライスアーモンドと①を入れ，ヘラでさっくり混ぜ，まとまってきたらひとまとめにする．棒状に伸ばして6等分し，丸める．	F　5.6 g
薄力粉	50		食塩　0 g
ベーキングパウダー	1	④ 直径5 cm程度の円形に伸ばし，オーブンシートを敷いた天板に並べる．	
卵黄（上塗り用）	適量	⑤ 中央にくぼみをつくって卵黄を塗り，アーモンドをのせる．	
アーモンド	6個	⑥ 180℃に予熱したオーブンで10～12分程度焼き，皿に盛る．	

月餅 ユエピン（げっぺい）

材料名	1個分(g)	作り方	栄養価
薄力粉	17	① ボウルに薄力粉，砂糖，ラードを入れてよく混ぜ，分量の水を加えてよくこね，粘りをだす．生地の表面がなめらかになったら，丸めてラップで包み15分程度休ませる（生地がやわらかい場合は，冷蔵庫で冷やす）．	〈1個分〉
砂糖	5		E　319 kcal
ラード	3		P　5.9 g
水	5		F　12.8 g
◆あん			食塩　0 g
練りあん（あずき）	33	② 練りあんに少量の水（分量外），ラードを入れて火にかけ，よく練る．粗く刻んだピーナッツとレーズン，ごまを加えてよく混ぜ，丸める．	
ラード	4		
ピーナッツ	8		
レーズン	8	③ ①の生地を薄く伸ばし，②を包む．厚さ1.5 cm，直径6 cmの円盤状に成形し，直径7 cmの月餅型を用いて表面に模様をつける．	
白ごま（いり）	2		
◆つや出し		④ 卵黄とみりんを混ぜ合わせたつや出しを塗り，180～190℃に予熱したオーブンで15～20分焼く．	
卵黄	2	⑤ 皿に盛る．	
みりん	0.2	＊ 練りあんの作り方と栄養価はp.155参照．	

開口笑 カイコウシャオ（ごま入り揚げ菓子）

材料名	1個分(g)	作り方	栄養価
薄力粉	2	① 黒砂糖を粉状にし，ふるう．	〈1個分〉
強力粉	7	② ボウルに薄力粉，強力粉，ベーキングパウダーを入れてよく混ぜ，①の黒砂糖，卵，ラードを加えてヘラでよく混ぜたら，ごまを加えて，表面がなめらかになるまでよくこね，丸める．	E　128 kcal
ベーキングパウダー	0.2		P　1.6 g
黒砂糖	4		F　8.8 g
卵	4		食塩　0.1 g
ラード	1	③ 150～160℃の油で揚げ，きつね色になったら火を止め，そのまま余熱で2分程度転がしながら揚げる．	
白ごま（いり）	1	④ 皿に盛る．	
揚げ油	適量		

沙琪瑪 シャーチィマー（中華風おこし）

材料名	流し缶1個分（g）
強力粉	80
ベーキングパウダー	2
卵	50
強力粉（打ち粉用）	適量
揚げ油	適量
レーズン	40
白ごま（いり）	8
A 水あめ	50
A 砂糖	30
A 水	30
A はちみつ	18

作り方
① ボウルに強力粉，ベーキングパウダーを入れてよく混ぜ，溶き卵を加えて耳たぶよりかためになるようにこね，なめらかになったら生地を丸め，ラップで包んで15分程度休ませる．
② 打ち粉をして①の生地を厚さ2mm程度に伸ばし，長さ5cm，幅2～3mmの棒状に切り，粉をふってほぐす．
③ レーズンは粗く刻む．
④ 油を150℃に熱し，②を白っぽくしっとりと揚げる．
⑤ ボウルに④を入れ，③のレーズンとごまを加えてよく混ぜる．
⑥ 鍋にAを入れて火にかけ，糸を引くようになったら⑤に入れ，手早く混ぜる．
⑦ 油（分量外）を薄く塗った流し缶に⑥を入れ，しっかり押して表面を平らにする．
⑧ 冷めたらとり出し，一口大の四角形，またはひし形に切り，皿に盛る．

栄養価 〈流し缶1個分〉
E 1,410 kcal
P 16.9 g
F 69.2 g
食塩 0.5 g

蛋撻 タンター（エッグタルト）

材料名	7.5cmタルト型1個分（g）
薄力粉	10
スキムミルク	1
バター	6
粉糖	3
卵	0.5
◆卵あん	
卵黄	6
牛乳	17
砂糖	5
コーンスターチ	2
バター（型用）	適量

作り方
① ボウルに薄力粉，スキムミルクを入れよく混ぜる．
② 別のボウルに室温でやわらかくしたバターと粉糖を入れてクリーム状になるまで撹拌し，溶き卵を加えてさらに撹拌する．
③ ②に①を加えて混ぜ，よくこね，まとまってきたらラップをして30分程度冷やす．
④ 鍋で牛乳を温め，砂糖を加え，溶けたら，コーンスターチを入れてよく混ぜる．とろみがついたら火を止め，卵黄を加えて混ぜ，こしてなめらかな卵あんにする．
⑤ ③の生地を丸め，8cm程度の円形に伸ばし，バターを塗った型に敷く．縁の部分は少し厚めにする．底の生地にフォークで穴をあける．
⑥ ⑤に④の卵あんを入れる．
⑦ 180～190℃に予熱したオーブンで15～20分焼く．
⑧ 型から出して，皿に盛る．

栄養価 〈1個分〉
E 150 kcal
P 2.5 g
F 7.0 g
食塩 0.2 g

8.6 飲み物

日本茶

玉露，煎茶，ほうじ茶，玄米茶

材料名	1人分(g)	淹れ方
茶葉 湯	2～3 50～100	① 急須に茶葉を入れる． ② 湯を沸かし，適温（表）に冷ます． ③ ①の急須に②の湯を注ぎ，蓋をして浸出させる． ④ 急須をゆすらず，温めた湯呑みに最後の一滴まで注ぎきる．

> **メモ** 日本茶は，香り，うま味，苦味，渋味，浸出液の色などを味わうもので，種類により，浸出温度や時間が異なる．
> 2人分以上淹れるときは，茶の濃さが均一になるようにまわし注ぐとよい．
>
> 〈まわし注ぎ〉

日本茶の浸出条件

	湯の温度	浸出時間
玉露	約60℃	約2分
煎茶	約80℃	約1分
ほうじ茶・玄米茶	約100℃	約30秒

抹茶

材料名	1人分(g)	点て方
抹茶 湯	1.5 70	① 抹茶茶碗を温める． ② 抹茶を抹茶茶碗に入れ，70～80℃の湯を注ぐ． ③ 茶せんを前後に動かし，泡立てる． ④ 泡立ったら茶せんをゆっくり動かし，表面の泡を細かくする．

紅茶

紅茶

材料名	1人分(g)	淹れ方
紅茶（葉）	2	① ポットとカップを温め，ポットに茶葉を入れる．
熱湯	150	② 熱湯をポットに注ぎ，蓋(ふた)をする．
		③ 2～3分蒸らし，カップにこしながら最後の一滴まで注ぎきる．

> **メモ** 紅茶の世界的に有名な生産地は，インドやスリランカ，中国などである．

アイスティー

材料名	1人分(g)	淹れ方
紅茶（葉）	2	① ポットとカップを温め，ポットに茶葉を入れる．
熱湯	80	② 熱湯をポットに注ぎ，蓋(ふた)をする．
氷	120	③ 2～3分蒸らし，氷を入れたグラスにこしながら一気に注いで急冷する．

> **メモ** アイスティーを入れた後に，浸出液が白く濁って見える現象を「クリームダウン」という．これは紅茶に含まれるタンニンとカフェインがゆっくり冷やされる過程で結合するため起こる．防ぐためには，タンニン含有量の少ない紅茶を選ぶ，蒸らし時間を短くする，急冷するなどの方法がある．

フルーツティー

材料名	1人分(g)	淹れ方
紅茶（ティーバッグ）	2（1個）	① ポットとカップを温め，ポットにティーバッグとスライスしたフルーツを入れる．
フルーツ（りんご，オレンジ，キウイフルーツなど）	適量	② 熱湯をポットに注ぎ，蓋(ふた)をする．
熱湯	150	③ 5分程度蒸らしてティーバッグをとり出し，カップに注ぐ．

チャイ

材料名	1人分(g)	淹れ方
紅茶（ティーバッグ）	2（1個）	① 鍋にティーバッグ，シナモン，カルダモン，クローブ，しょうが，分量の水を入れ，火にかける．
シナモン	2 cm	② 沸騰したら弱火にして3分程度煮出す．
カルダモン	1粒	③ 牛乳を加え，沸騰直前で火を止めて，こしながら温めたカップに注ぐ．
クローブ	1粒	
しょうが（スライス）	1枚	
水	100	
牛乳	100	

中国茶

烏龍茶(ウーロンチャー)，普洱茶(プゥアルチャー)，茉莉花茶(モーリーホワチャー)

材料名	1人分(g)	淹れ方
茶葉	2〜3	① 急須を温め，茶葉を入れる．
熱湯	150	② ①に熱湯を入れ30秒〜1分浸出させる．
		③ 温めた湯呑みに注ぐ．

> **メモ** 中国茶を淹れる際に使用する急須を茶壺(チャーフウ)といい，湯呑みを茶杯(チャーペイ)という．中国茶は何煎もくり返し淹れるため，湯呑みは日本茶に使用するものよりもかなり小さいものが多い．また，茶の香りをかぐための筒型の湯呑み(聞香杯(ウェンシァンペイ))もある．

茶壺
聞香杯
茶杯

コーヒー

コーヒー

材料名	1人分(g)	淹れ方
コーヒー(粉)	10	① ポットとカップを温める．
熱湯	150	② ポットにドリッパーをのせ，フィルターをセットし，コーヒーを入れる．
		③ 熱湯を中心に細く静かに少量注ぎ，粉がいったん膨らんだら平らになる前に円を描くように再び注ぐ(図)．
		④ カップに注ぐ．

> **メモ** コーヒー豆は，コーヒーノキの種子である．産地や品種，焙煎方法，抽出方法などにより，香り，酸味，苦味のバランスが異なる．

調理学実習 索引

あ

アールグレイ	55
青煮	143
アッサム	59
アフタヌーンティー	59
アミューズ	29
飴状	67
あられ切り	13
二湯(アルタン)	17
アンティパスト	31
アントシアニン	76
アントレ	30
イースト	74, 100
いかのさばき方	128
イタリア料理	31
一汁三菜	6, 24, 26
いちょう切り	13
イノシン酸	15
祝い箸	81
五香粉(ウーシヤンフェン)	22
聞香杯(ウェンシヤンペイ)	174
潮汁	107
薄切り	13
薄刃包丁	11
うねり串	19
ウバ	59
うま味	15
衛生	4
エストラゴン	22
エッグパスタ	61
えび	81
塩分重量	17
塩分濃度	17, 18
オイスターソース	40
大島饅頭	53
オードブル	29
折敷	24
おせち料理	81
落し蓋	45
おどり串	19
おにすだれ	77
おはぎ	156
おろしあえ	141
おろし方	15
温石	24
温製ソース	34
温度管理	5
温度計	9

か

かいしき	19
会席料理	25
懐石料理	24
高湯(ガオタン)	17
隠し包丁	119, 144
飾り包丁	119
果子	26
柏餅	87, 157
数の子	81
片づま折り	19
かつお節	15, 23
かつらむき	13
家庭料理	26
カトラリー	32
加熱	18
かのこいか	14
粥	93
唐草いか	140
カリフラワー	149
カルダモン	22
カレー粉	57
ガレット	63
乾燥	4
広東料理	36
かんぴょう	10
乾物	9
——の戻し方	10
がんもどき	117
キーマン	59
菊	139
——の節句	87
菊花かぶ	79
菊花切り	14
きくらげ	41
亀甲しいたけ	79
杵しょうが	145
牛刀	11
饗応食	24
供卓	38
郷土料理	23, 26
嫌い箸	27, 28
切り方	13, 14
切りごま	144
切る	11
グアニル酸	15
桂皮(クェイピー)	22
串	19
くし形切り	13
クミン	22
クラゲの塩漬け	41
グラス	32

クリームダウン	173	さいの目切り	13	香菜(シャンツァイ)	22
栗きんとん	81	魚		上湯(シャンタン)	17
クリサンテミン	76	──の扱い方	19	上海料理	36
グルタミン酸	15	──のおろし方	15	重箱	81
クレープ	63	──の盛りつけ	19, 20	重陽の節句	87
クローブ	22	魚料理	30	主菜	6
クロテッドクリーム	58	桜餅	47	主食	6
黒豆	81	探り箸	28	旬	23
		ささがき	13	しょうが	145
桂皮　→　桂皮(クェイピー)		刺し箸	28	松花堂弁当	84
計量	7	刺身包丁	11	上巳の節句	87
計量カップ	7	砂糖	67	精進料理	25, 117
計量器具	7	砂糖衣	67	ショートパスタ	61, 111
計量スプーン	7, 8	砂糖濃度	67	食事	1, 2
化粧包丁	119	サフラン	22	食事時間	2
健康管理	4	サメのひれ	41	食文化	1, 26
		さらしあん	155	食器の並べ方〔中国料理〕	38
香辛料	20〜22	三段重	81	白あえ	140
香草	20	三徳包丁	11	白髪ねぎ	71
紅茶	59	三杯酢	49	汁物	6
──の淹れ方	173	三分粥	93	白きくらげ	41
購入量	7	三枚おろし	15, 118	シロップ	67
コーヒーの淹れ方	174			人日の節句	87
コキール	153	強肴	24, 25	浸漬	9, 18
小口切り	13	シード・スパイス	20	──の目的	10
五香粉　→五香粉		芝麻醤(ジーマージャン)	40		
(ウーシャンフェン)		芝麻油(ジーマーユ)	40	吸い口	106
五色	7	シェフナイフ	11	炊飯	18, 44
五節句	87	塩少々	8	素湯(スゥタン)	16
子どもの日	87, 157	塩ひとつまみ	8	スープ	30, 55
コハク酸	15	色紙切り	13	──の食べ方	33
五分粥	93	四川料理	36	スープストック	16
五味	7	七分粥	93	末広切り	14
五目	143	シッティングビュッフェ	32	すくい串	19
コリアンダー	22	シナモン	22	スケッパー	163
献立作成	6	忍び包丁	119	スコーン	58
こんぶ	15, 23	シャーベット	30	すし桶	83
昆布巻き	81	小籠(シャオロン)	74	スタンディングビュッフェ	32
		じゃがいも	114	ストゥッツィキーノ	31
さ		シャトー切り	90	スパイシー・スパイス	20
		蛇の目	98	スパイス	20
		蛇腹切り	14	スパニッシュオムレツ	127
搾菜	41	煮沸	4	スローフード	3

西洋料理	29	地域食材	23	手洗い	4, 5
——の形式	29	チーズ	30, 61	甜菜（ティエンサイ）	67
——の食事作法	32	鶏湯（ヂィタン）	17	点心（ティエンシン）	37, 75
セージ	22	鶏油（ヂィヨウ）	70	——の種類	75
世界三大紅茶	59	陳皮（チェンピー）	22	甜泥（ティエンニー）	67
席次〔日本料理〕	27	ちがい切り	14	ディナー形式	32
席順〔中国料理〕	38	ちぐさ	145	丁香（ティンシヤン）	22
席の座り方〔西洋料理〕	32	ちまきの巻き方	104	頂湯（ティンタン）	17
セコンド・ピアット	31	茶壺（チャーフゥ）	174	テーブルセッティング	31
節句	87	茶杯（チャーペイ）	174	テーブルマナー	32
背びらき	15	茶懐石	24	デザート	31
全粥	93	茶巾ずし	96	鉄弓	19
せん切り	13	茶せん切り	14	鉄釘	76
前菜	29, 31, 37	茶の淹れ方	172〜174	出刃包丁	11
洗米	18	粘糖（ヂャンタン）	67	手びらき	15
		中国茶	75	点心 → 点心（ティエンシン）	
ソース	34	——の淹れ方	174	デンプン	71
そぎ切り	13	——の種類	75	——の調理特性	71
外割	17	——の飲み方	75	甜麺醤	40
		中国料理	35	天盛り	139
た		——の形式	37		
		——の食事作法	38	豆沙包子（トウシャパオズ）	74
ダージリン	59	——の調理操作分類	39	豆鼓	40
大菜（ターツァイ）	37	——の名前の付け方	65	豆板醤	40
ターメリック	22	丁香 → 丁香（ティンシヤン）		糖分重量	17
第1の皿	31	調味パーセント	17	特殊食材	40
第2の皿	31	調味料	17, 18	土佐酢	49
大名おろし	118	調味料〔中国料理〕	40	トマトソース	34
タイム	22	——の順	18	ドライイースト	100
台湾料理	103	調理器具	4	鶏の整え方	90
たこ引き包丁	11	調理台	4	ドルチェ	31
だし	15, 16	調理	1	ドレッシング	34
田作り	81	——の目的	1		
たづな切り	14	調理方法	7	**な**	
七夕	87	蒸籠（チョンロン）	74		
卵の希釈倍率	121	清湯（チンタン）	17	中食	26
湯（タン）	16	陳皮 → 陳皮（チェンピー）		ナチュラルチーズ	61
端午の節句	87, 157			ナツメグ	22
短冊切り	13	菜単（ツァイタン）	37	七草	87
男爵	114	漬物	23	ナプキン	32
糖水（タンシュエイ）	67	ツバメの巣	41	生イースト	100
		爪	4	涙箸	28

軟水	15	花かご	115	プリモ・ピアット	31
南蛮漬け	116	花形切り	14	フルコース〔フランス料理〕	29
		花切り	138	フルコース〔イタリア料理〕	31
ニース風サラダ	62	花びら餅	81	フレンチドレッシング	34, 62
肉料理	30	花捲　→　花捲(ホワヂュワン)		文化包丁	11
二杯酢	139	バニラビーンズ	57	葷湯(フンタン)	16
日本茶の淹れ方	172	パピエ	91	葷盆(フンペン)	37
日本茶の浸出条件	172	パプリカ	22		
日本料理	23	腹びらき	15	へぎゆず	85
──の形式	24	ハレの日	1, 23	北京料理	36
──の食事作法	27	パン	29	ペッパー	22
二枚おろし	15	──の食べ方	33	ペティナイフ	11
		──の膨化	100		
ねじり梅	14	半月切り	13	包丁	4, 11
ねぶり箸	28	棒棒鶏	131	──の部位名	12
練りあん	155, 156			──の持ち方	12
		皮蛋(ピータン)	41	──の用途	12
濃度	17	ビーフン	105	干しえび	41
のし串	19	菱餅	82	干し貝柱	41
		必要量	7	干ししいたけ	15, 23
		雛祭り	87	干しなまこ	41
は		百分率	17	ポタージュ	55
		ビュッフェ形式	32, 33	ポタージュ・クレール	55
八角(パーヂヤオ)	22	拍子木切り	13	ポタージュ・リエ	55
抜絲(パースー)	67	漂白かんぴょう	10	ぼたもち	156
白湯(パイタン)	17	平打ち	19	ホワイトソース	34
パウンドケーキ	55	平串	19	花椒(ホワヂヤオ)	22
包子	74	ピラフ	99	花捲(ホワヂュワン)	74
泡油(パオヨウ)	69	ひりょうず	117	本膳料理	24
はかま	146	ひろうす	117		
はかる	7			**ま**	
パクチー	22	ブイヨン	16		
箸	27, 28	仏手(フォショウ)	128		
──の扱い方	27, 28	フォン	16	マスタード	22
箸洗い	24, 25	副菜	6	松かさいか	14
バジル	22	ふくさずし	96	松葉切り	14
箸渡し	28	プチフール	30	松前酢	49
パスタ	61	普茶料理	25	マディラソース	34
バターディッシュ	33	ブッシュドノエル	91	まな板	4
八角　→　八角(パーヂヤオ)		筆しょうが	145	迷い箸	28
発酵調味料	23	フュージョン料理	26	マヨネーズソース	34
八寸	24, 25	フラボノイド色素	149	マレンゴ	125
発注換算係数	7, 8	フランス料理	29	饅頭	74

蜜汁(ミーヂー)	67	幽庵焼き	85	ローリエ	22
みじん切り	13	ゆでこぼし	132	ロングパスタ	61
みぞれあえ	141	油葱酥(ヨウツォンスゥ)	103		
水無月	161	油飯(ヨウファン)	103	**わ**	
ミモザ	147	洋包丁	11		
ミント	22	寄せ箸	28	ワイン	30
		予備発酵	100	和菓子	26
向付	24, 25	よりうど	14	輪切り	13
結びかまぼこ	78			ワゴンサービス	30
結びみつば	50	**ら**		和食	26
無漂白かんぴょう	10			輪つなぎ	98
蒸らし	18	辣椒(ラーヂヤオ)	22	和風だし	16
		辣油	40	和包丁	11
メークイン	114	ラタトゥイユ	125	わらび粉	160
目安量	8, 9	ラビゴットソース	147	椀種	106
面とり	14	乱切り	13	椀妻	106
物相型	84	利休(利久)饅頭	53	**欧文**	
		リゾット	99		
や		両づま折り	19	ADL(activities of daily living:日常生活動作)	2
焼き串の打ち方	19	冷製ソース	34	QOL(quality of life:生活の質)	2
柳箸	81	肉包子(ロウパオズ)	74		
柳刃包丁	11	ローティ	30		
やまのいも(やまいも)	107	ローベルソース	123		
飲茶	75				
八幡巻き	114				

料理名索引

主食

いなりずし	96
えびピラフ	99
親子丼	97
辛味具入りそば(担担麺)	105
きのこと鶏肉のリゾット	99
キューカンバーサンドイッチ	58
栗おこわ	97
五目焼き飯(什錦炒飯)	66
三色そぼろ丼	97
サンドイッチ	101
しそご飯	94
しめじご飯	94
白飯	44
スパゲッティトマトソース	100
赤飯	84
全粥	93
雑煮〔京風〕	76
素麺	98
たけのこご飯	94
担担麺	105
ちまき(粽子)	104
茶巾ずし	96
ちらしずし〔関西風〕	83
鶏粥	70
パエリア	98
バターライス	56
ひじきご飯	94
ピッツァ	103
冷やし中華そば(涼拌麺)	105
ふくさずし	96
マカロニグラタン	60
巻きずし	95
豆ご飯	46
麦飯	93
もち米のかやく飯(油飯)	103
焼きビーフン(炒米粉)	104
油飯	103
ロールサンドイッチ	102
ロールパン	100

汁物

青菜と豆腐のスープ(青菜豆腐湯)	66
あさりの潮汁	47
鶉卵のスープ(清川鶉蛋)	64
海老しんじょうの椀盛	85
オニオングラタンスープ	110
かきたま汁	48
かぼちゃのスープ	109
菊花豆腐	107
キャロットポタージュ	54
クラムチャウダー	110
けんちん汁	107
コーンクリームスープ	89
コンソメジュリエンヌ	110
酸味と辛味のスープ(酸辣湯)	113
スイートコーンのスープ(玉米湯)	68
酸辣湯	113
たいの赤だし	106
たいの潮汁	107
卵のスープ(蛋花湯)	112
つみれ汁	109
豆腐と油揚げの味噌汁	44
土瓶蒸し	108
トマトと卵のスープ(蕃茄蛋花湯)	112
鶏のくずうち汁	106
とろろ汁	108
豚汁	53
白菜と肉団子のスープ(白菜肉丸子湯)	113
はまぐりの潮汁	82
春雨のスープ(川粉条)	112
ビシソワーズ	109
まつたけの吸い物	50
ミネストローネスープ	111

若竹汁	106

主菜

揚げ出し豆腐	86
あさりのワイン蒸し	126
あじの塩焼き	48
あじの南蛮漬け	116
あまだいのホイル焼き	120
いかの炒め物(炒墨魚)	138
いわしの梅煮	118
梅しそかつ	115
えびのクリームコロッケ	127
えびのチリソース(乾焼蝦仁)	136
えびの卵白揚げ(高麗蝦仁)	136
海鮮三種炒め(炸三鮮)	135
かに玉(芙蓉蟹)	137
かぶら蒸し	52
かれいの煮つけ	119
ぎせい豆腐	122
牛肉の八幡巻き	114
グリンピースとえびのうま煮(青豆蝦仁)	137
小えびと豆腐の煮物(蝦仁豆腐)	135
五目あんかけ(八宝溜菜)	128
コロッケ	115
サーモンのムニエル	54
魚の香り揚げ(香酥魚)	133
魚の唐揚げ甘酢あんかけ(糖醋魚片)	71
魚の蒸し物(清蒸鮮魚)	133
さといもと鶏肉のうま煮(煨芋頭鶏)	132
さばの味噌煮	119
さわらの幽庵焼き	85
さんまの蒲焼き	120
さんまの風味揚げ	118
しゅうまい(焼売)	130
すずきのポワレ	125
スパニッシュオムレツ	127
酢豚(古老肉)	129
たこのマリネ	126
だし巻き卵	120
卵豆腐	121
卵の紅茶煮(茶葉蛋)	134

卵焼き	45
チキンカツレツ	124
チキンカレー	56
チキンのトマト煮マレンゴ風	125
筑前煮	51
茶碗蒸し	121
中華風茶碗蒸し(蒸蛋黄花)	134
天ぷら	46
豆腐と豚ひき肉の辛味炒め	134
豆腐田楽	117
鶏肉とカシューナッツの炒め物(腰果鶏丁)	132
鶏の唐揚げ(乾炸鶏塊)	64
鶏の酒蒸し	116
鶏の照り焼き	116
鶏の松風焼き	80
肉じゃが	114
肉まんじゅう(饅頭,肉包子)	74
春巻き(炸春捲)	72
ハンバーグステーキ	63
棒棒鶏	131
ビーフシチュー	123
ビーフストロガノフ	122
ピーマンと牛肉の炒め物(青椒牛肉絲)	69
ひりょうずの煮物	117
豚のしょうが焼き	51
豚ロース肉の衣揚げ(乾炸里脊)	130
ゆで豚(白片肉)	130
ぶりの照り焼き	79
ポークソテーのローベルソース	123
ほたてがいのフランス風刺身	126
麻婆豆腐	134
蒸し鶏のごまソースあえ(棒棒鶏)	131
焼き餃子(鍋貼餃子)	73
焼き豚(叉焼肉)	129
ローストチキン	90
ロールキャベツ	124

副菜

青菜のオイスターソース炒め(蠔油青菜)	153
いかの黄身酢あえ	140
いんげんのソテー	149

181

卯の花	142	トマトの酢醤油あえ(涼拌蕃茄)	154
えびとアスパラガスのあえ物(涼拌蝦仁)	154	なすとかぼちゃの揚げ煮	49
えびとアボカドのカクテル	88	なすのあえ物(涼拌茄子)	153
えびとながいもの酢の物	139	なすの田楽	144
おからの煎り煮	142	菜の花のからしあえ	83
数の子	77	ニース風サラダ	62
カナッペ〔オイルサーディンとオリーブ,生ハムとクリームチーズ,トマトとバジル〕	150	白菜の甘酢漬け(辣白菜)	69
		白菜のスープ煮(清燉白菜)	70
かぶとだいこんのサラダ	148	ビーンズサラダ	57
かぼちゃのそぼろ煮	143	ピクルス	150
かぼちゃの煮物	45	ひじきと油揚げの炒め煮	142
カリフラワーのオーロラソースあえ	149	ふきの青煮	143
菊の酢の物	139	ふき寄せ煮	79
きゅうりとわかめの酢の物	49	ブルスケッタ〔トマトバジル、スモークサーモンチーズ〕	88
きゅうりのあえ物(熗黄瓜)	152		
切干しだいこんのごま酢あえ	141	ふろふきだいこん	144
きんぴらごぼう	142	ほうれん草の胡麻あえ	45
くらげの甘酢がけ(涼拌海蜇)	65	ほたてがいのコキール	152
グリーンサラダ	146	ポテトサラダ	148
栗きんとん	78	マセドワーヌサラダ	60
黒豆	76	マッシュポテト	149
紅白なます	78	水菜の柚香あえ	53
コールスロー	148	みぞれあえ	141
粉ふきいも	149	ミモザサラダ	147
小松菜のおひたし	139	結びかまぼこ	78
ごま豆腐	145	野菜のテリーヌ	151
五目豆	143	わけぎの辛子酢みそあえ	51
昆布の佃煮	146		
さつまいものレモン煮	144	**お菓子**	
さやいんげんのピーナッツあえ	141		
三種せん切りの酢の物(涼拌三絲)	67	アーモンドクッキー(杏仁酥)	170
シーザーサラダ	147	アップルパイ	163
しょうがの甘酢漬け	145	杏仁豆腐	67
白あえ	140	いちご大福	158
酢どりしょうが	145	芋ようかん	160
大豆の五目煮	143	浮島	159
炊き合わせ	86	エッグタルト(蛋撻)	171
たけのこの木の芽あえ	47	えびせんべい	160
たたきごぼう	77	おこし〔中華風〕	171
田作り	77	柏餅	157
伊達巻き	77	カスタードプディング	57
ちぐさ漬け	145	型抜きクッキー	165
トマトとアスパラガスのサラダ	146		

クッキー	165	パウンドケーキ	162
栗まんじゅう	159	花びら餅	80
クレープ	63	ババロア	167
げっぺい(月餅)	170	パンナコッタ	167
コーヒーとミルクのゼリー	61	ブッシュドノエル	92
ココナッツプリン(椰子布甸)	168	ブラマンジェ	167
ごま揚げ団子(炸芝麻元宵)	168	フルーツゼリー	166
ごま入り揚げ菓子(開口笑)	170	フルーツのヨーグルトあえ	168
桜餅〔関西風〕	47	フルーツパンチ	92
さつまいもの飴煮(抜絲地瓜)	169	マドレーヌ	165
三色おはぎ	156	水ようかん	49
三色団子	82	みたらし団子	161
シフォンケーキ	163	水無月	161
絞りだしクッキー	165	蒸しカステラ(鶏蛋糕)	73
シュークリーム	164	利休(利久)饅頭	53
上用(薯蕷)饅頭	87	レモンムース	167
スイートポテト	166	ワインゼリー	166
スコーン	58	わらび餅	160
タピオカ入りココナッツミルク(水果西米露)	71		
チーズケーキ	164		
中華揚げ菓子(脆麻花)	169		
中華風おこし(沙琪瑪)	171		

飲み物

チョコレートケーキ	59	アイスティー	173
粒あん〔あずき〕	155	紅茶	173
ティーケーキ	55	コーヒー	174
デコレーションケーキ	162	チャイ	173
豆乳かん	159	中国茶(烏龍茶，普洱茶，茉莉花)	174
豆腐白玉ぜんざい	158	日本茶(玉露，煎茶，ほうじ茶，玄米茶)	172
どら焼き	157	フルーツティー	173
練りあん〔あずき〕	155	ミルクティー	59
練りあん〔白いんげん豆〕	156	ラッシー	57

編者紹介

大谷貴美子（おおたにきみこ）
- 1974年　大阪市立大学家政学部食物学科卒業
- 1980年　大阪市立大学大学院生活科学研究科後期博士課程修了
  京都府立大学　名誉教授

饗庭　照美（あいばてるみ）
- 1975年　京都府立大学家政学部食物学科卒業
- 1978年　同志社女子大学大学院家政学研究科修了
  元京都華頂大学現代家政学部　教授

松井　元子（まついもとこ）
- 1981年　大阪市立大学生活科学部食物学科卒業
- 1993年　大阪市立大学大学院生活科学研究科後期博士課程修了
  京都府立大学　名誉教授

村元由佳利（むらもとゆかり）
- 2009年　京都府立大学人間環境学部食保健学科卒業
- 2011年　京都府立大学大学院生命環境科学研究科博士前期課程修了
- 現　在　京都府立大学生命環境学部食保健学科　助手

NDC 596　　191 p　　26 cm

栄養科学シリーズNEXT
食べ物と健康，給食の運営　調理学実習　第2版

2019年 4月 4日　第1刷発行
2024年 1月11日　第5刷発行

編　者	大谷貴美子・饗庭照美・松井元子・村元由佳利
発行者	髙橋明男
発行所	株式会社　講談社
	〒112-8001　東京都文京区音羽2-12-21
	販　売　(03)5395-4415
	業　務　(03)5395-3615
編　集	株式会社　講談社サイエンティフィク
	代表　堀越俊一
	〒162-0825　東京都新宿区神楽坂2-14　ノービィビル
	編　集　(03)3235-3701
本文データ制作 カバー印刷	株式会社双文社印刷
表紙・本文印刷 製　本	株式会社KPSプロダクツ

落丁本・乱丁本は，購入書店名を明記のうえ，講談社業務宛にお送りください．送料小社負担にてお取替えします．なお，この本の内容についてのお問い合わせは講談社サイエンティフィク宛にお願いいたします．
定価はカバーに表示してあります．

© K. Ohtani, T. Aiba, M. Matsui and Y. Muramoto, 2019

本書のコピー，スキャン，デジタル化等の無断複製は著作権法上での例外を除き禁じられています．本書を代行業者等の第三者に依頼してスキャンやデジタル化することはたとえ個人や家庭内の利用でも著作権法違反です．

JCOPY 〈(社)出版者著作権管理機構委託出版物〉

複写される場合は，その都度事前に(社)出版者著作権管理機構（電話 03-5244-5088，FAX 03-5244-5089，e-mail：info@jcopy.or.jp）の許諾を得てください．

Printed in Japan

ISBN978-4-06-514095-6